浙江省中国特色社会主义理论研究中心
浙江科技学院基地研究成果

浙江省哲学社会科学规划
后期资助课题成果文库

霍布豪斯政治思想研究

Huobuhaosi Zhengzhi Sixiang Yanjiu

钭利珍　著

中国社会科学出版社

图书在版编目（CIP）数据

霍布豪斯政治思想研究／钭利珍著．—北京：中国社会科学出版社，
2016.9

ISBN 978 - 7 - 5161 - 8239 - 0

Ⅰ.①霍… Ⅱ.①钭… Ⅲ.①霍布豪斯，L. T.（1864—1929）- 政治
思想 - 研究 Ⅳ.①D095.61

中国版本图书馆 CIP 数据核字（2016）第 116789 号

出 版 人 赵剑英
责任编辑 宫京蕾
责任校对 张依婧
责任印制 何 艳

出 版 中国社会科学出版社
社 址 北京鼓楼西大街甲 158 号
邮 编 100720
网 址 http：//www. csspw. cn
发 行 部 010 - 84083685
门 市 部 010 - 84029450
经 销 新华书店及其他书店

印刷装订 北京市兴怀印刷厂
版 次 2016 年 9 月第 1 版
印 次 2016 年 9 月第 1 次印刷

开 本 710×1000 1/16
印 张 12.75
插 页 2
字 数 209 千字
定 价 49.00 元

夏日的夜晚，当我抬头仰望满天的繁星，我感动于自然的美妙无穷。明亮的北斗星，指引着人类前进的方向，让我们永远不会迷失。同时还有无穷多的小星星，是它们共同把夜空照亮。当我凝视这些小星星，它们亦熠熠生辉。

——钭利珍

前　　言

在人类的发展史上，所有在寻找人类美好生活方式和制度的思想家都应当受到尊敬和怀念，所有对人类社会发展做出冷静思考的人们都应当受到尊敬和怀念。在众多的思想家中，有的人穿透了现实和历史的牢笼与迷障，用锐利的目光和深刻而独创的思想改变了人们的整个生活，他们带来了革命，有如孔子、柏拉图、马克思等，毫无疑问，他们应当受到尊敬、怀念和重视。还有的人，对社会也有深入的思考，但他们不是以革命或巨大的改变对社会历史产生影响，而是通过继承和综合延续着社会历史，有如亚里士多德，他们也应当受到尊敬、怀念和重视。在众多的思想家中，霍布豪斯毫无疑问属于后者。他坚持着自由主义，他的理论虽然没有多大的独创性，但是他对传统理论的继承、综合与修正，尤其是对现实进行勇敢、深入的思考，既延续了自由主义的历史，又为自由主义的发展——走向福利主义开辟了先河。因此，霍布豪斯毫无疑问应当受到尊敬、怀念和重视。

从19世纪70年代起，英国经济危机日益严重，社会问题频出，整个社会日益陷入矛盾冲突的困境，为了寻求化解现实危机的理论，适应资产阶级新的政治要求，唯心主义哲学家托马斯·希尔·格林①首先对严峻的社会现

---

① T. H. 格林（Thomas Hill Green, 1836—1882），英国哲学家、政治思想家、伦理学家，新自由主义政治思想的先驱。格林的著述集中于政治、哲学、伦理三大领域，他的政治思想主要体现在《伦理学绪论》（1883）和《政治义务原理讲演录》（1895）中。格林对传统的自由概念作出新的解释。认为自由是一种积极的力量或能力，人们依靠这种力量去做值得做的事或享有值得享有的东西。自由不仅仅是个人不受国家与社会的压制和奴役，更重要的是积极主动地发挥自己的能力，这才是新时期英国人应当实现的、最理想的自由。格林反对以国家权力的减弱程度作为判断个人自由增长与否的标准。主张国家发挥积极、主动的作用。认为只有增强国家权力，扩大国家干预范围，压制可能侵害个人自由的行为，才能促进个人能力的发挥和自由的增长。因此，

实进行了深入思考。他一方面坚持英国传统自由主义，另一方面在自由的领域里引入了社会的概念，认为自由不是天赋的一种权利。他认为自由作为一种权利首先要获得他人的认可，所以自由是要在社会中寻找的，而不是天赋的个人权利。所以他提出要实现人的自由，就必须充分发挥国家的作用，实施国家干预，为个人自由提供保障。19世纪80年代，新自由主义者组织出现并创办了自己的刊物，即"彩虹圈子"和《进步评论》，其成员主要是激进的新闻记者、《每日新闻》编辑马星汉、《演讲者》编辑哈蒙德以及更加重要的人物霍布豪斯（L. T. Hobhouse, 1864—1929）和霍布森（J. A. Hobson, 1858—1940）。他们试图建立一种统一的新自由主义理论，既避开社会主义，也躲开保守主义，并对实用集体主义加以理智的预防，他们还把这种新自由主义称为"社会改革的理论"。与此同时，为了取得下层人民的支持，19世纪80年代末，英国议会中的一些年轻的自由党议员开始更多地关注社会问题，寻求解决社会问题的方法，其成员之一琼斯把他们的要求称为"新自由主义的首次行动"。19世纪90年代以后，一大批激进知识分子，主要包括牛津大学的教授、学者和研究人员加入到了研究社会改革问题的队伍中来，他们主张建立平等、合作的新社会，他们从格林的著作中寻找行动的理论依据，认为并且要求国家在解决日益严重的失业和贫困等社会问题中应发挥决定性作用，他们自称"集体主义者"，并把他们所推崇的理论冠之以"新自由主义"（new-liberalism）。① 所以，新自由

国家干预十分必要。人们对国家限制的忍受是"真正自由的第一步"。格林把人的权利视为国家与社会对其成员的一种承认和让步。权利不是天赋的，脱离国家的个人根本不存在任何权利，他主张个人服从国家，个人要承担政治义务，国家中的每个成员对国家负有不可推脱的责任。格林一反以往自由主义传统，以政府干涉式的自由代替放任式的自由，成为英国新自由主义政治思想的奠基人。（吴春华，中国百科网，http://www.chinabaike.com/article/316/jiaoyu/2008/200801071126051.html，2008年1月7日）

　① 根据李小科的解释，国内所谓的"新自由主义"在英文里其实有两种翻译，分别是 New Liberalism 和 Neo-liberalism（另拼为 Neoliberalism）。在西方学术界，New Liberalism 通常作"新自由主义"解，Neo-Liberalism 通常作"'新'自由主义"解，它们是两股有着不同甚至截然相反主张和诉求的学说。它们之间是有着诸多差异的。自由主义的逻辑演变是：古典自由主义（Classical Liberalism，19世纪）——新自由主义（New Liberalism，19世纪后半期至20世纪初）——"新"自由主义（Neoliberalism，20世纪70—90年代）。西方古典自由主义思想可追溯到洛克、孟德斯鸠、亚当·斯密、边沁、密尔等思想家的著述那里。新自由主义（New Liberalism）也被称作"现代自由主

主义①是在 19 世纪 90 年代正式形成，其理论旗手是霍布豪斯和霍布森，实际行动者为阿斯奎斯、劳合·乔治及温斯顿·丘吉尔。② 总的来说，这种新自由主义思潮试图利用集体主义、社会主义的某些理论修正、改造传统的自由主义，以适应当时资产阶级发展的需要。这种思潮占据了 19 世纪中期至 20 世纪中期英国政治思想的主流，但它不同于后来 20 世纪七八十年代复兴的"新"自由主义（Neo-liberalism）。

义"（或"社会自由主义"），是一种主张政府对经济进行广泛管理和部分干涉的政治经济立场；不过，新自由主义的这种立场要比社会民主党人所主张的规范和干涉要小得多。新自由主义的思想基础是，社会虽无权从道德上去教化她的公民，但保障每一个公民拥有平等的机会却又是社会的任务。新自由主义是生活于 20 世纪的自由主义者对 19 世纪古典自由主义的一种回应。新自由主义者更为注重和强调积极（肯定）的自由，致力于提高社会弱势群体和贫困成员的自由。新自由主义与社会主义和无政府主义都诞生于 19 世纪后半期，是英国哲学家密尔、格林、霍布豪斯等人对传统自由主义所做的修正和改造。凯恩斯、罗尔斯和德沃金三人通常被看作新自由主义在 20 世纪的代言人。由于"neo－"具有"复制、模仿（copy）先前事物"的意味，所以 Neo-Liberalism 通常是指强调对 19 世纪的古典自由主义的"复制"和"回归"的学说，它又被称为古典自由主义的现代版，以哈耶克为代表。"新"自由主义（Neo-liberalism）形成于 20 世纪 70 年代，并在 80 年代逐渐取得主导地位的一种政治—经济哲学。"新"自由主义鄙视或反对政府对经济的直接干涉，转而强调通过用鼓励自由市场、减少对商业运行和经济"发展"进行限制的手段来取得进步，实现社会正义。"新"自由主义的主持者们主张，在自由贸易、自由市场和资本主义体制下，社会纯收益在任何情况下都超过其支出。"新"自由主义的主要观点归纳和概括为以下三点：在经济理论方面大力宣扬"三化"（自由化、私有化、市场化）；在政治理论方面特别强调和坚持"三否定"（否定公有制、否定社会主义、否定国家干预）；在战略和政策方面"极力鼓吹以超级大国为主导的全球经济、政治、文化的一体化，即全球资本主义化"。"新"自由主义"运动"，开始于 20 世纪 70 年代的后半期，在撒切尔执政英国和里根执掌白宫的 80 年代达到顶峰并取得辉煌的成就，从 90 年代起伴随着经济全球化的兴起，开始向世界各地蔓延。此外，New-liberalism 和 Neo-liberalism 的不同，更表现在它们与古典自由主义的沿承关系上。新自由主义是通过扩大和改变传统自由的"消极（否定）"含义对古典自由主义做出的否定，而"新"自由则是通过"复兴"和"回归"古典自由主义的"消极自由"而对新自由主义所作的再否定。因此，它们分别是不同时期的思想家们在用不同的态度对待传统自由主义时流淌并汇聚起来的两股思想溪流。见李小科《澄清被混用的"新自由主义"》，《复旦大学学报》2006 年第 1 期。

① 学者陈祖洲认为：从严格意义上来说，新自由主义包括三个层面：第一，第一次世界大战前的一代理论家和改革者对自由理论所进行的意识形态上的重新陈述；第二，同自由—激进主义有关的思想，他们赞成政治改革、自由贸易、土地和教育改革，但缺乏第一层面的集体主义和有机主义特征；第三，指自由党内阁的政策，特别是 1905—1914 年自由党内阁的政策。我们这里所探讨的主要是第一个层面的自由主义。陈祖洲：《通向自由之路：英国自由主义发展史研究》，南京大学出版社 2012 年版，第 245 页。

② 丁建定：《从济贫到社会保险》，中国社会科学出版社 2000 年版，第 65—66 页。

　　新自由主义是自由主义理论界为自由党人的社会问题开的一剂药方，无疑对自由党执政行为以及英国的政治思想都产生了重大的影响。到了20世纪初，新自由主义思想受到了新一代自由党人的吹捧，他们逐渐把它作为英国官方政策的重要理论基础。它不仅对整个英国产生了深远的影响，并且这种影响还扩展到了西欧，从而对西方的政治思想和政治实践产生了深刻的影响。第一次世界大战后，由于自由党执政的失利，也使新自由主义逐渐失利，第二次世界大战后，则使新自由主义在整个欧洲的传播遭到了严重阻碍。20世纪50—60年代，由于西方国家盛行"福利国家"政策，于是新自由主义的影响也不断扩大。尤其是在大洋彼岸的北美得到了较大的发展，主要以威尔逊、古德诺和杜威为代表。到了20世纪70年代，由于"福利国家"政策并未能使西方国家摆脱经济和社会的危机，由此作为理论基础的新自由主义的影响也逐渐地趋向衰微。

　　伦纳德·特劳尼·霍布豪斯（Leonard Trelawny Hobhouse）是19世纪末20世纪初英国新自由主义理论（New Liberalism）的重要代表人物。他坚决主张政治改革和社会改革，在西方被誉为"新自由主义理论家"，是西方"福利国家"理论的先驱。针对当时英国矛盾、冲突的社会现实，霍布豪斯认为20世纪自由主义思想家应当承担起社会责任，依据自由主义原则提出新的社会计划，以改善当时的社会现实。他以"和谐"理想为指导，在自由主义的范围内对自由主义作了修正和改造，他重新界定了个人与社会、个人与国家的关系，提出了建设福利国家的主张。霍布豪斯认为国家应重视自由的社会整体性，积极广泛地干预政治、经济、教育等活动，提供广泛的公共福利，并以有效的改革措施为发展自由提供更多、更有利的社会条件和环境。他的主张对于20世纪初自由党政府制定的一系列旨在实现"国家干预"的政策产生了重要的影响。他的关于福利国家的思想在二战结束后还产生着深刻的影响，著名的旨在推进社会福利的"贝弗里奇计划"就明显印有霍布豪斯思想的痕迹。

　　霍布豪斯以"和谐"为目标，试图寻找一条通往社会全面和谐发展的道路。尽管最后没有完全成功，社会并未进入和谐的状态，但国家福利化的转变却使英国安然度过了艰难的时期。因此，其思想和措施无疑是值得我们进一步去研究的。此外，霍布豪斯所关注的问题，比如自由与社会控制之间的关系、个人的自我依靠与集体的责任之间的关系、经济不平等与民主的市民社会相容的广度问题等，都是我们今天仍然需要关注的问题。研究霍布豪斯的政治思想具有重要的理论和现实意义。

因此本书就他的政治思想进行探讨，希冀能抛砖引玉，引起国内学界对这位英国自由主义史上的重要思想家进行更多的关注和探讨。此外，对霍布豪斯的探讨对我们今天的社会主义和谐社会的建设也能提供一些参考。

作为一名社会学家、哲学家、政治思想家，霍布豪斯的哲学、政治学和社会学理论均受到了人们的重视。对霍布豪斯思想的研究其实在其生前就已经开始了。20 世纪初期就有很多人开始研究霍布豪斯的学术思想了。休·卡特（H. S. Carter）在 1927 年出版了《L. T. 霍布豪斯的社会理论》（*The Social Theories of L. T. Hbbhouse*）① 一书，比较详尽地介绍了霍布豪斯社会发展理论中的各个方面，这是对霍布豪斯最早的研究；J. A. Nicholson 在 1928 年撰写了《L. T. 霍布豪斯的哲学的某些方面》（*Some aspects of the philosophy of L. T. Hobhouse：logic and social theory*），② 较为系统地研究了霍布豪斯的哲学思想。莫里斯·金斯堡（Morris Ginsberg）还于 1929 年撰写了《霍布豪斯教授在哲学和社会学上的贡献》。③ 霍布豪斯去世后，他的好友、同样也是著名新自由主义理论家的 J. A. 霍布森和他在社会学系的学生兼同事莫里斯·金斯堡（Morris Ginsberg）于 1931 年共同出版了《L. T. 霍布豪斯：生平及著述》（*L. T. Hbbhouse：His Life and Work*）。④ 在这本著作中较为详细地论述了霍布豪斯的生平与发展，还较多地介绍了霍布豪斯的心理学、社会学、伦理学、哲学、知识论等方面的理论，并精选了一部分霍布豪斯关于幸福、战争以及文学的论文。20 世纪 20—30 年代对霍布豪斯的研究主要集中在其社会学和哲学的研究，这主要是因为霍布豪斯是英国第一位社会学家，他对英国社会学的贡献是巨大的。

两次世界大战后，凯恩斯的国家计划对市场经济的干预措施并未能拯救西方国家，福利国家政策更是遭遇困难，同时由于哈耶克等人对古典自

---

① Hugh Carter, *The Social Theories of L. T. Hbbhouse*, University of North Carolina Press, 1927.

② John Angus Nicholson, *Some Aspects of the Philosophy of L. T. Hobhouse：Logic and Social Theory*, University of Illinois, 1928.

③ Morris Ginsberg, "The Contribution of Pofessor Hobhouse to Philosophy and Sociology", *Economica*, No. 27. （Nov. , 1929）, pp. 251 – 266.

④ John Atkikson Hobson, Morris Ginsberg, *L. T. Hbbhouse：His Life and Work*, London：Routledge/Thoemmes Press, 1993.

由主义的复兴，霍布豪斯也一度被学界遗忘。直到 70 年代中期，对霍布豪斯的研究的淡漠状态才得以好转。从 70 年代中期开始，西方对英国唯心主义的研究出现了一个新的热潮。霍布豪斯由于对唯心主义是颇不赞成的，所以，作为对唯心主义的主要批判者，他又开始重新受到学界的关注。美国学者 J. E. Owen 于 1974 年撰写了《L. T. 霍布豪斯：社会学家》（*L. T. Hobhouse：Sociologist*）① 一书；C. M. Griffin 在其《霍布豪斯及其社会和谐理念》（L. T. Hobhouse and the Idea of Harmony，1974 年）② 一文中，认为和谐是霍布豪斯理论的主旨以及政治的原则。J. W. Seaman 于 1976 年撰写了《L. T. 霍布豪斯与自由民主理论的发展》（L. T. Hobhouse and the Development of Liberal-democratic Theory），③ 1978 年发表了《霍布豪斯及其"社会自由主义"思想》（L. T. Hobhouse and the Theory of "Social Liberalism"），④ Seaman 把霍布豪斯的自由主义思想概括为"自由社会主义"思想，并认为霍布豪斯试图调和资本主义财产权与社会和谐思想之间的关系。此外，在一些著作中也有一些关于霍布豪斯的研究。1978 年出版的《现代英国的政治思想：20 世纪及以后》（*Political Ideas in Modern Britain：In and after the Twentieth Century*）中有一章"新自由主义：L. T. 霍布豪斯，J. A. 霍布森"（New Liberalism-L. T. Hobhouse，J. A. Hobson），⑤ 专门研介绍了霍布豪斯的政治思想；1979 年出版了《自由主义和社会学：L. T. 霍布豪斯与 1880—1914 年间英国的政治争辩》（*Liberlaism and Sociology：L. T. Hbbhouse and Political Argument in England 1880 – 1914*）⑥ 一书。克里尼主要考察了霍布豪斯思想中自由主义和社会学之间的关系。1986 年 G. L. Bernstein 发表了《英国爱德华时代的自由主义与自由政治学》

---

① John E. Owen, *L. T. Hobhouse*, *Sociologist*, Ohio State University Press, 1975.

② C. M. Griffin, "L. T. Hobhouse and the Idea of Harmony", J. Hist. Ideas, 1974, p. 35.

③ John Wayne Seaman, Toronto, Ont. University, *L. T. Hobhouse and the Development of Liberal-democratic Theory*, University of Toronto. , 1976.

④ John W. Seaman, L. T. Hobhouse and the Theory of "Social Liberalism", *Canadian Journal of Political Science* (1978), 11：pp. 777 – 802.

⑤ Jack Hayward, Brian Barry, Archie Brown, *Political Ideas in Modern Britain：In and after the Twentieth Century*, Oxford University Press, 1978.

⑥ Stefan Collini, *Liberlaism and Sociology：L. T. Hbbhouse and Political Argument in England 1880 – 1914*, Cambridge University Press. 1979.

（Liberalism and Liberal Politics in Edwardian England）；① 1995 年 J. Meadowcroft 撰写了《形而上学的国家论：1880—1914 英国政治思想的革新与争论》（*Conceptualizing the state：innovation and dispute in British political thought，1880 – 1914*），② 他们都对霍布豪斯的政治思想作了较为详细的研究。

非英语国家，主要有德国学者 S. – G. Schnorr 于 1990 年撰写的《19 世纪末 20 世纪初的自由主义：Friedrich Naumann und Leonard T. Hobhouse 在德国与英国自由政治哲学改革》　（Liberalismus zwischen 19. und 20. Jahrhundert：Reformulierung liberaler politischer Theorie in Deutschland und England am Beispiel von Friedrich Naumann und Leonard T. Hobhouse.），③ 详细分析了霍布豪斯的自由主义政治思想及其对传统自由主义的改革。

从上述分析我们可以看出，国外对霍布豪斯思想的研究在时间上呈现出了阶段性，在内容上也呈现出了全方位性。但国外对霍布豪斯的早期研究主要集中在其社会学和哲学理论，到了 70 年代中期以后，对其政治学的研究才逐渐兴起。之后不断有学者对霍布豪斯思想的各个层面进行研究，一般集中在他的社会学理论和政治哲学上，特别是其对福利国家理论的影响，对于其思想中包含的伦理学基础、和谐与国家等观念也有专门论文加以研究。④ 但是我们也可以看出，专门研究霍布豪斯政治思想以及把他的政治思想进行系统性的研究还不多。

就国内的研究状态而言，从总体上来说，学术界对霍布豪斯的研究还是比较弱的。当然近几年来，国内一些学者对霍布豪斯的政治思想作了一些艰辛的研究和探索，但专门对此进行研究的资料不多。

从国内对霍布豪斯的研究时间的分析，我们可以看到，对霍布豪斯的

---

① George Lurcy Bernstein，"Liberalism and Liberal Politics in Edwardian England"，Allen & Unwin，1986.

② James Meadowcroft，"Conceptualizing the state：innovation and dispute in British political thought，1880 – 1914"，Clarendon Press，1995.

③ Stefan-Georg Schnorr，"Liberalismus zwischen 19. und 20. Jahrhundert：Reformulierung liberaler politischer Theorie in Deutschland und England am Beispiel von Friedrich Naumann und Leonard T. Hobhouse" Nomos，1990.

④ 王同彤：《L. T. 霍布豪斯自由主义思想研究》，硕士学位论文，华东师范大学，2005 年，第 2 页。

研究主要集中在三个时期。第一个时期是 20 世纪 20—30 年代，主要是一个初期介绍时期。最早是 20 世纪初期，我国学界就开始了对霍布豪斯思想的关注，1921 年就有研究霍布豪斯国家观的论文问世，① 1935 年廖凯声翻译了霍布豪斯的《社会进化与政治学说》，成为霍布豪斯在中国的第一本汉译著作。这一时期的特点是霍布豪斯只引起了少数人的注意，其著作的翻译也仅有一种。这时介绍霍布豪斯的主要是一些留洋的民国知识分子。他们普遍希望实行"经济上的社会主义、政治上的自由主义"，所以对吸收容纳了社会主义思想的新自由主义理论特别青睐。对自由主义特别赞赏的是胡适，他认为"自由社会主义"这一概念就是霍布豪斯最早在《自由主义》一书中首先提出并阐释的。此外，萧公权也曾对"自由社会主义"详细加以论述，并称之为"20 世纪的历史任务"。② 第二个时期是20 世纪 40—90 年代，是一个空白期。此时由于中国确立了把科学社会主义作为主流意识形态，对于自由主义的研究也由此中断了几十年。而其中在 80 年代，人们热切盼望建立市场经济，这样国内学界又很快流行起了"新"自由主义（Neo-Liberalism），这种在二战后兴起的"新"自由主义实质是对古典自由主义的变相复兴。以格林、霍布豪斯等人为代表的新自由主义理论则自然少有人提及和关注了。第三个时期是 20 世纪中后期及21 世纪初期，是一个微热期。我们看到，从 20 世纪 90 年代中后期开始，陆续有霍布豪斯的作品被进一步地翻译引入。到了 21 世纪初期，霍布豪斯渐渐受到了人们的重视。进入 21 世纪早期对霍布豪斯的研究主要表现在各种西方政治思想史书对霍布豪斯思想的简要介绍，到了初后期逐渐有人开始进行了较为深入的研究。20 世纪 90 年代中后期共有两部霍布豪斯的著作被翻译成中文，并有论文一篇，在一本学术著作中有相关的介绍资料。到了 21 世纪初期，有一本著作被翻译成中文，有四位硕士以霍布豪斯为研究对象撰写了硕士学位论文，更在若干种学术著作中看到了有关霍布豪斯的思想介绍。

从研究的成果形式来看，目前主要有三类，一类是译著，目前已经有《对社会进化与政治学说》（1935 年）、《形而上学的国家论》（1994 年）、

---

① 翟俊于：《Hobhouse 的国家观》，《学林杂志》第 1 卷第 1 期，1921 年 9 月。

② 张允起：《萧公权的"自由社会主义观"——从密尔到霍布豪斯》，载于《二十一世纪》（网络版）2002 年 2 月。

《自由主义》（1994 年）、《社会正义要素》（2006 年）等著作翻译过来，为我们了解霍布豪斯的政治思想提供了丰硕的资料。另一类主要散见于一些著作和教材中，如徐大同总主编的《西方政治思想史》（2005 年）、徐大同主编的《现代西方政治思潮》（2006 年）、吴春华主编的《当代西方自由主义》（2004 年）、邹永贤主编的《国家学说史》（1999 年）。第三类则是相关的论文研究，论文主要有两种，一种是硕士研究生的毕业论文，主要有《霍布豪斯的自由主义思想述评》（林琴秋，华东师范大学，2008 年 5 月），《论霍布豪斯的新自由主义思想》（李艳艳，吉林大学，2007 年 4 月），《L. T. 霍布豪斯的自由主义思想研究》（王同彤，华东师范大学，2008 年 6 月），《浅析霍布豪斯的社会和谐思想》（曹兴平，天津师范大学，2008 年 3 月）；一种是公开发表在各类期刊上的论文，主要有《霍布豪斯的自由主义思想评介》（万其刚，《中外法学》1998 年第 5 期），《自由社会主义和社会自由主义——论霍布豪斯的新自由主义》（殷叙彝，《当代世界与社会主义》2005 年第 3 期）、《英国近现代政治思想的类别和特征》（阎照祥，《史学月刊》2005 年第 1 期）、《英国的衰落自由放任政策的终结》（刘成，《历史教学》2005 年第 5 期）。

　　从研究的内容来看，目前主要有以下几类：一类是对霍布豪斯思想的某一方面进行较为深入的研究。比如殷叙彝的论文《自由社会主义和社会自由主义——论霍布豪斯的新自由主义》，简要地介绍了霍布豪斯的新自由主义思想；靳安广的论文《自由意味着平等——霍布豪斯自由思想述评》（《南都学坛》2011 年第 3 期），对霍布豪斯的自由理论进行了较为深入的介绍；钭利珍的论文《社会和谐视野下的权利和义务——霍布豪斯论权利、义务》（《浙江学刊》2008 年第 6 期），首次对霍布豪斯政治思想的哲学基础权利理论进行系统、深入的分析；钭利珍的论文《冲突现实中的和谐理想——霍布豪斯的社会和谐思想研究》（2010 年第 1 期），对霍布豪斯的和谐思想的基础、内涵和实现途径做了系统、深入的研究；此外还有尹慧爽的论文《霍布豪斯的自由观探析》（《中国商界》下半月，2009 年第 6 期），陈婷的论文《霍布豪斯的"和谐"思想》（《湖北行政学院学报》2008 年 S1），万其刚的论文《霍布豪斯的自由主义理论评介》（《中外法学》1998 年第 5 期）等，都对霍布豪斯思想的某一方面进行了介绍。第二类是对霍布豪斯福利理论进行简要介绍。其中，最具代表性的是丁建定的三本著作：《从济贫到社会保险——英国现代社会保障制度的

建立（1870—1914）》（中国社会科学出版社 2000 年版），《英国社会保障
制度的发展》（中国劳动社会保障出版社 2004 年版），《社会福利思想》
（华中科技大学出版社 2009 年版）。此外，陈祖洲在《通向自由之路：英
国自由主义发展史研究》（南京大学出版社 2012 年版）一书中也对霍布
豪斯的新自由主义思想有所涉及。

　　从研究的系统性来看，国内第一个相对比较系统研究霍布豪斯新自由
主义思想的是 2007 届吉林大学政治学硕士研究生李艳艳。她非常简要地
研究了霍布豪斯的和谐思想、自由观、国家观和自由社会主义思想。她的
研究初步显示了霍布豪斯政治思想的轮廓，具有一定的系统性，但她的研
究还比较粗浅，并没有深刻把握霍布豪斯"自由"的内涵，同时也没有
深入探究霍布豪斯自由思想的哲学基础，更没有探究其伦理基础。到了
2008 年，又有三位硕士研究生对霍布豪斯的政治思想进行了研究，迎来
了一个霍布豪斯思想研究的小高潮。华东师范大学硕士研究生林琴秋主要
研究了霍布豪斯的共同善思想、和谐思想以及"自由主义诸要素"，她的
论文对霍布豪斯的自由内涵进行了较为深入的研究，但对其共同善与和谐
思想的研究是较为简单的。同样是华东师范大学硕士研究生的王同彤的论
文，主要是对霍布豪斯的自由观、国家观和社会观进行研究，她的研究对
霍布豪斯国家观的研究相对比较深入。天津师范大学硕士研究生曹兴平，
则注意到了霍布豪斯政治思想的和谐的目标性与理想性，所以对霍布豪斯
的社会和谐思想进行了深入的研究，他的论文主要对霍布豪斯的社会和谐
思想、积极自由思想和国家干预思想进行了研究。他们的研究对霍布豪斯
政治思想的介绍以及对我们更多地了解霍布豪斯无疑是有推进作用的。但
是我们看到，上述研究从系统性及整体性的角度来讲是很不够的。

　　随着国内学者越来越多地重视霍布豪斯的政治思想，相信霍布豪斯及
其思想也会越来越被国人所知。上述国内学者对霍布豪斯思想的介绍和研
究，对我们了解霍布豪斯是有着积极的作用的，但显然，我们在研究的力
量及力度和广度上也还是很不够的。并且相比于国外的研究而言，国内对
于霍布豪斯的研究不仅数量少，而且内容方面没有创新，没有深入挖掘霍
布豪斯的思想，甚至没有看到其理论来源。究其原因，笔者认为这与中国
的历史发展情境是分不开的。在 20 世纪早期，随着中国人不断地向西方
学习，强烈的求知欲望以及学习的心态决定了霍布豪斯的思想与其他的思
想一同被引入了。但严酷的现实需要的是一种锐意斗争与改革的思想，而

不是调和改良的思想，这也就决定了在当时，霍布豪斯及其思想必然会被
湮没于桑野。但是随着中国革命的胜利以及中国建设的发展，目前中国的
历史情境与19世纪末20世纪初的英国似乎有某种相似之处。19世纪末
20世纪初的英国，在取得反封建的胜利以后，给资产阶级自由平等学说
支持下的自由主义带来了经济的繁荣和发展，但是这种繁荣和发展是不全
面的或说是不健康的。与经济繁荣相伴随的是社会问题的不断出现，尤其
是贫困、不平等以及工人运动，这些问题无时无刻不在威胁着当时的社会
和资本主义政权的稳定。于是，资产阶级的思想家们寻找了各种办法来解
决社会问题，稳定社会环境，以使英国渡过危机时刻。这时革命的思想和
理论是不适用的，因为掌握政权的依然是资产阶级，他们不会答应放弃政
权的。所以，他们不接受马克思的革命理论，而是要寻找一种调和改良的
方法。在被接受的理论中最为著名的就是本书所讲的"新（new）自由主
义"。他们提出通过协调个人与社会之间的关系，加强政府干预，发展社
会福利以解决社会问题。其代表有格林、霍布森以及霍布豪斯。霍布豪斯
是其中的著名者，他勇敢地以"和谐"作为目标和理想来构建他的整个
思想，并对社会现实产生了重大的影响，从而使当时问题重重的社会安然
渡过危机，也使当时备受怀疑的自由主义渡过了危急时刻。反思今天的中
国社会，似乎有一种相似性。革命斗争胜利了，思想解放了，经济发展
了。但经济繁荣并未带来社会的全面繁荣、和谐，社会分层、贫富差距也
越来越大。这个社会也处在了一个相当危急的时刻，于是寻找有效调节社
会冲突的思想和途径就成了今天思想者的任务、责任或义务了。在历史中
寻求智慧往往也是一种非常好的方法。霍布豪斯非常自然或必然地走进了
人们的视野。系统地探究霍布豪斯的政治思想是如何能够影响英国走出社
会困境，从而能为今天的中国提供一点智慧的参考，无疑是一件有意义的
事情。

　　由前所述，学者们对霍布豪斯政治思想的研究，呈现出几个特点：一
是就某一个方面来进行研究，而对其自由思想的研究为最多；二是一种介
绍性的研究，这种介绍性的研究主要是纳入其他系统进行的。总的来看，
学者们很少把它作为一个整体来研究。或者，有些学者认为霍布豪斯的思
想根本就不存在系统性。笔者认为，其主要原因是霍布豪斯本人的论著在
引入中国之时，本来就呈现为一个时断时续的过程。这在很大程度上制约
了学者们对霍布豪斯政治思想的研究水平。所幸的是，改革开放以后，霍

布豪斯的主要著作被——翻译过来，这为笔者比较全面地研究霍布豪斯政治思想提供了很好的条件。此外，国内的学者对霍布豪斯思想的来源及其独特性的分析相对比较少，而关于其财产权理论、权利理论以及国家理论的研究也是作为霍布豪斯自由主义思想的部分内容作概括性论述的，并未进行系统、深入的研究。因此，本书将通过对霍布豪斯政治思想的背景和发展、权利理论、自由主义理论、财产权理论、国家理论的深入比较分析，试图对霍布豪斯政治思想做系统的研究。

基于已有的研究成果很少把霍布豪斯的财产权理论、权利理论以及国家理论等有机结合起来分析，笔者选择了如下的研究视角：试着从整体的角度对霍布豪斯的政治思想进行研究，把权利理论视为整体中不变的基石，把权利理论作为霍布豪斯政治思想的哲学基础，并以此为支点和主线。把善与和谐作为其政治思想的伦理基础，把自由主义作为其政治思想的原则，把财产权理论作为其政治思想的现实基础，最后福利国家是霍布豪斯政治思想的实现途径。

总体来看，本书对霍布豪斯的政治思想做了纲要式的研究，力图结构性、系统性地展示霍布豪斯政治思想的整体形象。书中，针对霍布豪斯的权利、义务理论、伦理目标、财产权理论及其自由主义思想等都提出了一些自己的见解。但正因为是一种纲要式的研究，以及限于笔者的学识和水平，对霍布豪斯某些方面的研究很难深入、细致地论述，尤其是在霍布豪斯对前代自由主义者思想的继承性，霍布豪斯政治思想与同时代的霍布森、博赞克特等思想的比较，以及其对后续思想与实践的影响方面的研究都是非常欠缺的，在某些观点和分析上也肯定存在某些不足。同时，基于能力和精力的有限性，也只能做一些力所能及的工作。希望本书的研究能为进一步了解和研究霍布豪斯的政治思想以及新自由主义思想有一定的帮助。

目　录

第一章

霍布豪斯的生平与思想发展

马克思说，人的本质是一切社会关系的总和，我们每一个人都是时代的产物，每一个人的身上无疑都有深刻的时代烙印，因此要了解一个人，必须把他放置在其所处的时代背景下，才有可能全面而准确。同样，历史也是由我们每一个人共同创造的，我们每一个人也无疑在历史的发展进程中烙印上我们的痕迹。只是有些人的痕迹很淡，有些人的痕迹很深。我们要在一个时代背景中才能真正地了解一个人，我们也可以通过一些人来深入地了解一个时代。因此我们可以通过霍布豪斯所生活的时代的特征来为理解他的思想确定一个十字坐标，同样也可以通过解析霍布豪斯的政治思想来了解他所生活的时代。

第一节　时代背景

伦纳德·特里劳尼·霍布豪斯 1864 年 9 月 8 日出生于康瓦耳·利斯卡德（Liskeard Cornwall）附近一个名为圣·艾夫（St lve）的村庄里。1929 年 6 月 21 日在法国阿郎松（Alecon）走完了他 66 年跌宕起伏的人生。从 1864 年到 1929 年的 66 年间，英国从辉煌走向了衰落，H. C. G. 马修称这是一个"自由主义的时代"[1]，只是自由主义在此期间起起落落，遵循着繁荣走向衰落的轨迹。戴维·罗伯兹（David Roberts）也认为这是一个"危机起伏"[2] 的时期。无论人们的表述如何变化，都无疑表明霍布

---

① ［英］肯尼思·O. 摩根：《牛津英国通史》，王觉非等译，商务印书馆 1993 年版，第 484 页。

② ［美］戴维·罗伯兹：《英国史：1688 年至今》，鲁光桓译，中山大学出版社 1990 年版，第 325 页。

豪斯生活时期的英国是一个在各个方面都充满着各种变化的时期。这个大的变化背景无疑形成了霍布豪斯独特的思想，这个时代的特点也无疑深深地烙印在了霍布豪斯的思想中。

一　社会背景

在 1847—1873 年之间，"持续的经济繁荣使多数英国人们享受了资本主义的稳定、议会政治的贤明、帝国的显赫和维多利亚道德的高尚所带来的好处。这是一个坚固、稳定、自信的时代。当然，它也有危机和紧张，但危机都是可以解决的，紧张也是可以抑制的"。总的来说，在霍布豪斯出生前以及他童年时期的英国是繁荣和稳定的时期，但是繁荣和稳定没有持续多长时间，或者说在那个时代，不可能有永久的繁荣。"1873 年，经济和政治情况便开始打破维多利亚人万事如意的美梦。""经济的暴涨暴跌，造成了危机四伏的气氛，且马上传播到社会和政治中去。""社会也有了信任危机"，"一个相信经济繁荣、不干涉主义和天助自助者的安全时代，变成了一个惶惶然危机四伏的紧张时代"。①

总的来说，从 19 世纪中后期到 20 世纪初的这段时期，英国的经济发生了重大变化，逐渐从繁荣走向了衰落，与此同时，经济的变化直接导致了社会生活的变化，这些变化集中体现在当时出现的一些主要的社会问题上。而这一切都成了思想家必须直接面对、思考和试图解决的问题。

（一）经济变化：从繁荣到衰落

19 世纪中后期到 20 世纪初英国经济变化总的来说，主要特点是呈现出衰落的趋势。在 1870 年后，英国经济结束了所谓的繁荣时代。"19 世纪 70 年代，接二连三的歉收，北美大草原的开发，来往于海外羊毛生产区既快又廉价的运输，导致了'大萧条'"，② 英国由此进入了一个较长的萧条时期。

经济上的变化，首先表现在总体上经济增长速度的下降和经济继续发展并存。经济增长速度由此前的一路领先变为渐次退后。但是英国此时的

① ［美］戴维·罗伯兹：《英国史：1688 年至今》，鲁光桓译，中山大学出版社 1990 年版，第 325 页。

② ［英］肯尼思·O. 摩根：《牛津英国通史》，王觉非等译，商务印书馆 1993 年版，第 497 页。

衰落趋势是一种相对状态，而不是一种绝对衰退。因为它依然是"世界经济中一个巨大惊人、而且还在增强的力量"，① 也即此时的英国是一个"相对衰落和绝对发展的情况"。② 比如，"自1870年至1914年，工业经济的两个主要方面，棉和铁的生产增长几达1倍，羊毛和煤的生产，增长1倍以上，而造船工业，则增大两倍半。1871年，英国年总产值为78200万镑，到1901年，按物价不变折算，则达1.9亿镑"。"英国的海外投资达4亿镑，几乎与德、美、荷、比四国合计的5.5亿镑相等……英国每年出口总值为63500万镑，而进口总额为76900万镑，但算起来还是有23900万镑的顺差。""1870年，英国人每年的人均收入，按1913年的物价计算为26.8镑，至1910年则为48.2镑。""1914年英国人民的生活水平，比1870年的时候要高两倍。"③ 但是，1870年后，这些情况都发生了变化。1870—1913年间，国民生产总值的增长率，英国为2.1%，美国4.3%，德国2.9%。④ "1870年至1913年，英国工业生产年增长率为2.1%，而美国则为4.9%。在1880年，英国年钢产量占世界的1/3，而至1902年，仅占1/7，不过这1/7的数额为500万吨，而早年的1/3仅为100万吨。"⑤

其次，英国经济的衰退表现在各个行业，尤其是传统行业如农业、工业、纺织业、对外贸易和出口都有不同程度的下降。在农业方面，19世纪下半叶急剧衰落，其根本原因是受国际农业竞争的影响。英国农场主在这场竞争中败在了美国大农场主之手。1846年皮尔的保守党政府令人惊愕地废除了《谷物法》之后，保护英国农业的唯一屏障就是与北美及澳洲等地之间的海洋。但在19世纪中叶以后，交通运输业的发展使海运价格大幅度下降。1868年时，从芝加哥到利物浦每1/4英担小麦的运价是11先令，到1892年运价下降到4先令3便士，而到1902年再降为2先令

① ［美］戴维·罗伯兹：《英国史：1688年至今》，鲁光桓译，中山大学出版社1990年版，第326页。

② 丁建定：《从济贫到社会保险》，中国社会科学出版社2000年版，第13页。

③ ［美］戴维·罗伯兹：《英国史：1688年至今》，鲁光桓译，中山大学出版社1990年版，第326—327页。

④ 蒋孟引主编：《英国史》，中国社会科学出版社1988年版，第581页。

⑤ ［美］戴维·罗伯兹：《英国史：1688年至今》，鲁光桓译，中山大学出版社1990年版，第38页。

10.5 便士。因而，从美国输入小麦的数量大增，从 60 年代年均 165 万吨增加到 90 年代初的年均 500 万吨。大量外国谷物的涌入使粮价一降再降，小麦价格从 1875 年的每 1/4 英担 2.5 镑降到 1894 年的 1.14 镑。谷贱伤农，大批农民离开农村移居城镇或海外，大片农田废弃，地租下降，许多土地无人承租。而农产品价格也不断地下降。

工业方面，其发展速度也开始降低。1873—1913 年，英国主要工业部门的年均产值增长率都在下降。1873—1913 年英国国内产值年均增长率从 1.2% 下降到 0.5%。1870 年，英国、德国和美国在世界工业生产中所占的比例分别是 32% 、13% 和 23% ，到 1913 年则成为了 9% 、12% 和 42% 。[1] 总的来说，此时期英国的工业发展有两大特点，一是继续增长，但增长速度放慢，19 世纪末的增长速度只及 19 世纪中期的一半。第二个特点是英国丧失工业霸主地位，逐渐被其他国家赶上。

在其他方面，如纺织业和对外贸易，在这一时期也都在下降。棉纺业长期以来执英国出口之牛耳，但在 19 世纪最后 25 年中丧失了活力，出口值下降。英国钢产量在 1886 年和 1893 年分别被美国和德国超过。但与此同时，进口尤其是食品和工业进口却都在增加。

最后，英国经济衰退呈现出了一定的周期性和阶段性。比如农业，1879 年"是十年中最不景气的"，到 1894 年"大萧条达到了顶点"。

（二）社会生活的变化[2]：从稳定到动荡

经济发展的情况决定了社会生活的发展状况，同样社会生活也反映了经济情况。霍布豪斯所生活的时代，社会生活无疑也发生了巨大的变化。总的来说，是从繁荣稳定走向了衰落动荡，但物质生活总水平却有明显的提高。

随着经济发展水平的不断提高，社会财富也不断增长，由此人们的物质生活水平总体上也在某种程度上有了一定的提高。比如，1874 年英国国民收入是 11.33 亿英镑，人均收入 34.9 英镑，到了 1906 年，国民收入增加到 17.56 亿英镑，人均收入增加到 42.7 英镑。国家税收 1870 年是

① ［美］罗斯托：《世界经济：历史与展望》，伦敦 1973 年版，第 52—53 页。（W. Rostow, *The World Economy*, London, 1973, pp. 52—53），转引自丁建定《从济贫到社会保险》，中国社会科学出版社 2000 年版，第 15 页。

② 丁建定：《从济贫到社会保险》，中国社会科学出版社 2000 年版，第 22—28 页。

6800 万英镑，1890 年增加到 9700 万英镑，1913 年又到了 1.98 亿英镑。1882—1902 年，货币工资增加了 30%，实际工资增加了近 40%。在社会的物质社会水平方面，1870—1914 年间，英国有了明显的提高。比如在 1874—1896 年期间，英国人年均肉、茶叶、咖啡、糖的消费量都有大幅度的提升。到了 20 世纪初更是有了进一步的提升。

但是，总体的进步并不能带来社会全方位的进步，由此产生诸多的社会问题。社会财富和收入是增加了，但是财富的分配却并不公平合理，失业增加，整个社会逐渐失去了它的稳定性，而动荡性加剧。其中一些突出的主要的社会问题，我们将在下面详细介绍。

（三）主要社会问题：从富裕到贫困

1. 贫困问题①

英国工业革命毫无疑问创造了无比丰裕的财富。1750—1800 年，英国的煤产量增加了 1 倍，而 19 世纪的 100 年中又增长了 20 倍；生铁产量在 1740—1788 年间增长了 4 倍，以后 20 年又增长了 4 倍，而 19 世纪的 100 年又增长了 30 倍。原棉进口在 1780—1800 年增长了 5 倍，以后 100 年又增长了 30 倍。尤其是生产能力有了极大的提高。比如在工业革命前，人类的生产能力每 1000 年才增长 1 倍；而在 19 世纪的 100 年中，英国的 GDP 增长了约 4 倍。但当时的英国人口大约是 2000 万，仅相当于同期中国人口的约 1/20。因此，无论从财富总值还是从平均每人可以占有的财富量衡量，英国是当时世界上最富裕的国家。由此看来，英国人自然应是当时世界上最富裕的人。

但事实上，情况并非如此。随着英国社会财富的增加，英国社会中的贫穷问题似乎越来越突出。在英国，穷人不是越来越少，反而是越来越多了。所以，19 世纪末 20 世纪初，在英国，贫困问题成为首要社会问题。贫富距离逐渐拉大：1803 年，1.4% 的最富裕的家庭收入占据了国民总收入的 15.7%，到 1867 年，0.07% 的家庭占据了 16.2% 的国民总收入。60 年时间里，贫富差距扩大了 20 多倍。到了 1901 年，分配不均的问题不仅没有得到解决，甚至更为加剧了。用戴维·罗伯兹的话说："当爱德华七世在 1901 年即位为王的时候，英国的经济不平等……是非常巨大的。英国全国的国民收入分配如下：1/3 归富有的 140 万人，1/3 弱归 410 万中

---

① 钱乘旦：《英国工业革命中的人文灾难及其解决》，《中国与世界观察》2007 年第 1 期。

级人民，其余 1/3 强归 3900 万贫寒人民"，[1] 其差距之大可见一斑。

2. 失业问题[2]

失业问题是当时英国面临的另一个极其严重的社会问题。1884—1888 年间连续 4 年英国的失业率都在 7.5% 以上，1886 年平均失业率高达 10.2%，在工程制造业、冶金业、造船业等行业更是达到了 13.5%。[3] "在 1882 年、1889 年和 1899 年，工会工人的失业率不超过 2%；在 1879 年、1886 年和 1910 年，则达 10%"。[4] 与此同时，工人的工资也遭到削减，以铸造工人为例，1885 年周平均工资尚为 1 镑 4 先令，而 1886 年周平均工资比前一年减少了 1 先令 9 便士。

我国著名历史学家钱乘旦在《英国工业革命中的人文灾难及其解决》中描述的具体情况，更是让我们深刻地感觉到当时英国失业问题的严重性，钱先生也用了触目惊心来描述。在其论文中，钱先生列举了以下几个例子。

1841 年，根据教会慈善机构报道，棉纺织业中心曼彻斯特有大批的工人找不到工作，长期的失业使工人生活完全没有着落，许多人在把东西典当一空后，最后不得不当掉裤子，整天躺在被窝里。有一个叫卡恩的人，一家 5 口，包括 3 个孩子，全都失业了，卡恩生病，一个孩子也生病，病孩躺在地下室潮湿的角落里，身下只垫一些刨花，身上连遮体的破烂都没有。

另一个报道说：1840 年，一个 26 岁的织工干了一夜的活，太累了，一头从织机上栽下来死去，留下妻子和一个孩子。在此之前，他长时间失业，也没有吃东西。这一天，他临时得到一点工作，就拼命干，结果竟累死了。

再有一则报道说：一个做帽女工自己说，她每天工作 18 小时，所得工资只够吃粗茶淡饭，冷天才会吃点热面包，涂一点油。但即使这样的生

---

[1]　［美］戴维·罗伯兹：《英国史：1688 年至今》，鲁光桓译，中山大学出版社 1990 年版，第 329 页。

[2]　转引自钱乘旦《英国工业革命中的人文灾难及其解决》，《中国与世界观察》，2007 年 1 月。

[3]　钱乘旦：《英国工业革命中的人文灾难及其解决》，《中国与世界观察》2007 年第 1 期。

[4]　［美］戴维·罗伯兹：《英国史：1688 年至今》，鲁光桓译，中山大学出版社 1990 年版，第 328 页。

活，仍旧是没有保障的。她认为，自己随时都会失业。如果失了业，就只有进济贫院。

1833 年，埃尔德莱有一个织工，一家 7 口，4 个人工作，但全部收入在扣除房租、工具等后所剩只有每星期 2 先令，这点钱要供全家人的吃穿。因此，他们的伙食是：早上喝粥，中午土豆拌盐，晚上也是这样，最多加一点麦片粥。有的时候，全家的生活就靠在工厂里干活的幼童来维持。

在 1842 年的一个报道中提到：曼彻斯特的一个工人因长期失业，全家全靠年幼的儿子养活。但儿子的工资很少，连他自己都吃不饱，经常是饿着肚子去上班。父亲起先不肯吃用儿子工资买来的东西，后来，他神经错乱了，见东西就往嘴里塞，而儿子只好饿着肚子进工厂。

总之，工业革命时期英国的工人阶级经受了无穷的苦难。历史学家哈孟德夫妇曾经说：

"工业革命带来了物质力量的极大发展，也带来了物质力量相伴着的无穷机遇……然而，这次变革并没有能建立起一个更幸福、更合理、更富有自尊心的社会，相反，工业革命使千百万群众身价倍落，而迅速发展出一种一切都为利润牺牲的城市生活方式。"[1]

3. 其他社会问题

除了上述最为突出的贫困问题和失业问题以外，这一时期的英国还存在很多其他的社会问题，比如健康问题、生活水平问题、妇女问题、儿童问题、工作环境问题、住房环境问题，等等。[2]

人口死亡率、特别是婴儿的死亡率通常是衡量一个国家健康水平、即卫生状况的主要指标。1870—1914 年英国人口的死亡率在 15‰ 和 20‰ 左右，但婴儿死亡率大都在 100‰ 以上。并且在人口死亡率和婴儿死亡率上都存在地区差别和阶级差别，且阶级差别更为显著。1911 年，英国上等阶级和中等阶级家庭婴儿死亡率为 77‰，纺织工人家庭为 148‰，矿工家庭为 160‰，农业工人家庭为 97‰，海军军官家庭为 41‰，医生家庭为 39‰。工人阶级的人口死亡率也明显高于工厂主阶级的死亡率。

---

① 陈贵珍：《英国工业革命产生的社会问题及应对措施》，《泰州职业技术学院学报》2010 年第 2 期，第 147—149 页。

② 丁建定：《从济贫到社会保险》，中国社会科学出版社 2000 年版，第 50—60 页。

　　而随着老年人口的增加，与之有关的社会问题也逐渐加剧了。首要的是老年贫困问题。而妇女问题，主要集中在未婚母亲、寡妇以及被丈夫遗弃的妇女的贫困。儿童问题主要包括两个方面。一是儿童贫困问题，二是童工问题。

　　工作环境恶劣、条件差、时间长既是当时英国一直的普遍现象，也是另一个社会问题。1873—1913 年，英国产品制造业、运输业、通讯业、公共服务业中体力工人每周劳动时间大都在 56 小时以上，有些地方的工人劳动时间更长。到第一次世界大战前，尽管已制定了八小时工作日法，但英国大多数工厂的工作时间仍是 48—58 小时，50—54 小时。在当时工作条件也非常差。大多数工厂厂房低矮破烂、光线不足，不遮风雨，安全条件很差，甚至毫无安全保障。因此工伤事故不断发生，工伤死亡也是常事。

　　另外，住房问题也是一个非常突出的问题。住房不仅紧张，而且条件很差。"伦敦有 3000 人住在每间房住 8 个或更多的人的处所，有 50 万人住在每间房住 3 人以上的处所。这种贫民窟，充满着疟疾，空气恶臭，令人难耐。窗子破了，用破布挡住，挡了冷风，但也挡了新鲜空气和阳光。房间里有时只有一把破椅子、一张粗糙桌子、一张垫着破布的床、两口箱子和一块叠在架上的板，有时甚至一点家具也没有。煤炭很贵，房间时常因无火而冰冷难耐"。尽管生活已经很困难，条件很差，但是"1914 年，伦敦的房租一直在上涨，因为地价和建筑费都上涨了。一个人穷到不能付房租，便往往沦入所谓的'不见天日的十分之一'的半野蛮的地下世界……他们夜晚大都聚卧在泰晤士河边的堤垣上或铁道桥梁的涵洞里，人挤人以取暖"。"在小裁缝店、妇女服饰店、毛皮服店里，地板上满是脏东西，空气里满是灰尘，又不流通，发出臭味，男女工人和小孩在里面每天工作 12 小时，工资约 1—15 先令。在火柴、绳索、便帽和纸盒工厂里，女孩工作每日挣 7—10 先令"。①

　　综上所述，我们可以看到，工业社会的各种主要社会问题在 19 世纪末 20 世纪初的英国都已经出现，一些社会问题甚至已经达到十分严重的程度，如果不加以解决，这些问题就会进一步恶化，从而可能对英国社会的问题产生严重影响的地步。严酷的社会现实强烈地呼唤有良知的思想

---

　　① ［美］戴维·罗伯兹：《英国史：1688 年至今》，鲁光桓译，中山大学出版社 1990 年版，第 322—333 页。

者、知识分子去寻找解决问题的办法。

二　政治生活背景

严重的贫困和失业问题不仅使英国资本主义经济秩序，而且也使其政治秩序面临威胁。面对贫困和失业的工人们运用斗争为他们自己争取应得的权利，于是工人运动重新高涨。而各种政治力量也在面对共同的社会问题时，或由于不同的利益，或由于不同的思想意见，产生了很多变化。因之，在这段时期内英国的政党政治也经历着诸多的变化。国内矛盾直接会导向国外政策的变化。此时，为转移国内矛盾的关注点，政府对外政策也经历着诸多的变化。

（一）工人运动此起彼伏，斗争模式不断发展变化

工会组织的发展，经济萧条的周期性出现，社会问题的逐渐加剧，使英国工人的斗争热情重新高涨，罢工行动逐年增加。1879 年英国共发生72 次罢工，1889 年为 111 次，1902—1909 年平均为每年 465 次，1910—1913 年为每年 947 次。罢工所造成的劳动日损失 1893 年为 3044 万个。[①]"1911 年的罢工，总计起来损失了 1000 万个工作日，数目庞大惊人，但还比不上 1912 年码头工人、铁路工人、矿工以及其他行业的工人的再次罢工所造成的 4000 万个工作日损失大"。[②]

工会运动进一步发展，工会组织也出现了新的形式。1851 年出现了一种新的工会，后来被称为"新模式"。[③] 第一个"新模式"是"机械工人混合工会"，它囊括全国同行业（机械工业）的所有分支，每个分支都分别组织自己的工会，然后再联合成"混合"工会。到 1860 年，它的会员达到21000 人；1875 年和 1888 年分别达到44000 人和 54000 人。在过去，几乎所有的工会都只是昙花一现，经过一两个斗争高潮之后就很快会瓦

---

① ［英］扬格：《社会主义与英国工人阶级：1883—1939 年英国劳工史》，伦敦 1989 年版，第 113 页（J. D. Young, Socialism and the English Working Class, A History of English Labour, 1883—1939, London, 1989, p. 113），转引自丁建定《从济贫到社会保险》，中国社会科学出版社 2000 年版，第 91 页。

② ［美］戴维·罗伯兹：《英国史：1688 年至今》，鲁光桓译，中山大学出版社 1990 年版，第 357 页。

③ 钱乘旦、许洁明：《大国通史：英国通史》，上海社会科学院出版社 2007 年版，第 280 页。

解。"新模式"却由于它的排他性和尽可能避免与雇主对抗而经久不衰，并且逐渐形成了一支有组织的力量，逐渐把工人带入了政治领域。

（二）政党政治变化多端，新形势逼迫政府不断改革

与工人运动不断高涨和斗争模式不断变化相应的，就是工会逐渐成为一支有效的政治力量参与到了政治斗争当中。而当由工人组成的工会逐渐成为一支较大的政治力量时，尤其是当一部分工人阶级获得选举权时，就使当时英国的两大政党（自由党和保守党）不得不正视工人的要求。而工人的支持与否也在很大程度上决定了哪一个政党能上台执政。比如，1874年大选时，自由党失利，其很大的原因在于工人选民的反对。于是在两党争夺执政大权的过程中，我们会看到一幅两党怎样争夺工人支持的景象，亦是一幅工人如何利用两党的支持，扩大和发展自己的景象。

在工会卷入政治活动的过程中，产生了工会代表大会。1900年英国工人建立了工人代表委员会，争取工人在议会中的代表权。1906年工人代表委员会改称工党，在英国的政党史上，产生了20世纪最主要的一个政党。1910年工党已经拥有42个议席。1918年，工党已经相当成熟，它在英国的政治舞台上牢牢地站住了脚。工人运动的高涨和工党的崛起极大地震动了英国上层统治阶级，丘吉尔警告说英国最大的危险在于贫富之间巨大的鸿沟。来自工人阶级的政治压力迫使英国政府进行深化改革。

（三）民族问题和国际问题

美国革命结束后，英国丢掉了"第一帝国"的称号，在海外剩下的殖民地主要是加拿大和印度。维多利亚女王以其开放的改革精神把英国推向了现代社会，达到了高度发展的顶峰，经济上高度繁荣，文化上灿烂辉煌。到了19世纪中叶，多数英国人认为没有必要保留一个正式的帝国，英国以其强大的经济实力和海上霸权，完全能控制世界的贸易。在"贸易自由主义"理论的鼓吹下，英国人认为自由贸易是英国最大的利益所在，与其保护帝国不如保护海上通道。于是英国就实行了以海军的力量控制海洋，强制推行"自由贸易"，迫使全世界为英国的商品打开门户。在"炮舰政策"的指引下，英国大肆推行侵略政策。而随着各帝国之间力量的不断变化以及英国优势地位的丧失，帝国之间的利益冲突与矛盾也不断上升，到了1915年，一触即发的第一次世界大战成了一场各帝国之间重新洗牌的战争。而这些战争毫无疑问对霍布豪斯产生了很大的影响。

如果说，帝国地位的丧失是英国当时面临的外患，那么，爱尔兰的独

立问题则是当时英国面临的内忧。严格地说，爱尔兰并不是英国的殖民地，而是在 1801 年时，它与英国合并，从而成为英国的一部分。但对大多数爱尔兰人来说，合并就是吞并，他们时刻都想摆脱英国的统治。因此从 1829 年开始，爱尔兰摆脱英国统治的独立运动就不断加强。尤其是1845 年英国对爱尔兰灾荒的消极处理，更是加重了爱尔兰人民的独立情绪。而与此同时，英国的两大政党在面对爱尔兰问题上又严重对立。于是针对爱尔兰问题就成了两大政党争夺政治权力的政治资本。由此，英国的国内政治生态也因爱尔兰问题不断地变化着。而这一切都成了当时政治思想家们思考和忧虑的难题。

三　学术背景

任何理论的产生都有它深刻的时代背景，当然这些背景中具有决定性作用的应当是经济生活。但是对于理论的产生而言，还要探讨其整个学术背景，当时整个大的学术背景无疑对政治理论产生了严重的影响。我们首先考察整个 19 世纪的学术背景。

（一）变革时代，思潮涌动

我们来看一下整个 19 世纪的欧洲。在欧洲，19 世纪是变革的时代，诸多社会思潮兴起，诚如美国历史学家佛罗斯特在《西方教育的历史和哲学基础》一书中所描述的那样："19 世纪的欧洲是一座充满了冲突与阴谋的迷宫，几个世纪以来孕育的各种力量正开始发挥作用，它们都在努力地影响改变着人们的生活……形形色色的政治、社会、经济和宗教模式在团结或分裂着人民，产生了大量的问题，干扰着这一时代所能形成的最优秀的思想和最深刻的认识"。[①] 所以，这是一个变革的时代，各种思潮随之出现。

（二）学科繁荣，相互影响

19 世纪中叶到 20 世纪初的英国，用巴克的话说，是一个"躁动不安"的年代。工业革命带来了英国经济的极度繁荣，繁荣的经济为学术的发展提供了必要的经济支持。所以，19 世纪、尤其是中期以后，英国的学术是相当繁荣的。各个学科不仅在英国取得了很大的进步，而且德国和

---

① ［美］S. E. 佛罗斯特：《西方教育的历史和哲学基础》，吴元训等译，华东师范大学出版社 2003 年版，第 58 页。

法国等国家学科的发展也促进了在英国的交流，他们都推动了英国各学科的发展，产生了一个各学科大繁荣的景象。与此同时，学科交叉也非常的兴盛。生物学、政治经济学、法学、史学、心理学和人类学等的研究方法和研究成果相互借鉴，相互影响。在这60年间，首先在政治哲学领域产生了巨大的变化，也取得了很大的进展。密尔的《政治经济学》问世，把生产规律和分配规律加以区别，为社会主义的出现打开了大门；宪章运动以流产而告终；基督教社会主义者尝试创办合作运动；1858年，自然选择的学说得到阐明；工业革命带来的非理想效果，使"人们感到，对社会生活的事实需要有一个更科学的解释，而对它的弊病需要有一个更科学的纠正办法"。① 工会作为新势力开始出现，不仅使前述问题复杂化，也为问题的解决提供了一种帮助和解决方法；而已为人们接受的信念，从亚当·斯密和边沁那里延续下来的信念遭到了质疑，于是密尔对他们的理论进行了修正；但是仅仅对边沁主义的论点进行修改是远远不够的，实际上需要的是一种新的哲学，唯心主义学派应运而生。"这一派直接从康德和黑格尔，并且最终从古老的希腊城邦哲学吸取灵感"。② 它以格林为最杰出的代表。

但是由于其他学科也取得了很大的进展，它们都对政治哲学产生了影响，"那些学科或者能够提供相似之处来指导它的方法，或者提供新的事实来丰富它的内容"。③ 在政治哲学的研究中都可以看到其他学科的影子。首先是伦理学，伦理学成为政治哲学研究的价值依据和伦理目标。用霍布豪斯的话说，"政治必须从属于伦理"。④ 政治和伦理是一个整体，政治改革需要有一个合理的伦理基础，甚至如巴克所说："政治哲学本身……实质上是一种伦理的学科，它把国家看作一个道德社会，并探究国家试图借以达到其最终道德目标的一些方法。政治哲学为人类的一切建制定下一个道德理想，国家是最大的建制之一，因而也为国家定下一个道德理想，政治哲学按照伦理学解释国家，并试图决定国家对于人的道德品质和发展的

①　［英］欧内斯特·巴克：《英国政治思想史》，黄维新，胡待岗等译，商务印书馆1987年版，第2页。

②　同上书，第4页。

③　同上书，第5页。

④　［英］L. T. 霍布豪斯：《社会正义要素》，孔兆政译，吉林人民出版社2006年版，第1页。

关系"。① 同时，其他学科也在影响政治哲学的方法，或增添它的内容。
"生物学、政治经济学、法学、心理学、历史学这些学科虽然同社会哲学
本身处于不同的领域中，然而它们所研究的主题对社会哲学的特定主题是
有联系和有影响的"。② 例如，数学和历史学为政治哲学的研究提供方法，
数学提供规则方法，而历史学提供一种历史的方法，使人们的研究转到社
会建制的起源上，并从记录下来的事实中去解释存在的合理性；政治经济
学是带有英国色彩最浓的，也是与政治理论联系最紧密的学科，它对政治
理论发生的影响最深刻，但是这种影响却在两个相反的方向起着作用。一
方面是亚当·斯密和李嘉图的古典政治经济学，它们一直倾向于自由放任
政策；另一方面，新的政治经济学以李斯特的"民族主义保护主义"和
马克思的"国际社会主义"为代表，倾向于国家干预政策；生物学也对
政治理论发生了相当大的影响，尤其是生物有机体理论和适者生存理论。
生物学的影响，也像政治经济学的影响一样，产生两个作用。一方面是把
有机体理论运用到社会中，坚持社会有机体的思想，以赫伯特·斯宾塞为
代表，但却得出人与国家相对立的观点，并要求个人的最大自由，国家的
最少干涉；另一方面是接受遗传学和缺陷思想，要求国家扮演帮助者的角
色，通过某种程度的政治控制达到优生的目的；法学无论其差别有多大，
但都是涉及生活中人与人之间的关系，其与政治理论的关系是密切而明显
的。法学尽管主要来自德国，但在社会契约论盛行的年代，"法学的概念
和名词也支配着政治理论"，③ 主要的影响来自德国的两位法学家萨维尼
和祁克，他们也带来了两种影响，一是保守主义的影响，以梅因为代表，
他把萨维尼的法律是一种不断发展的历史理念进行了宣扬，并用这个概念
取代了天赋权利学说，也使他自己对民主制度采取冷漠和批评的态度；一
是激进主义的影响，以梅特兰和戴塞为代表，他们给政治理论增加了新的
激进的内容。

（三）理论谋划，实践试验

但是正如上述的社会背景中所描述的，19 世纪中后期到 20 世纪初

---

① ［英］欧内斯特·巴克：《英国政治思想史》，黄维新，胡待岗等译，商务印书馆 1987 年
版，第 5 页。

② 同上书，第 6 页。

③ 同上书，第 7 页。

的英国，尽管社会非常繁荣，但也引发诸多社会问题。当时无论是在理论界还是在实践领域，人们都对残酷的现实做了深刻的理论思考和勇敢的政策实践。一方面，思考的结果表现在各种政治理论的出现。当时有唯心主义学派、科学学派、经验主义学派，等等。本书所研究的霍布豪斯也是对当时社会现实做出积极思考和回应的一位思想家。另一方面，思想家的理论谋划很多都在政策实践中予以尝试和解决，并且也是在实践的不断讨论中推动了理论的进一步发展。巴克说，这60年，"我们还必须提到我们的政党制度中所包含的范围广阔的口头讨论。实际上我们可以在口头讨论中看到我们树立理论的大部分过程和内容。一方面，政党趋势理论跃入比武场；或者至少也是政党罗致理论为之论战。另一方面，一个政党的纲领就是具体化了的理论"。① 比如工联主义政党采用了柏格森的哲学，工会主义的保护者和为教会社团的独立性辩护的高交会派教士使用了祁克的理论；社会党使用了社会主义理论；自由党在立法中超越了边沁主义的自由理论。

所以，我们看到，此时的英国各种理论都在实践的领地中一展才能，也在实践的领地中不断地突破自我，当然也有很多的理论被实践所抛弃。正是对现实的不断思索，经受了实践的不断挑战，人们才找到了一些应对现实问题的解决办法，使英国渡过了一个艰难的时期，更使一些超越时代的思想得以继续保留和发扬，比如自由主义、福利思想等。

（四）理性继承，妥协适应

此时的英国，对新的生活事实需要有一个更科学的解释，对它的弊端要有一个更科学的纠正办法；当面对新的问题和新的趋势，必须有新的信念来加以引领和支撑，但是应当去哪里找呢？巴克的一段话也许可以给我们答案："的确，一个政党的纲领中，总是倾向于含有不能够同它的基本理论合理地联系起来的一些未解决的因素；但这些因素不是在另一情况下将被抛弃的从过去继承下来的东西，就是向此时的需要和有关支持者的要求做出让步"。② 寻找解决问题的办法有两种智慧，一种是向过去、向历史寻找。因此需要继承，在挖掘中继承，继承那些于今天有帮助的东西，无论它是否曾经被抛弃；另一种是向现实寻找。但现实难免或一定会与我

---

① ［英］欧内斯特·巴克：《英国政治思想史》，商务印书馆1987年版，第10页。

② 同上书，第11页。

们的习惯或我们固有的信念相冲突，坚持还是妥协呢？当然是妥协，向现实妥协是一种智慧。阿克顿说："妥协是政治的灵魂"，[①] 因此，妥协对政治理论思想也不例外。

上述的学术背景的整个特点无一不对霍布豪斯的政治理论产生影响，而我们也都可以在霍布豪斯的政治著作中看到这些时代学术特点的影子。

四　理论背景

（一）纵向考察时代的思想发展脉络

在考察霍布豪斯生活时代的理论背景的各种思潮之前，我们首先纵览整个时代的思想发展脉络。18 世纪中期到 20 世纪初的半个多世纪，英国的政治学说尽管纷繁复杂，但若考察政治思辨的发展，按照巴克的说法，这个思想界的发展总的来说可以以 1880 年为界限，分为两个阶段：

第一个阶段是 1848—1880 年以前，思想界沿袭了传统自由主义，总趋势是朝个人主义发展。人们普遍接受放任主义。在国内政治方面，把政府的活动限制到最小限度，而在对外事务方面，实行国际间的自由贸易和友好政策。在国家的问题上坚持国家不可信任。主要以斯宾塞为代表。他"是彻底的放任主义政策倡导者，从《社会静力学》（1850）一直到《人对国家》（1885）都提倡这一政策。他为个人主义提供了一件自然科学的外衣；他利用军国主义和工业主义之间的对立为之服务，并极力陈述自然的进化过程已经使得放任主义成为当今工业时代的主导原则"。[②]

约翰·斯图亚特·密尔是一种过渡性的力量，他的自由放任没那么彻底。他逐渐用功利主义取代了自然权利学说。"在他手里，功利主义开始减少个人主义性质，而呈现出越来越多的社会主义性质。"[③] 他认为，社会效用是目标，为了这个目标，个人的最高责任可能要他去牺牲自己，为了这个目标，可能需要把财富分配的重大职能委托给国家。

第二个阶段是 1880 年以后到 20 世纪初期，无论是在实践上还是在理论思考上，都表明放任主义的学说已经过时了。首先，是在实践领域，向

---

① ［英］阿克顿：《自由史论》，胡传胜、陈刚、李滨、胡发贵等译，译林出版社 2001 年版，第 165 页。

② ［英］欧内斯特·巴克：《英国政治思想史》，黄维新、胡待岗等译，商务印书馆 1987 年版，第 11 页。

③ 同上书，第 12 页。

来被认为应当管得最少的政府于 1870 年以来一直在认真关注教育。动荡的社会现实迫切地需要进一步扩大国家权力的范围，以能有效地解决存在的诸多社会问题。于是，思想界便做出了积极的思考和回应。首先是 1880 年，格林在牛津大学讲授了《政治义务的原则》，说明国家必须进行干涉，以便清除自由主义所反对的阻止公民们的道德自由发展的障碍。其次，在 1880 年后不久社会主义也在英国逐渐建立起来，主张社会要把经济生活的控制权掌握在自己的手中。于是直到 20 世纪初整个政治理论都颠倒了。"在 1864 年，正统是指不信任国家，异端采取的形式是相信家长式政府，而在 1914 年，正统是指信任国家，而异端采取的形式是轻度进入无政府主义"。①

从上面的分析我们可以看到，霍布豪斯少年时代生活在一个自由放任主义盛行的时代，因此在中学时代，霍布豪斯是相当激进的。等他成年以后整个社会的现实和思潮都转向了政府干涉主义，在这样的背景下，作为时代的产儿，霍布豪斯的思想无疑也跟着发生了相应的变化。

(二) 横向再现时代的思维网络图

尽管霍布豪斯的思想发展是顺应了时代的需要和发展趋势，但当时社会的各种思想无疑都对霍布豪斯思想的发展产生了重要的影响，所以我们还有必要横向再现当时所盛行的各种社会思潮。19 世纪虽然是自由主义的时代，但到了 19 世纪末到 20 世纪初，英国和欧洲大陆盛行各种社会思潮，其中有自由主义、保守主义、浪漫主义、实证主义、集体主义、费边社会主义和社会主义等，思想的苍穹群星灿烂；社会经济发展以及由此引发的社会难题分别成为它们共同关注的议题。尽管许多思潮发端于 18 世纪，但其影响却深远持久。各种思潮在不同国家、不同阶段都存在不同的理论表现，影响霍布豪斯的政治思想的重要思潮主要有新自由主义（主要以格林为代表）、费边社会主义和集体主义等。其中新自由主义对霍布豪斯的思想影响最大，霍布豪斯早期虽然曾非常赞同集体主义，并与费边社会主义有密切的联系，但最终他走向了自由主义，并继承和发扬了格林的新自由主义，不仅使自己加入了新自由主义的行列，且还成为新自由主义的主要倡导者。由于格林将放在对霍布豪斯有直接影响的思想家部分的介

---

① ［英］欧内斯特·巴克：《英国政治思想史》，黄维新、胡待岗等译，商务印书馆 1987 年版，第 13 页。

绍中，因此，在下面新自由主义的介绍中我们简略介绍除格林和霍布豪斯以外的新自由主义思想。

1. 新自由主义

（1）新自由主义概述

近代英国主要信奉"放任自由主义"，尤其是在维多利亚时期达到了鼎盛期。但从维多利亚后期，也即19世纪后期开始，基于个人理性以及个人自我负责的自由主义所倡导的市场自由竞争的结果，导致了贫富差距、社会混乱、城市脏乱差、拥堵、贫困等等问题层出不穷。而且自由的市场对此不仅无能为力，还有加剧之势。国际舞台上，国家之间的恶意竞争、压迫、殖民，完全打破了资产阶级自由、平等、博爱的价值理念。随着国内外形势的变化，自由放任这一信条逐渐失去了存在的基础。更为重要的是，在这一过程中，英国政府对市场的控制能力越来越弱，整个国家和社会日渐陷入了失控的状态。为了维护国家在国际竞争中的不败地位，以及在社会和整个经济政治生活中的统治，防止工人阶级的反抗，英国统治阶级加强了政府权威。所以，在19世纪末，英国政治生活的主要实践特征就是加强国家的干预与政府的权威，扩大资产阶级民主。与现实的政治变化相适应，或者为了更好地指导和推动现实的政治变革，在理论界也开始进行了与时俱进的变革。英国自由主义也开始实现了一次从传统的自由放任的自由主义向"新"的加强国家控制的自由主义的转变。自19世纪90年代以来，在英国自由党内外出现了很多自称"集体主义者"的知识分子，他们积极吸收集体主义和社会主义思想，激进地开展了大规模的宣传活动。他们主张要推翻现有的贫富差距、个人分化的社会，要建立平等、合作的新社会。个人无法完全对其自身的所有生活负起责任，作为个人权利让渡妥协的产物——国家对生活于其中的人们负有责任。尤其是在减少日益严重的失业和贫困现象中，国家要发挥决定性的作用。首先提出国家责任的思想家是格林，因此他们在格林的思想中找到了根基，并把格林作为思想领袖。他们把他们奉行的理论叫作"新自由主义"。而"新自由主义"也成了他们所推崇的理论的代名词，开始在政治思想领域使用和流行。早期的新自由主义者主要分为两派。一派是以里奇（D. G. Ritchie，1853—1903）、博赞克特为代表，他们赞赏并强调格林学说中关于国家是道德的实体和总体意志的化身，他们的思想代表了新自由主义较为保守的方面；另一派则以霍布豪斯、霍布森、巴克等为代表，他们注重格林学说中关于个人权利以及"积极自由"的思想，因而他们的思想代表了新自由主义中较为激进的方面。

新自由主义真正作为政治和社会思潮在英国出现是在 19 世纪 90 年代。19 世纪 80 年代末，随着英国国内各种矛盾严重激化，爱尔兰民族解放运动也更加高涨，爱尔兰自治问题成为当时英国政坛争论的焦点。但是议会中的一些年轻的自由党议员却不把重点放在当时的激烈争论上，而是更多地关注社会问题。90 年代，倡导新自由主义的激进知识分子更多地组织在了一起，他们一起创办自己的刊物，宣传自己的思想，其中最著名的刊物就是"彩虹圈子"和《进步评论》。其成员主要有激进的新闻记者、《每日新闻》编辑马星汉、《演讲者》编辑哈蒙德以及更加重要的人物 L. T. 霍布豪斯和 J. A. 霍布森。这样，"新自由主义终于有了自己的中心"。他们试图建立一种统一的新自由主义理论，既避开社会主义，也躲开保守主义，并对实用集体主义加以理智的预防，他们还把这种新自由主义称为"社会改革的理论"。新自由主义在 19 世纪 90 年代正式形成，其理论旗手是霍布豪斯和霍布森，实际行动者为阿斯奎斯、劳合·乔治及温斯顿·丘吉尔。[①]

（2）新自由主义的主要特征

新自由主义理论体系的内容十分丰富和复杂，但也存在一些共同的特点。[②]

第一，英国新自由主义在不同程度上受到了黑格尔等人学说的影响。一直以来，功利主义在 19 世纪的英国政治思想中占据着相当重要的位置。在同一阶段，德国哲学家康德的学说逐渐被介绍到了英国，而英国学者也访问了德国。但是具有经验主义传统的英国人始终没有对康德和黑格尔的学说引起足够的重视。19 世纪中叶以来，有机体理论在英国和法国逐渐传播开来，同时国家在社会生活的作用也日渐彰显，人们广泛地认同了社会是"集体意志"的表达的思想。近代思想家卢梭、黑格尔的思想，特别是他们提出的"总体意志"学说，在新自由主义思想家中的市场越来越大。针对复杂而矛盾的现实，新自由主义奠基者们认为，只有在源头上对自由主义思想精心改造一番，才有可能对现实有真正的帮助。于是他们力求在保留英国自由主义的基础上，把黑格尔思想中的"永恒意识"和

---

① 丁建定：《从济贫到社会保险》，中国社会科学出版社 2000 年版，第 65—66 页。

② 徐大同：《西方政治思想史》第四卷，天津人民出版社 2005 年版，第 347—353 页。

共同意志结合起来，对自由主义核心进行改造。其中里奇和博赞克特的思想带有强烈的集中倾向，他们更多地继承了黑格尔学说中的"总体意识"理论，更加重视黑格尔"总体意识"学说中国家的统一和整合作用。与此相反，霍布豪斯则认为，总体意识是"人民意志"，这种意志不是抽象的，不是和社会每个成员的"个别意识"相对立的，而是在承认这种个别意志的基础上经过无数次的"矛盾冲突"得出来的。霍布森认为，"总体意志"将个人和社会结合在一起。但是这并不意味着"个人的意志感情和意志就完全地泯没于或牺牲于公共感情、意志和目的中"。

第二，英国新自由主义和伦理道德学说结合在一起。在传统自由主义那里，受功利主义的影响，他们认为社会发展的首要目标是追求财富的增长，而这也是自由放任主义所能带来的效率最大化的刺激结果。在财富增长以外的道德合理性问题，是个人问题，无须在理论上予以澄清。这种思想的主要代表是亚当·斯密、边沁。19 世纪中后期，社会发展的矛盾、冲突与不和谐的现实，引起了当时年轻的知识分子的注意和反思，他们认为和谐与文明的社会，应当是人们追求的目标。而要达成这样的目标，自由放任的市场是因其根本的缺陷而无法自主达成的。需要有主导的力量带领，同时整个社会都追求共同善，进而形成一种合理性，才能真正达到文明与和谐。因此他们反对那种单纯追求财富增长而不问道德发展的错误倾向，主张国家除了要实现物质财富的增长外，还必须注重整个社会的道德发展。注重自由的伦理道德价值的观念，在自由主义的脉流中，其实由来已久。最早发端于古典自由主义向新自由主义过渡的约翰·密尔思想中。在密尔看来，评价政府的好坏，就看它是否促进了人们美德和智慧的养成。"任何政府形式所能具有的最重要的优点就是促进人们本身的美德和智慧"。[1] 这种思想到了格林那里，就更加突出了。格林认为，国家本身就是伦理的产物，

在格林之前，有关国家基础，或者说公民服从国家义务的原因的理论主要表现为同意论和最高权力论。而格林则认为国家是社会关系的维护者和协调者，因而是实现人类道德善必不可少的工具，[2] 是"推进共同善的

---

① ［美］J. S. 密尔：《代议制政府》，汪瑄译，商务印书馆 1982 年版，第 26 页。

② Thomas Hill Green，"Lectures on the Principles of Political Obligation"，sec. 106. 由于格林在生前发表的著作中，多标出文章段落号，故研究格林的学者在引用他的主要著作时，都采用段落标记法。本书中在引用"Lectures on the Principles of Political Obligation"中的内容时也沿用这一惯例。

公共机构"。① 正是在国家是共同善不可或缺的工具，而共同善又是人的理性和意志所追求的目标意义上，格林提出了他著名的主张，"国家的基础是意志，而非武力"。② 格林之后，伯纳德·博赞克特被誉为英国新黑格尔主义国家学说的集大成者，是继格林之后著名的理想主义哲学家。他把追求圆满与和谐作为需要坚持的基本价值观。在哲学上，他确立了"绝对"的哲学思想。他认为"绝对是一个和谐的统一体，它无所不包，无所不有，它包括一切有限的事物，消融一些对立的差别，它包括一切知、情、意、欲，真、善、美和假、恶、丑，使之处于一个和谐的整体之中"。③ 而国家的目的就是使个人进入尽善尽美的"绝对"境界，也即一种"至善的生活"。要实现这个目的，国家就需要发挥其控制和强制的作用，进而"拆除障碍物"。由此，我们看到博赞克特发展了格林思想中注重整体的方面。霍布森则认为，国家作为社会的工具，它的价值在于维护社会的共同"善"，实现社会的共同利益。而每一项改革也都应当考虑个人的道德特征，都必须对伦理民主精神具有直接的助推作用。同样，霍布豪斯则要求，任何改革应当"把一种新精神输入人们的行为。这种精神是对共同善的情感，是先全体利益后个人利益的意愿，是对人们彼此信任的确认"。④ 由此，我们看到，他们将通过具有道德意识的社会成员间的自觉契约，把个人和集体结合起来。他们发展了格林学说中个体自由的方面，但并没有将国家完全降到简单地追求财富价值的地步，同样也承认了国家在实现道德生活中的重要作用。

第三，英国新自由主义者反对将个人和社会对立起来，试图调和个人与社会。强烈的个人主义倾向，一直是自洛克以来英国和欧洲大陆上的传统自由主义的典型特征。他们认为个人是基础，是首要的位置，个人与国家、个人与社会往往会冲突，当冲突发生时，国家与社会应当让位于个人。"个人的发现"产生出了传统的自由主义，使人们脱离了封建社会的束缚，个人获得了空前的解放，生产力也得到了前所未有的发展。但是，随着个人社会以及社会思想的发展，越来越多的思想家发现，把个人与社

---

① Thomas Hill Green, "Lectures on the Principles of Political Obligation", sec. 124.

② Ibid. , 标题, Charpter G.

③ 徐大同:《西方政治思想史》第四卷，天津人民出版社 2005 年版，第 399 页。

④ L. T. Hobhouse, *The Labour Movement*, New York: The Macmillan Company, 1912, pp. 4 – 5.

会对立起来、把个人独立于社会的观念越来越无法符合现实的解释需要。同时脱离了社会，个人的利益也越来越无法得到最大化与保障。基于此，新自由主义便对个人主义观点提出了批判。他们认为，在以往的理论上，我们需要做一些修正，一切的个人都应当把自己置身于社会这个统一体之中。现代社会，随着经济社会的发展，经济联系越来越紧密。个人自由已经无法脱离社会而独立获得，不仅如此，个人自由的获得与发展，完全依赖于社会的进步与发展。个人只有与社会的发展相符合，与公共利益相符合，其自由和利益才能得到最大限度的保障。另一方面，就个人自由的内涵而言，现代人的个人自由，不只是个人安全与财产的自由，更是个人行为发展的自由。而这种自由只有融入社会中才能得以保障和发展。格林认为："如果没有社会，也就没有个人"。[①] 一个人只有使自己与社会的其他人一致起来，他才能实现自己道德上的满足与发展。"只有通过社会，个人才能够作为行为的主体实现他自己的思想"。[②] 里奇主张，脱离了社会共同体的个人不过是一个抽象的存在，这种抽象的存在本质上不过是一个逻辑上的"幽灵"和形而上学的"幻影"。霍布森强调人的社会化，但他认为，社会不是作为一种关系，而是与个人一样具有自己生命、意志、目的和自身的意义，它是一个聚合起来的集体有机体。但这种生命、意志和目的与个人的却又完全不同。社会有它自身的价值准则和共同利益。但同时，他认为我们还应当清晰的是，社会虽然是一个集体，但具有有机性。所以，社会不能是简单地归结为个人的相加。社会由个人组成，社会只能存在于个人之中。个人与社会相互依赖。社会的最高义务就是为其成员提供服务，而个人也只有参与到社会中，才能获得自由，个体的创造性才能得到发挥。

第四，新自由主义不同程度提出了国家干预思想。在传统自由主义思想中，国家不过是个人实现其财产和其他自由权利的工具，而个人作为经济理性人，对自我的发展具有最强和最有效的发展能力。因此，在整个社会中，国家应当作为"守夜人"的角色出现，国家对待经济和社会生活，要持有不干涉的态度。而管得最少的政府也是最好的政府，国家应当是

---

① L. H. Green Prolegegomena to Ethics, ed. A. C. Brad1ey, M. A fifth edition, Oxford: at the clarendon Press, 1906, p. 242.

② Ibid. , p. 218.

"消极国家"。到 19 世纪，国家的消极行为和不干预政策逐渐显露出弊病。尤其是涉及公共利益的消除愚昧、酗酒、救济贫困、扶助弱者等问题，自由放任的市场不仅无意于解决问题，反而会使问题更加严重。因此，涉及公共利益问题需要国家作为一个公共利益的调和者来加以解决。英国新自由主义者的理想就是建立"福利国家"。格林认为要扫清实现共同之善道路上的障碍，国家需要建立强迫教育制度，推行禁酒令，限制私有制。博赞克特认为国家需要"拆除障碍物"，调整和维护公共利益；维护权利体系，包括社会权利和个人权利两方面；"提醒"和"暗示"我们本该负起的责任；最后，在必要的时候，国家实行惩罚功能。霍布森则提出需要实行国有化政策，发挥税收的重要作用，改善工作条件，为工人提供工作和生活保障。总之，国家要通过干涉来创造一个机会平等的条件。他提出，生活的最低标准不仅是最低限度的食物、衣服和茅棚，还应包括清新的空气，宽敞洁净的房屋，卫生可口的充足食品，能适应气候变化的充足衣物，充足的休养机会，同时还享受到丰富多彩的艺术、音乐、旅游、教育和社交活动。

第五，普遍要求扩大公民权利，推进民主建设。19 世纪中后期，扩大公民权利的范围构成了英国新自由主义政治思想的一个重要内容。新自由主义者普遍强调国家干预，并赞成政府要有强势力量。但这样做一个很有可能的后果就是，最终也许会走向专制政府。因此为了避免这样的一种可能性，在政府强力和公民权利之间，必须存在一种张力，这种张力使两者处在较为和谐的状态，既能通过政府的力量改善公共的问题，同时个人权利依然得到维护。在这一点上，新自由主义者几乎都坚持了传统自由主义的个人自由的基础性地位，并强调维护和扩大公民权利，使个人得到更充分的发展，使自由得到更为切实的保障。他们坚持自由的个人是现代社会的基础，个人自由应当在社会更广泛的空间中得到发展。同时，他们也认为自由与法律从来都是相互维护的。自由从来是法律范围内的自由，而法律的建立就在于帮助个人免除暴政和压迫，能够自由地追求对他人没有伤害的事情。所以，自由与平等也是一对孪生子。因此这种自由并不是与平等相对立的，而是与平等联系在一起的。霍布森认为实现普遍的公民对社会的参与和权利，特别是公民的选举权利是社会的必然要求。公民的选举权利不仅要扩展到所有的公民身上，而且还要扩展到妇女身上。博赞克特也认为政治体系是通过所有的个人建立的，需要普及公民政治权利。而

世纪末 20 世纪初，社会问题的复杂和尖锐化使集体主义这股潜流终于露出地面，成为当时英国三大社会思潮之一，并对 1870—1914 年英国的社会改革及现代社会保障制度的建立产生了同样重要的影响。

1898 年，霍布豪斯在《国际伦理学杂志》发表《集体主义的伦理学基础》一文，从社会有机体理论方面作了阐释。霍布豪斯指出，许多进化论者把爱排除在考虑范围之外，而把仇恨、竞争、对立看做有机体生命运动的唯一动力，这是不对的。从最低生命阶段到文明的人这一发展过程种，单独个体间的斗争不断被互相依赖、和谐的共存所代替，于是，形成一种个体间的相互联系与不断发展的趋势。低等生命中各部分的联系是松散的，某一部分的损失对整个有机体可能不会有什么影响。但是，当我们把范围扩大时，就会发现一种更加紧密的有机组织，因为在构成有机体的数万个生命单位中，相互之间的竞争已经减少到十分有限的程度，整体的健康对于每一个生命单位来说都是十分重要的，所有的细胞通过共同合作保持整个有机体的存在从而使自己得以生存。

霍布豪斯接着分析人类社会，他指出，动物与动物、人与人之间的关系中同样可以发现这种类似的发展轨迹。社会生活在任何阶段都是一种或多或少的有组织的结构，进步本身就是由组织的发展构成的。在每个阶段，竞争都是无组织的生活的准则，合作则是有组织的生活的准则。但是这并不意味着在最好的国家中自由就要屈从于秩序，也不意味着社会形态越高，个人就必须为公共利益做出越透彻的牺牲，而是说，一个有机体的社会的真正概念应该是这样的，在这个社会中，每一个人最美好的生活都是与他的同伴的最美好的生活紧密相连的。

霍布豪斯指出，现在，自然选择对于文明的进步几乎没有什么关系，在某些特定的群体中，对抗与竞争大体上已被合作所代替，家庭就是这方面的一个突出的例子。在这样一个比较小的社会组织中，公共的福利与每个成员的心紧紧相连，自我牺牲被看做是一种崇高的美德，每个人的利益都是大家所关心的事情，人们给予弱者更多的关心与考虑。

霍布豪斯接着把讨论对象扩大到社会，他说，如果我们从对家庭的分析进入到社会成员的关系方面，同样会发现许多相同的精神与美德，至少具有许多真正的善意、仁慈以及在公共事务中的那种使人可以普遍接受的荣誉标准。显然，在霍布豪斯看来，集体主义的伦理基础存在于人类社会有机体中人与人之间关系中的合作、互助、济弱、助贫的美德。社会有机体的健康和谐发展需要一个符合人伦道德的集体主义，正如他自己所说的那样："我们认为，这种明确的伦理意识、共同帮助的原则以及仁慈善良的品德，是一种对所有人都有影响的普遍力量，道德的进步实际上就是扩大伦理的影响"。联系到 19 世纪末 20 世纪初英国的社会现实，霍布豪斯指出，在经济领域中像工厂法、卫生条例甚至济贫法都是沿着这一方向改革的一次次胜利，这些立法"在近代立法中很长时期以来，早已被人们看做是集体主义原则最重要的实施"。

温斯顿·丘吉尔在《自在自由主义与社会主义》一文中探讨了集体主义的社会基础。他说，没有一个人仅仅是一个集体主义者或仅仅是一个个人主义者，他必然是一个集体主义者又是一个个人主义者。人的本质是双重的，人类社会组织的特征也是双重的。为了某些目的，他必须是集体主义者，而为了另一些目的，他必然是而且永远将是个人主义者。丘吉尔指出，我们集体地建立邮电局、警察和政府，我们集体地给街道安装路灯，但我们不集体做爱，女生们也不集体地与我们结婚，我们也不集体地吃饭，更不集体地死去，而且我们也不集体地面对欢乐与悲哀、胜利与失败。"任何关于社会的观点，如果不能既包括集体的组织，又包括个人的动机，都不可能是完整的全面的观点，然而，文明的总的趋势是走向社会的集体主义"。

新自由主义、费边社会主义、集体主义是 1870—1914 年英国的三大主要社会思潮，他们之间尽管存在明显的差别，但是，在三个主要方面却具有共同性。

第一，三种社会思潮都认为社会是一个有机的整体，个人的利益应该与社会的利益保持一致，社会则应该采取措施保证其每一个成员的正常生活，这是实现社会正常和谐发展以及个人效率得以充分发挥的必要条件。三种社会思潮关于社会有集体方面的思想和理论是对极端个人主义的批判和否定，从而从社会有集体健康发展这一重要方面说明了由社会对其成员承担起责任，建立完善有效的社会保障制度，保证社会成员正常生活和发展的必要性。

第二，强调国家干预。为了保证社会的正常发展和每一个社会成员的正常生活，作为社会最高组织者的国家必须干预社会和经济生活，国家干预不但不会给个人带来损失，反而可以带来利益，不是为了削弱和破坏个人自由，而是为了使每一个人都能真正平等地、更加充分地享受作为社会成员应该享受的平等、权利和自由。三种社会思潮关于国家干预方面的主张，为英国政府在新的历史条件下对经济和社会生活实施强有力的干预提供了理论基础。

第三，呼吁注意改善公民的社会福利，建立完善有效的社会保障制度，认为这应该是国家对社会进行强有力的干预的重要方面，三种社会思潮对社会问题的论述、对建立有效的社会保障制度的呼吁以及在这方面提出的各种建议和主张，在一定程度上为英国设计出了现代社会保障制度的基本蓝图，直接影响了1870—1914年英国社会福利政策的变革，促使了从济贫法制度向社会保险制度的转变，并对现代社会保障制度在英国的建立起到了推动作用。正是由于这三个最基本方面的共同性，使这三种社会思潮能够在1870—1914年的英国同时并存，共同构成这一时期英国社会改革和建立新型社会保障制度的理论基础。

第二节　生平与思想发展[①]

一　学生时代——激进主义（1864—1896）

霍布豪斯一家在18世纪期间是布里斯托尔富有的商人，其祖先最早可追溯到17世纪末，在迈恩生活。他的父亲利基纳德·霍布豪斯来自于一个显赫家族，但本人却很普通，结束了在伊顿（Eton）和巴林欧（Balio）平凡的工作以后，他被授予了勋位。利基纳德·霍布豪斯在伊顿和贝利尔上学，他取得的学术成就虽然不能说伟大，但很不错。他最出名的是在牛津发表的现代作品，1839年引起了轰动。在1844年，由于父亲的关系，利基纳德·霍布豪斯被授予勋位，在圣艾夫镇具有统治权。作为一个并没有很大抱负的人，担任这个小农村教区的教区长，直到1895年他去世，任职51年。他很聪明，但工作却不是很尽责，他没有探访他的教区成员，也没有在休假期间传教，使邻边地区的大部分墨守成规的人们改变政治宗教信仰，而且他只是规律性地聚集七八个人做祷告。就如他其中一个孩子记录的，他的政治宗教观念并非传统正规的宗教信仰，他对自

---

① John Atkikson Hobson, Morris Ginsberg, "L. T. Hbbhouse: His Life and Work", G. Allen & Unwin Ltd., 1931, pp. 15 – 95.

己所认知的观点很顽固并且狭隘，他并不谋求拓宽他的见解，他严格限制阅读关于思想与理论现代化的刊物。在接下来的 13 年里，他的妻子为他生育了 8 个孩子，伦纳德是几个孩子中最小的，最大的两个在婴儿时就死了。埃米莉（Emily）是最小的女儿，在她晚年变得很有名，人们称她为豪斯小姐、甚至是豪斯夫人。虽然伦纳德比埃米莉大四岁，但埃米莉仍是他童年时的最密切的伙伴。他们深厚的感情持续到埃米莉去世，两年后，伦纳德也去世了。利基纳德·霍布豪斯是一个非常严厉的人，所以他对孩子也非常严厉。埃米莉回忆说，"有一个对自己严格的父亲，那他对自己的孩子也是苛刻的""在母亲那里我们得到了些许宠爱，她始终是我们与沉默寡言的父亲之间的媒介，直到 1880 年她去世"。对于伦纳德而言，情况也同样如此。由于他跟母亲关系最亲密，所以被认为是最受宠的老小。关于他的母亲，霍布豪斯写道：我的母亲是很好的伴侣。在她不怎么年轻的时候（生埃米莉的时候她 39 岁，生伦纳德的时候将近 44 岁），她和我们住在一起。她去哪里都带着我们，和我们做伴，不会用严厉的方法惩罚我们。她非常的活泼，而且伶牙俐齿，她非常好辩，反驳往往非常尖锐而好辩尖锐也成为了家族的传统。她能轻松地读懂法语、德语和意大利语，并很高兴地读给我们听。在我上学之前，她教我拉丁语。还有，她总是大声地给我们读书。但她与父亲，他们的关系却并不是很好。父亲对小伦纳德也是非常的严格，尤其是在言语和意见上。关于父亲，伦纳德写道：我的父亲当然跟我们比较生疏，但他性情温和，为人友善。我想不起他曾经惩罚过我们。我们不用担心害怕被惩罚。但是他在履行责任和正视忽视方面毫无同情心，他的一些温和的不赞成的话，不单单重重地压在我们身上。在我们心中，他是公正和正义的化身，这些我们也理所当然地作为做事情的一部分，我们这样做以至于当发现这种标准不是普遍存在时，我们感到惊讶，还不愿相信。他生活的唯一目标是对我们负责，也对他自己负责，他似乎还没看见政治体制所带来的心理效应。

关于童年，伦纳德认为他们过得非常愉快。虽然他的妹妹不这么认为。1880 年，母亲的去世对家人来说是一次很大的打击，因为"代表公正和正义"的父亲没有给他们一个幸福的家。埃米莉把后来几年的生活描述得很凄惨，说父亲整天都待在教区工作，被一位虔诚的牧师管着，他见识短，不苟言笑，念念不忘自己是名牧师。而对伦纳德来说，他只能在学校放假的部分时间在圣艾夫，他所看到的就不一样了。他的聪明才智和伟大精神使他取得了很大的成就，光宗耀祖，不仅仅让他父亲，还有他的妹妹为他感到骄傲。他和他父亲感情深厚，因此当他父亲奄奄一息的时候，最迫切的愿望就是能见到伦纳德。然而，当他发现伦纳德在学生时代就偏向非正统的宗教信条和自由主义思想时，他很痛心，因为在他的一生中，他信仰僵化的宗教正统思想，在政治上持保守态度。

霍布豪斯 8 岁或者 9 岁开始上学，1877 年，他 12 岁，到马尔伯勒（Mahborough）学院读中学。也是在这里，他抛弃了他继承的宗教信仰。马尔伯勒学院院长后来在回忆他的时候说，霍布豪斯"获得高级奖学金后，他进入了五年级，不多做一点作业，成绩排在年级的末尾，还自鸣得意，这让他的老师很担心。只要经过一段时间的努力学习，就很容易地学好一样事情，这对于聪明的小孩子来说是很正常的，但对他来说没用。我把他叫来，跟他讲了一大堆道理，说如果他再这样下去，那年就不能升到六年级，因此就要与他的同学和朋友分开。可这次说教似乎毫无作用，也许背后存在着我所不知道的困难吧。学期末，他排在年级的后面，我不得不修改了表格：霍布豪斯是第一个进步八名升级的学生。他的观点简洁，回答新奇，风格独特，脱颖而出。我控制不了自己这么做；学校老师为我辩护，证明我是对的，他们十分慷慨大方"。在六年级的时候，霍布豪斯从图书馆选出有关社会和政治科学方面的书籍进行阅读；其他的还有 J. S. 密尔、赫伯特·斯宾塞和马志尼的随笔。在这期间他还写了论文，阐明自己的发现，此时的他就已坚定地信仰民主。

他继承下来的政治观点遭到类似的命运，他主要生活在一个有强烈身份地位意识的环境中，一个在保守主义分子中一批拥有大量地产阶级生活的环境，谈到早期曾经的学习生活，他写道："拥有一个屠夫或杂货商姓氏并不是件好事，因为这些姓氏显示出你来自一个低阶级的家族"。但是就跟一位校友证明的一样，"离开马尔伯勒不久以后他变成一个尖刻的激进分子"。

当在马尔伯勒的叔叔亚瑟·霍布豪斯（Arthri Hobhouse）（亚瑟是格莱斯顿主义的积极支持者）家的时候，霍布豪斯开始积极参加政治活动。1880 年在威斯敏斯特与约翰·莫雷（John Morley）合作与议会政治论战。19 世纪 80 年代早期的书信显示了霍布豪斯非常关注当时的政治以及非常支持激进党，并且布拉德拉（Bradlaugh）与布莱特（Bright）是他心目中的英雄。像他叔叔这样的激进党人有着很显著的特点，就是他们对自己支持的政治观点有着不屈不挠的高尚精神，尤其是在外交事务方面。但是他最尊敬的人还是被他誉为"本世纪最伟大、最优秀的"人——约翰·斯图亚特·密尔（John Stuart Mill），他高度评价密尔的《论自由》和《代议制政府》，在牛津的第一个学期他就通读了密尔的《论妇女问题》，他对密尔的主要著作是非常熟知的。他也很崇拜斯宾塞和马志尼，并阅读了他们的作品。当1883年到牛津时，他在政治上是一个坚定的激进主义者，在宗教上是一个不可知论者。

霍布豪斯的青年时期是在牛津大学度过的，这个阶段也是他的政治和哲学思想的形成阶段。他于1883年10月到牛津，此时正是主导此后数十年的观念针对"社会问题"的国家意识大兴起的开始阶段。在那个月出现了一本揭示伦敦贫民窟悲惨生活的小册子《揭露伦敦的嚎哭》（The Bitter Cry of Outcast London）。这是一本关于穷人的道德、宗教信仰以及生理状况都低人一等的书，书中一大部分写到关于受教育阶级人士做些什么可以弥补这一点的论战。目前发生的一切，以及此后发生的，就是著名的"牛津运动"，牛津运动无疑对霍布豪斯的政治理论和实践都产生了重要的影响。他在牛津度过了14年时光，这一时期也是他思想的成型期，塑造了他的知识基础和兴趣所向，应该说，霍布豪斯在牛津的所作所为是一个典型的叛逆青年，他支持爱尔兰自治运动、呼吁禁酒、要求废除君主制，这些激进的主张使他成了牛津激进团体"卢梭俱乐部"的领袖，同时也获得了一定的名声。

在离开学校的时候，霍布豪斯和他的叔叔一样，是一个格莱斯顿式自由主义者，但通过参与19世纪80年代中期的"牛津运动"，他对国内的政治问题变得更为激进了。在他的第一个学期，他写道"穷人的居住问题"是"现在或此时此刻的爆发性问题"，"我认为必须立即得到解决"。于是他立即投入到了辩论当中，无论是在大学还是在协会中，为了更高的激进理由：他捍卫民主，呼吁取消大学席位；他呼唤家庭规则、地方信念、取消众议院、支持激进计划。他被选为卢梭俱乐部的主席，卢梭俱乐部是大学的激进组织，在那里他写了很多文章，如《马志尼》、《激进主义的过去与未来》等。1884年，住房问题成为一个政治问题，而且人们的注意力也逐渐转向了贵族、选举权、印度问题，这一年秋天他加入了两个组织，研究如何增加工人阶级福利的问题。在这一时期他还加入了其他很多组织，直到1889年，他依然希望做一些社会和政治工作。

　　1887 年，霍布豪斯以"一流的成绩"毕业后，获得默顿学院的奖学金，1890 年在圣体学院任助教，1894 年成为正式研究员，教授哲学，特别是认识论。这一时期他对现实中的社会问题更感兴趣，特别是劳工和贸易联盟问题，他还担任了牛津郡农业劳工协会（Oxfordshire Agricultural Labourer's Union）理事。值得一提的是，这一阶段也是霍布豪斯仅有的接近费边社的时期。尽管他从未加入，但是与费边社的关系却非常紧密。他与瓦勒斯（Wallas）、绪尔（Shaw）、布兰德（Bland）、彼特斯·波特会谈，1889 年 2 月还与西德尼·韦伯（Sidney Webb）进行了长时间的会谈。尽管霍布豪斯后来强烈抨击费边社的精英主义倾向和官僚主义作风，但是霍布豪斯认为他们最初是希望把社会主义作为一种信念，一种具体的理论，一种社会道德的判定依据。无论如何，费边社对霍布豪斯的思想也造成了深远的影响，其致力于从事劳工的组织和教育的目的也非常吸引霍布豪斯，使他从一个"个人主义者"成为"集体主义者"。

　　19 世纪 80 年以及 90 年代早期，进步观念广泛传播，一种观念的转变似乎即将发生。回想起这段时间，霍布豪斯写道："对于我们中很多人而言，自由主义的口号更像是句空的短语，我们也发现他们开始没有耐心听下去。我们认为，旧自由主义已经完成了它的本职要务，我们需要做的是建立新程序与新灵感基础上的社会民主。旧的个人主义阻碍我们的前进，我们要去除掉它"。[①] 此时的霍布豪斯积极提倡社会主义——更广义上的集体主义思想。

　　上述的转变体现在 1893 年他的首部作品《劳工运动》（*Labour Movement*）中。《劳工运动》是他在最为反对个人主义、显示社会主义抱负的时候写的。此书的中心思想是合作运动、贸易联合、国家社会主义、对工业和产品的集体控制。在此书中他呼吁以合作的方式和贸易联盟来取得工业利润，并且还主张通过国家控制和地方自治的方法来控制经济，要求分级收入税、更高的遗产税和地租税，这时期他的思想更接近于格林而非密尔。

　　《劳工运动》的核心论点是建立在租金经济学理论基础上的。整部作品体现着强烈的费边倾向，所以这里有必要对费边主义的地租理论的渊源进行分析。因为霍布豪斯的地租理论就是继承了马歇尔（Marshall）的经

---

　　① L. T. Hobhouse, *Demoncracy and Reaction*, London: T. Fisher. Unwin, 1904, pp. 213 – 214.

济学分析，但实际上马歇尔的经济学原理是费边经济学的孪生版。正如密尔所指出的，"地租是超过最差土地的产出的那部分组成的"，所以地租与别的收入是不一样的，因为它不需要所有者的任何努力和牺牲，就能不停地增长。因此，地主们即使是在睡觉，不需要工作、冒险、节约就能越来越富有。所以，密尔认为，如果政府把这种财富的增长看做是一种土地税的形式，那么它不会对私有财产理论的基础有任何威胁。密尔对土地税的解释并未得到正统经济学家的支持，但在 19 世纪末，参加生产的其他要素应当有相应回报的思想逐渐产生了。马歇尔在他早期著作中谈及了"稀缺自然能力的租金"，它后来被美国经济学家沃克（F. A. Walker）发展，为回应沃克（F. A. Walker）的理论，西德尼韦伯（Sidney Webb）写了"分配的法律"，构成了费边经济学的基础。他说不仅存在能力租金，还有土地、资本、运气等都有租金。还有工资理论。他们认为"经济工资"是最少熟练工人的工资，在最贫瘠的土地上以最少的资金投入和最差的自然条件。任何高于此的收入都可能是努力和技术、地位、身份、机会以及运气的结果。当然，这些也是社会创造的，是人类合作的无法预知的结果。由此，不平等是不可避免的，租金也无法废除，只能采用所得税、遗产继承税以及其他税进行转换。由于费边的宣扬，这一理论在 19 世纪90 年代非常流行。

这些构成了霍布豪斯"财富的分配"理论的基础。霍布豪斯认为租金是在产品中给予拥有这种优势的不同优势的价格，他认为马歇尔的理论忽略了租金理论中"好运气"这一重要因素。而且他还坚持生产者盈余的主要形式是由价格决定的回报，而不是决定价格的。霍布豪斯认为租金和利息并没有严格的区分，因为有些商品的生产必然比别的商品生产需要更多的条件，所以没有法律能取消租金。因此，盈余必然通过税收为社会所公有，他建议实行差异巨大的层级收入税制度、高的死亡税和基本租金税。他有了一个非常费边化的结论："不久，共同体将会成为主要的或许是唯一的资本和土地的所有者。但会有一个缓慢的过程，公有企业会有毫无限制的扩张，扩张的每一步都使土地和资本的部分归为共同体所有。"[1]

整个《劳工运动》的分析就是建立在这一经济学理论上的。由于把工资提高到贸易联合的水平或是"合作和公有企业最大限度的扩张"都

---

[1] L. T. Hobhouse, *The Labour Movement*, New York: The MacMillan Company, 1912, p. 77.

不能解决租金和利息的问题，所以，某种程度的国家社会主义是必须的。他再一次站在了费边的观点上。西德尼·韦伯（Sidney Webb）在《社会主义在英国》（*Socialism in England*，1891 年）中表明，尽管合作运动比如贸易联合会"提供了非常有价值的道德训练"，但"它并不试图解决"社会主义所需要的"经济地租或者铁路、天然气和学校等公共服务问题"，霍布豪斯同意费边社的观点，当地政府应当成为消费者的联合，人们加入其中是一种义务，而不是自愿。

霍布豪斯最初的观点是激进主义的传统政治观念，他很同情在富有的英国为了生存而拼命奋斗挣扎的广大人民，这些人根本得不到什么补贴或是额外的资助。1893 年，他出版了一本书，在书中，他很赞同费边社提出的社会主义。他也许证明了一句话："租金制这一课所带来的共同经验，将会把一个激进分子变成一个社会主义者"。①

二　记者时代——集体主义（1897—1902）

在格林的伦理学和政治理论中，霍布豪斯发现了社会改革的因子，但是，他并不能接受唯心主义的形而上学理论，把一种"绝对精神"作为现实中的主宰。在 1896 年《认识论——论对逻辑和形而上学的思考》（*The Theory of Knowledge*：*a contribution to some problems of logic and metaphysics*）中，霍布豪斯反对在牛津城占主导的哲学的唯心主义。他相信人类的合理性和知识本身将成为社会变化的方法，因此在发展中的任何知识的限制都会阻碍社会的进步。同时在这里也显示了他力图从哲学层面上调和经验主义和唯心主义的决心。在书中他通过修正洛克的认识论从而使得唯心主义的结论得以立足于经验的根基上。

但是，《认识论》体现的经验主义倾向在唯心主义主导的牛津大学并不受欢迎，牛津的空气并不适合他，况且霍布豪斯也不甘于宁静的书院生活，他更希望在社会中来实践、完善自己的理论。1897 年夏天，他来到了曼彻斯特，担任《卫报》主编和主要撰稿人之一。但他不愿成为一个全职的报人，学术研究依然是他首要关注的。在《卫报》工作的这段时间里，霍布豪斯与《卫报》的负责人——斯考特结下了深厚的友谊。霍

---

① Stefan Collini, *Liberlaism and Sociology*：*L. T. Hbbhouse and Political Argument in England 1880 – 1914*, Cambridge University Press, 1979, p. 66.

布豪斯对斯考特把道德原则作为政治生活的导向的观点非常推崇，而斯考特也对霍布豪斯最为信任。他们之间的关系，不仅影响或者让霍布豪斯成为一个非常有水平的记者，同时也使他更接近了自由主义。这样，霍布豪斯也就有了充分表达自己观点的地方，他经常在他的文章中呼吁自由主义要关注自由主义本质的改善，它造成的各种影响以及重新到权利理论中取得力量。他在曼彻斯特一直待到 1902 年秋天。所以后来他回忆在《卫报》的日子时说，那段时间是他从未有过的最为正确的时间。

然而，他在《卫报》开始记者生涯的日子也是英国政治中帝国事务崭露头角的时候。19 世纪 90 年代后期，政府最关注的事务是：张伯伦的进攻性殖民政策、苏丹的运动、如何对待本地种族问题以及以布尔（Boer）战争告终的南非事务问题。在外交事务上，霍布豪斯是一位格莱斯顿主义者。但在《卫报》时期，他把"格莱斯顿的国际主义原则"与"科布登的不干预原则"进行了区分。他认为，前者是在道德法则基础上的干涉，要求国家和个人有遵守共同人性的治理义务。在 19 世纪末期，他开始意识到外交政策是所有政策的试金石，它同样也是基本的政治德性以及用以解读各种复杂难懂的政治主张的试金石。个人主义只是教条或盲目，但它并没有否认道德的基础性。

此后的五年中，他积极参加各种政治和社会活动，支持工联主义，为各种社会福利措施呼吁，成为颇有影响的自由主义左翼记者和评论家。

1901 年的《进化中的知识》被看作早期比较心理学的古典作品之一。在这里他批判了社会达尔文主义，反对社会发展是通过适者生存的社会制度进行的。因为他们拒绝有意识的社会改革，认为这些改革只会阻碍人类的进化发展。霍布豪斯反对这样的言论，主张借由科学的发现和理性的知识，人类能超越唯一的竞争生存的水平。因此，生物进化被有意识发展代替，而且社会的改革代替竞争作为物种保存的方法。

三　学者时代——新自由主义（1903—1929）

霍布豪斯感觉到全职的记者工作使他无法专心投入研究，于是 1902 年他离开了《卫报》。离开《卫报》后他回到伦敦，重返学术领域，全心投入学术研究。但是单纯的学术研究，又使他在财务上很紧张，所以他又不得不在自由贸易联盟（Free Trade Union）中担任了一阶段有偿的书记员，以换取相应的报酬。在这期间他也和往常一样，仍然继续思考政治和社会问题。与此同时，他也没有断绝与《卫报》的关系，并一直与其保持着紧密联系。1903 年，他参与创办了英国社会学学会（Social Society）。1904 年，他出版了《民主与反动》（*Demoncoracy and Reaction*）。在书中，霍布豪斯对自由主义和社会主义之间的关系进行了深入思考。1905 年，他担任《论坛报》（*The Tribune*）的政治新闻主编，《论坛报》是伦敦新成立的一个报社。霍布豪斯在这那工作了一年半时间。1906 年，他出版了一本新的著作《进化中的道德》（*Morals In Evolution*）。这本著作在英国引起了不小的轰动，并先后 5 次再版。《进化中的道德》是《进化中的心灵》的续篇，在这本书里霍布豪斯更为详尽地论证阐述了社会心理的进化。

　　霍布豪斯很明显地感觉到《论坛报》只是一味地迎合大众口味，根本无法很好地容纳他的政治理想。所以，1907 年他离开《论坛报》，去了伦敦大学，并且在那里被聘为经济学院（London University）的马丁怀特讲座的教授。自此，霍布豪斯成为英国第一位社会学教授，同时担任《社会学评论》（*Sociological Rewiew*）的首位编辑。由于讲座教授的高额收入足以保障他安心地进行教学和研究，他也可以远离政治领域。所以也是从这个时刻开始，霍布豪斯结束了他十年的新闻事业生涯。其实在霍布豪斯的内心深处，他还是更喜欢淡泊名利，做一个无拘无束的思想者和作家。之后的二十几年里，霍布豪斯一直从事学术写作和讲学，直至去世。

　　从 1907 年到 1914 年，是自由党上台执政时期。这一时期霍布豪斯的政治和社会思想日趋成熟。1911 年出版的一本小册子《自由主义》（*Liberlalism*）是其成熟的自由主义理论的集中体现。书中的观点将会在后文中介绍，此处就不再介绍了。同年，他还出版了《社会进化与政治学说》（*Social Evolution and Political Theory*）。这是霍布豪斯 1911 年 4 月在美国哥伦比亚大学政治系教授会上的演讲集，在书中他澄清了"进化"与"进步"之间的区别，他认为社会进步是专指人类获得价值的社会生活的发展，从而把伦理学和社会哲学结合了起来。

　　1914 年，第一次世界大战爆发。残酷的现实与惨淡的未来，强烈地冲击着自由主义，也对霍布豪斯形成了巨大的冲击。而自由党也由于没能处理好战争问题失去了统治地位。基于对未来的穷兵黩武时代的推测，霍布豪斯又开始对现实进行了深入的思考，并通过不断写作，反对战争，呼吁和平。1915 年他撰写了《冲突中的世界》（*The World in Conflict*）、《战争与和平诸问题》（*Questions of War and Peace*），对战争进行了无情的讨伐和批判。1918 年他出版了《形而上学的国家论》（*The Mataphysical Theory of The State*），书中他对战争的理论根源进行了深刻的剖析。关于这一点，后文将会详细分析，此处就不做分析了。毫无疑问，战争对霍布豪斯的人生观和学术观的影响是巨大的。他自己曾说，"战争使我成了一个老人"，而他的儿子在回忆时也提到"大战直接冲击了他整个学术思想的基础，也是导致他 1924 年健康危机和最终早逝的原因"。[①]

第一次世界大战后，霍布豪斯潜心学术，并把重心放在了社会学上。1918 年出版了《形而上学的国家论》，1921 年出版了《合乎理性之善》，1922 年出版了《社会正义要素》，1924 年出版了《社会发展：其本质与条件》。这四本书合起来构成了他的《社会学原理》。

1918 年自由党下台，以后自由党内部产生了不同程度的分裂，这让霍布豪斯对自由党及其政策更加失望。"1914 年前霍布豪斯已经基本完成了他的社会学和政治学理论的建构……他越来越少过问政治，对国家大事也失去了兴趣，到 1926 年他已经完全和自由党脱离了联系"。[②] 1925 年，霍布豪斯入选英国社会科学院士。1929 年 6 月 21 日，霍布豪斯在法国的阿朗松与世长辞。他逝世后，为了纪念他对社会学作出的贡献，伦敦经济学院专门设立了霍布豪斯纪念讲座（L. T. Hobhouse Memorial Trust Lecture）。许多著名学者，如拉斯基、哈耶克等都曾在此做过讲演。霍布豪斯一生著作颇丰，是个多产的思想家。他发表的论文和评述文章可以装订成好几卷本，除此之外，还有 16 部专著，横跨哲学、政治学和社会学等领域。

---

① 转引自：Peter Weiler，"The New Liberalism of L. T. Hobhouse"，*Victorian Studies*，16：2（Dec. 1972），pp. 141 – 161.

② John Atkikson Hobson，Morris Ginsberg，*L. T. Hbbhouse：His Life and Work*，G. Allen & Unwin Ltd.，1931. p. 66.

第二章

霍布豪斯政治思想的哲学
基础：权利、义务理论^①

第一节　有机社会观

权利、义务理论构成了霍布豪斯政治思想的哲学基础，而其权利义务理论是在其有机社会观的基础上发展起来的。

一　霍布豪斯以前的有机社会观

对社会的看法构成了霍布豪斯社会学及政治学理论的最为根本的基础。在他看来社会是有机的。正是基于有机的社会观，他发展出了其独特的权利理论、善理论、和谐理论、自由理论以及财产权理论。霍布豪斯的有机社会观念主要是受孔德和斯宾塞思想的影响。因此，在具体论述其有机社会观念之前，有必要先对孔德和斯宾塞的思想进行简单的介绍。

19 世纪实证主义取得了原先宗教所具有的地位，其原则指导了大部分社会学的研究，并提供了方法论的基础。实证主义的基本信念是认为社会科学和自然科学并无根本区别。^② 作为社会学的创始人，孔德无疑也是一个实证主义的忠实拥护者。因此他将社会学视为生物学中对有机体的研究向社会组织的延伸，认为生物学中的个体有机体和社会学中的社会有机体之间存在着对应性，把社会视为"社会有机体"而与生物有机体进行比较研究。他认为生物有机体是由细胞、组织、器官和系统等构成的具有全新性质的整体，即生命有机体。细胞构成组织、组织构成器官、器官构

---

① 《和谐社会视野下的权利和义务——霍布豪斯论权利、义务》，《浙江学刊》2008 年第 6 期。

② 于海：《西方社会思想史》，复旦大学出版社 2005 年版，第 230 页。

成系统、系统构成有机体，它们各自承担功能，同时又相互协作配合以维持有机体。关于社会例如家庭——是社会真正的要素或细胞；阶级或种族——是社会真正的组织；城市和社区——是社会的器官。因此，社会学是对社会有机体的研究。这种观点强调社会是一个"有机整体"，它的各个组成部分相互联系着。孤立地研究这些部分将破坏社会组织的本质，形成人为的分隔。基于上述的理论，孔德的学说被称为"有机体类比功能主义"，使初成的社会学在当时的知识界有了一席之地，也开创了功能主义的先河。这种对社会的有机类比以及功能主义的解释，对霍布豪斯的理论产生了较多的影响。在稍后的分析中，我们会看到霍布豪斯的理论中具有较强的功能主义色彩。

斯宾塞继承了孔德的社会有机观念，但在内容和实质上还是有区别的。① 在《社会学原理》一书中，他开辟了专门章节，对他的"社会是一个有机体"理论进行了论证。其主要内容如下：社会是一个"有机体"实体。社会与生物有机体之间存在着许多相似之处。在生长过程方面，社会如生物有机体那样也是在规模上由小到大的变化；在结构进化方面，如生物有机体那样，社会组织形式的变化是由简单到复杂；而伴随着社会结构的进化，必然会产生功能分化。也就是社会与有机体一样会成长发育，从各个部分相似的未分化状态逐渐成长为各个部分不同的分化状态；随着分化的发展，社会有机体的规模在不断增大，其结构就自然发生变化，结构会变得越来越复杂和多样。而结构上的分化必然也带来功能的分化，各种不同的结构是用来完成各种不同的功能的。一旦社会有机体发生这样的变化，执行各种不同功能的社会各部分之间就会相互联系、相互依赖和相互制约。而且随着社会结构愈复杂、功能愈分化，其各部分之间的功能联系和相互依赖的程度就愈高。由于复杂社会在结构上比简单社会更脆弱，更容易受到伤害，就必然需要一个能够控制并协调各部分运行的控制系统。这个控制系统用以调节各部分间的活动，保障整体活动的正常进行。上述分析表明，斯宾塞的社会有机体理论是"通过一个'结构功能'理论，把'结构'、'功能'、'分化'、'整合'等概念结合为一个有较高解释力的分析范式"。② 而斯宾塞的这一分析范式无疑也对霍布豪斯有着较

① 贾春增：《外国社会学史》，中国人民大学出版社 2008 年版，第 47 页。

② 于海：《西方社会思想史》，复旦大学出版社 2005 年版，第 260 页。

大的影响。

二　霍布豪斯的有机社会观

虽然霍布豪斯也坚持社会的有机性，但他并不完全赞同斯宾塞对社会有机性的描述。他认为斯宾塞的"有机"理论学说是建立在适者生存、自由竞争法则基础上的，从根本上是以个人为基础的。因此，相对来说，他还是比较赞同孔德和格林的观点。霍布豪斯认为，自从提出有机观念以来，"有机"这个名词就"经常被使用和滥用"，① 所以必须对其重新定义。他认为，"有机"的含义是指"一样被称为有机的东西是由许多部分组成的，这些部分彼此不同，但是一旦脱离了整体就遭到破坏或彻底改变。例如，人体是有机的，因为它的生命依赖于许多器官所履行的功能，而每一种器官又都依赖于人体的生命，如果脱离人体，就毁灭和死亡。社会的有机观点同样也是很简单的。它的意思是说，虽然社会的生命只是许多相互作用的个人的生命，个人如果同社会隔离，他的生命也会变得完全不同。他的很大一部分将不复存在"。② 霍布豪斯认为，人类从出生时期就生活在社会中，依靠语言、训练以及和他人的生活来融入社会，人的各种身份、习性也是在社会中赋予和养成的，这是有机概念整体性的一面。在这样一种有机概念之下，整体与部分之间的关系是，"整体中的部分因相互凭借而得以维持或相互促进发展"，③ 所以在和谐状态下，整体与部分，部分之间是一种"相互关系，而不是单纯的部分从属于整体"，这种关系如同在"艺术作品中，局部之美依赖于整体之美，并且其美感因此而相互增强"。④ 同时在另一方面，"如果我们说一个社会是有机性质的，就不应当把它当作一个巨大的利维坦式的整体，当作一个与个人的关系就像身体和细胞的关系一样的统一体"。⑤ 社会与动物和植物一样，是不同种类的有机体，"一个有机体就是由各个部分互相联系组成的一个整体，每

---

① ［英］L. T. 霍布豪斯：《自由主义》，朱曾汶译，商务印书馆1996年版，第63页。

② 同上书，第63页。

③ 同上书，第69页。

④ L. T. Hobhouse, *The Rational Good*, London：George Allen & Unwin Ltd. , 1921, p. 69.

⑤ ［英］L. T. 霍布豪斯：《形而上学的国家论》，汪淑钧译，商务印书馆2002年版，第128页。

个部分都是靠与其他部分互相联系来维持的"。① 有机体和其组成部分是相互限定的。

因此，对社会而言，部分的个人、群体或阶级依赖于整体的社会，而整体社会的良性发展也依赖于部分个人、群体或阶级的充分发展。所以在考虑社会发展时，我们既要考虑个人的作用，但切不可忽略整体社会的作用，我们必须同时考虑社会的部分和整体。霍布豪斯同样反对部分在整体中丧失自我，在他看来，社会的有机应当是个人和集体之间的互动关系。

实际上把国家和社会视为一种有机体是新自由主义的一个很大的特点。这种有机体论一般包含几方面的内涵：② 第一，社会是一个整体，是一个有机的存在，而不是个人的某种简单的联合体；第二，整体大于部分之和，除了组成社会的个人利益之外，社会有某种共同的利益；第三，整体决定部分的性质，从来没有抽象的个人、绝对的个人，个人的性质是由他所在社会的性质决定的；第四，离开整体不可能理解部分，只有将个人置于整体之中才可能理解其社会特征；第五，组成整体的各部分之间互相联系、互相依存。

在对社会作有机判断的基础上，霍布豪斯进一步阐述了其关于权利和义务的思想。

第二节　权利、义务理论

一　霍布豪斯对前人理论的批判

在 1921 年出版的《社会正义要素》一书中，霍布豪斯首先批判了与和谐状态相对立的两种社会学说：片面的集体主义和片面的个人主义。他首先对片面的集体主义进行了批判。

霍布豪斯认为，根据和谐原理，合理的集体生活应当是有一种共同目标，这种集体成就和集体目标会吸引共同体的成员，并且有助于具体男人和女人们权力的满足和生活的幸福，也即它有助于改善实际的生活。同

---

① ［英］L. T. 霍布豪斯：《形而上学的国家论》，汪淑钧译，商务印书馆 2002 年版，第128 页。

② 李强：《自由主义》，吉林出版集团有限责任公司 2007 年版，第 108 页。

时，它还能完善个人的生活，并能在更大的范围内达致更好的和谐。但实际上过分强调集体或国家的片面的集体主义往往将共同体的生活看作为与构成共同体的各个人的生活在性质上不同而更为优良的事物。但是根据和谐原理，这种片面的集体主义是存在诸多问题的。

首先，当个人和共同体进行比较时，片面的集体主义会认为多数比少数更为重要，而当存在利益冲突时，就会认为少数需要向多数让步。并且因为片面的集体主义认为"克己是一种义务"，[①] 在这种情况下，就会要求少数或个人要克己，即使这种克己应当避免或克服，或者这种克己由于会压制个体的需求而导致个体的不和谐，从而造成整体的不和谐。由此看来，片面的集体主义由于存在克己义务，克己是一种内在欲望和冲动的压制，而不是引导和控制，也就蕴涵着一种不和谐的因素了，这对于和谐社会来说是不可取的。

其次，任何有组织的社会都会设定一些目标并实现它，而和谐也正在于社会通过共同理想或共同的思想感情追求而结合到一起。可是片面的集体主义为了社会的一致性，往往会以民族的荣誉、强权和领土扩张之类作为共同体的共同目标，但是这类野心似的目标无论对个人还是对共同体其实都是虚假的，因为它们无助于具体人们的生活的改善。所以片面的集体主义往往会以虚假目的掩盖具体的人们的真实欲求，而当这些欲求不能被适当引导和控制而是被压制的时候，一种不和谐的因素又存在了。

再次，在片面的集体主义看来，共同体为了所谓文明的整体利益可以会合法地牺牲一些事物，或为了后代的利益而牺牲目前全体成员的利益，这种牺牲由于利益的最终享受者还是个人，所以这也是一种和谐。但实际上，从总体上我们看到"集体的成功似乎并不总是促进个人的幸福"。"它异常庞大的体积经常会挤压或妨碍个人"，这样的例子比比皆是。"就知识而言，博学旧识充斥和占据了探求真理的头脑；劳动的分工毁灭了个人的灵性，文明的工人成了机器的奴隶；就政治发展来说，'高度'发展的不过是形成了一种脱离生活实际的官僚制度，而具体的男人和女人则成了制度图表中的计量单位和百分比；而在高度发达的机械发明和产业组织促进人们财富的增加和征服自然能力提高的同时，他们却忽略了所有这一

---

① ［英］L. T. 霍布豪斯：《社会正义要素》，孔兆政译，吉林人民出版社 2006 年版，第14 页。

切对生产者的影响，而且问题都被留给了子孙后代"。① 因此，在过分强调共同体的片面的集体主义的引导下，人们往往被所取得的成就迷惑，而忽略了个人的和谐发展，而正是这种忽略为长久的不和谐埋下了种子。

显然片面的集体主义不能很好地处理集体的和谐与个人的和谐问题，因而，从长久和谐的要求来看，片面的集体主义是不可取的。

但当我们反对片面地提升国家时，霍布豪斯指出我们又容易陷入同样片面的个人主义。这种个人主义认为个人仅仅因为作为社会成员所享有的一切事物可与社会对抗，持有这种思想的人往往更强调"我"，而忽略了我的社会性。例如"成功的人夸耀其伟大的企业，认为是'我'所创造的，而没有想到他在手边所利用的复杂的社会机构。穷人主张'我'有工作和获得工资的权利，但……共同体却反而没有进行要求的权利。财产的继承人常说'我的'财产，不愿社会对之进行干涉"。② 霍布豪斯认为片面的个人主义的最强有力的表达是自然权利学说。在揭示自然权利学说的产生方式的过程中，他向人们展示了自然权利学说的虚假性，也正是在这种展示和批判以后，他开始论述了他自己的和谐视野下的权利、义务理论。

他认为"从最初的起源开始，每一个共同体就有对个人的权利和义务进行阐释和界定的意识存在"，③ 起初他们都依从一种习惯法，那时或许没有经常的机关来约束履行各种责任，然而责任却是被公认并习惯地加以履行的，最终这些习惯成为一种习俗一代代流传。而其最终的学理根据乃是"一些模糊的意识"——"认为违反这些习俗就会有灾祸"，或者是"关于禁忌、天谴或违反将招致神怒的一些更为精致的说法"。而当共同体变得更有组织，并因为兵力和财富的增加而范围扩大时，共同体就需要更为精确限定的统治机关，处理更为复杂的情形。这时就"必须颁布法律，并通过法庭来管理和执行"。④ 但这时的法律仍有着神圣的和神秘的渊源。直到公元前 5 世纪，在希腊，法律和政府的整个体制被怀疑是人们协定的产物，并没有"自然"的基础。柏拉图和亚里士多德都承认法律

---

① ［英］L. T. 霍布豪斯：《社会正义要素》，孔兆政译，吉林人民出版社 2006 年版，第15 页。

② 同上书，第16 页。

③ 同上。

④ 同上书，第17 页。

的正义有协定的因素，但亚里士多德却极力主张一种自然的正义，这种正义在任何地方都有某种有效性。虽然亚里士多德触及了自然正义概念，但他毕竟没有进行详细阐述。后来，"自然"成了斯多葛学派的核心概念，"'自然'是由上帝所推动和支配的普遍秩序，所有人都必须遵从上帝的律令"。① 但是"斯多葛学派及其信徒说阐释的'自然'不是对与实际目的相对应的社会理想目标的合理说明，而是一个双关的概念，在这个概念中，本可以成为理想目标基础的纯粹的完全的理性，却与一些假定永远真实却难以实现的事物混在一起，而研究它的方法却又是一系列的抽象，这些抽象剥去了社会生活的丰富内容，有时造成完全虚假和片面的表述"。② 所以自然法虽然是应时代发展的要求而产生并发挥了巨大的作用，但是由于"自然状态"一词暗含着一种抽象的开端，而这种开端最危险的是"容易抽象过度"，这样拥有自然权利的个人——"文明统治下的国民"，就成了"毫无社会关系的孤立的个人"。这样权利被赋予了个人，"权利被认为是超然于共同善而不是用来维护共同善的"。③ 但是义务具有社会特征，是暗含着社会关系的。这样权利由于其脱离社会关系而与义务相分离了，权利成了孤立的权利。这样就会为社会的不和谐埋下更深的根源。所以，在新的和谐社会发展的要求之下，自然权利理论所持的权利、义务学说必须得到改善。

二　霍布豪斯的权利、义务理论

在批判了片面的集体主义和个人主义导致权利与义务分离的弊端之后，霍布豪斯展开了他自己的权利和义务理论。

首先，他认为权利和义务或责任是相对应的，并且都具有社会特性，也就是说存在一种权利必然也存在一种义务或责任。他认为不论权利有什么其他的意义，权利首先"是一个关于责任的术语"。为此他举了两个例子。一是他认为如果一个人有收入一笔钱的权利，这必然意味着另一个人有付给他钱的义务。另一个是假如说某人对一宗财产有独占的权利，那就

① ［英］L. T. 霍布豪斯：《社会正义要素》，孔兆政译，吉林人民出版社2006年版，第18页。

② 同上书，第18页。

③ 同上书，第19页。

意味着其他人如果得不到他的许可，就决不能对这宗财产有所干预。所以"权利是其所有者应享有的一些东西，因而是对他人所施加的一种限制"。"一种权利也许没有被公认，但公认它，就是在承认关于它的一项义务"。① 权利，对所有者来说，是他所应享有的事物；义务，从承担者来说，是他应给予他人的同一事物。所以权利和义务或责任是相对应的。此外权利由于它并不完全是一方的事务，它还涉及另一方义务或责任的实现，因为只有这样，权利才能真正实现，而"个人是社会整体的一个因素，通常他的权利会将义务强加给他人，因此人的权利蕴含着社会的关系"。② 所以，"权利包含了一种道德关系"，③ 而义务由于本身就具有社会性，这样权利和义务就都具有社会特性了。由此也可以看出"人类的权利不是社会的先决条件，而是在社会生活中发生和存在的"。④

其次，霍布豪斯认为权利和义务是一种和谐生活的条件，是构成社会福利的要素。霍布豪斯认为个人的权利是建立在人格之上的，没有人格就无所谓权利，权利由于其社会性，是属人的权利。而人格的发展在于人格发展所必需的各种条件的满足，因此只有在人格发展所必需的各种条件都得到满足的情况下，人格的发展才得以进行，只有人格发展了，权利才有了存在的基础。但在社会资源以及个人能力有限的情况下，人格发展所需的条件何以能够得以满足呢？这就需要人格发展所需条件被满足的至上性，由此就必须有权利概念。因此，从这一逻辑出发，社会福利是由具体的个人发展所构成的，而个人人格的发展又需要权利意识的保障以确保人格发展所需条件的被满足。由此，"真正的权利是所有者的真正福利的一个要素或一个条件，所有者的幸福，根据和谐原理是共同福利的一个不可或缺的部分"。⑤ 他还认为对于在一定的场合，特定的权利和义务是社会生活所不可缺少的，因为在一个情感、经验存在冲突的社会，如果没有权利和义务的协调，情感、经验之间就不可能和谐，人们的具体福利就无从谈起。所以，"权利和义务的一般规则是社会福利通常所必需的"，"是为

---

① ［英］L. T. 霍布豪斯：《社会正义要素》，孔兆政译，吉林人民出版社 2006 年版，第19 页。

② 同上书，第29 页。

③ 同上书，第20 页。

④ 同上。

⑤ 同上书，第22 页。

社会福利所不可缺少的事物"，而且"对于这种福利，共同体中的每个成员都处于双重关系中"。"这种福利中有他的份额，那就是他的权利的总和。他必须贡献出他自己的一份，这就是他的义务的总和"。① 在这样一种规则之下，社会上每一人格发展所需的条件都能被满足，个人发展的条件就具备了。而每一人格的完善也就构成和促进了共同善。因此"权利和义务是社会福利的条件"，"是一种和谐的生活的条件"。②

再次，他认为，权利是从社会福利中获取权威。霍布豪斯认为，尽管权利本身具有一种至上性，但是某人所获得权利的范围或所获得权利的多少是要根据其对整个和谐生活的贡献来决定的。他说根据和谐原理，可以直接得出这样的理念："生活制度中的善，应为进入到相互关系中的所有人所分享，与这种制度冲突的就是恶的，而与这种制度没有关系的则是中性的"。"任何'权利'，凡是以任何方式限制、阻碍或制约社会福利增进的，就是恶的，而没有这种关系的事物就是中性的"，③ 因而，与社会福利相冲突的"权利"就不是一个和谐体，而是一个矛盾体，就没有受到我们尊重的资格，也就不存在义务了。给予人们的权利和要求人们的义务，大体上应当最切合共同福利的各种条件。所以，"权利和义务是由其对整个和谐社会的贡献来决定的"。④

然后，他认为共同体也有其权利。霍布豪斯认为权利不仅局限于人身权利，其范围还可以扩大，"凡是共同体生活所必须的任何因素，可以说都有其权利"。⑤ 第一，所有的法人或者独立的团体都有其权利。所以家庭、自治市、公司、工会都可以成为权利的主体；第二，凡是在共同体中有益于共同善的功能事物也有权利要求共同体给予其最好地履行功能的条件的权利。所以，宗教、爱国主义、教育等因其有益于共同善，都在执行一种功能，所以它们都有要求共同体给予其能最好地履行其功能的条件的权利。因为一旦所需条件不具备，它们就很难履行其功能，那么共同体的生活将会变得很贫乏。最后，共同体本身对它的成员和它所构成的要素也

① ［英］L. T. 霍布豪斯：《社会正义要素》，孔兆政译，吉林人民出版社2006年版，第21页。

② 同上书，第21页。

③ 同上书，第20页。

④ 同上书，第26页。

⑤ 同上书，第22页。

享有正当的要求权。当然这种要求权也是要通过法律来规定的。因此，从这个意义上来看，"权利是共同体中的因素所要求或应享有的事物，或者是作为整体的共同体从它的因素那里所应获得的事物"。①

最后，他认为要用综合的方法处理权利体系冲突的问题。由于构成共同体福利的因素是多种多样的，因此建立其上的权利也就是多样的、不同的，这样就会形成各种不同的权利和义务。这些不同的权利和义务如果正确地加以限定，它们就可以形成一个和谐的体系。但由于生活中它们并不是"平行并列的，而是相互交错的"，这些不同的权利和义务就可能是彼此冲突的。根据一种关系订立的规则有时会和根据另一种关系订立的规则发生冲突。那么，当这种情况发生时我们怎么办呢？他说我们首先应当"避免两个相反的谬误"。"第一个谬误是将某些规则订立为绝对的原则"。这种情况通常是将生活中对社会福利而言是普遍适用的某一规则或条件当作是绝对的，这样就"将部分置于整体之上"，是违反了和谐原理的。尽管整体是由部分组成的，但毫无疑问根据和谐原理，部分是无法超越、凌驾于整体之上的。"至高的规则，是共同福利的权利"。但当我们承认这种整体至上的原则之后，立即又会陷入另一种谬误，那就是认为"所有的权利都从属于共同福利"。② 这同样犯了绝对性的错误，因为整体和部分、具体权利和共同福利何者更为重要不是绝对的，而是要视特定的具体情况而定的。

那我们应当怎样做呢？霍布豪斯指出，以往人们更多地是使用权宜规则（the rule of expediency）。这种方法一个非常大的问题是，它忽略了权宜规则是变动不居的，是没有稳定性而言的。而人们如果要改善生活提高福利，必须是在一定条件之上的，而且相互关系必须是安全和确定的，这样才有进一步有效合作的基础。所以权宜规则并不能对永久福利有所贡献，是不可取的。还有人采取了妥协折中（compromise）的办法，但折中只能维持考虑到每种要求中较为重要的因素，而放弃了属于这个事件的真实权利的一些事物。所以折中最后只能是妥协——或是表面的协定，这无益于真正的共同福利。根据和谐原理，我们不应当忽视任何一种可能存在

①　［英］L. T. 霍布豪斯：《社会正义要素》，孔兆政译，吉林人民出版社 2006 年版，第22 页。

②　同上书，第 23 页。

的要求权，所以我们只能采取不忽视任何一种可能存在的要求权的综合方法。综合方法考虑所有可能的要求，使每种要求权的实质都获得保存，其精神通过关系转变为共同善，从而促进和发展整个社会福利，达到和谐要求。所以往往是最优秀的政治家才运用综合表现其智慧，而政客们则运用折中表现其精明，他们使每个要求者保持平静，但不考虑它对共同福利的永久性影响。

第三章

霍布豪斯政治思想的伦理基础和
目标：共同善与和谐

　　一直以来，霍布豪斯始终坚持伦理学是各类研究的最终目的和价值准则，伦理学也在霍布豪斯的研究中占据着重要的位置。在《道德的进化》（1906，1907，1915，1923）一书中，他通过对伦理原则以及生活理念的比较研究详细考察了道德的进化。在《合乎理性之善》一书中，他提出"各种社会制度和政治制度本身并不是目的"，"他们是社会生活的器官，是好是坏，要根据它们所蕴涵的精神来判定"。① 在《社会正义要素》一书的开始，霍布豪斯就告诉我们，任何一种政治思想、政治制度的设计背后都有一种价值精神指引。这种精神就是一种伦理原则，这也应当成为我们所有理论和实践追求的目标。所以对霍布豪斯来说，其整个政治学说是建立在其伦理学的基础上并受其指引的。因此在他的整个学说体系里面伦理学是基础。但伦理同政治不是分离的，他们是一个整体，"政治必须从属于伦理"，② 政治改革需要一个合理的伦理基础，而政治思想以及制度和改革等在不断地把伦理目标变成现实。根据这一基本思想，霍布豪斯认为当时英国以往的改革取得迅猛发展正是因为考虑到了社会发展这一伦理价值，而各种社会发展最终陷于混乱，也正是由于合理的伦理基础或发展目标的缺失所致的。尽管霍布豪斯批判功利主义学说，但对边沁学派（Benthamite School）的伦理导向却给予了高度评价。他说："明确公开地认为政治从属于伦理，并试图应用一门简单而全面的善的学说，作为考察

---

① ［英］L. T. 霍布豪斯：《社会正义要素》，孔兆政译，吉林人民出版社 2006 年版，第 1 页。

② 同上书，第 1 页。

所有个人和类似社会关系的试金石，却是该学派的优点"。①

　　现实是残酷的，不令人满意的，所以需要对现实如此改革。同时，对现实的思考是一件严肃的事情，对现实的改革更需要缜密的思考。所以霍布豪斯认为在思考现实并寻找现实更为合理的发展方向之前，我们首先要寻找我们所有努力的目标和方向，而且主要是伦理目标和方向。我们不能只进行表面的、零碎的亡羊补牢式的改造，而是要有系统的思维和谋划。

　　但到底什么样的原则或是伦理原则应当成为我们社会发展和改革的基础和目标呢？在《合乎理性之善》（*The Rational Good*）一书中，霍布豪斯通过对功利主义的批判，提出了善是我们追求的目标，而"善就是情感、行为和经验之间的一种和谐"，② 和谐是"有关的各个要素循环往复，在活动上相互维系……相互支持"，也即"由经验引发一种情感，再由这种情感推动和维持在同样的经验中产生的行为的进程，然后再由这种情感去维持或更新经验"。③ 也就是善首先是一种人的和谐，它包括人内在系统的和谐以及人与人之间的和谐。因为这种情感、行为和经验之间的和谐可以是个人的，也可以是人们的。可是人是具体的多样的，在所有的人类关系中，人的情感含有无尽的冲突，这样在人自身的内在系统以及人与人之间就会产生不和谐。霍布豪斯认为这样的一种冲突就不能看作是和谐，更不能称之为善。"只有在……冲突能被克服的地方，这种关系才能合理地最终被称之为善"。④

　　霍布豪斯的伦理学思想主要体现在其《合乎理性之善》一书中。书中他主要围绕其伦理学的核心概念"善"而展开。本书的研究也就是基于《合乎理性之善》，对其善伦理思想进行研究。霍布豪斯的伦理学思想主要是继承和发扬了前人的研究，并主要吸收了格林的共同善思想，所以在他对伦理思想做进一步了解之前，我们首先要考察"善"伦理思想在西方思想史上的发展情况。

---

① ［英］L. T. 霍布豪斯：《社会正义要素》，孔兆政译，吉林人民出版社 2006 年版，第2 页。

② L. T. Hobhouse, "*The Rational Good*", London: George Allen & Unwin Ltd. , 1921, p. 75.

③ ［英］L. T. 霍布豪斯：《社会正义要素》，孔兆政译，吉林人民出版社 2006 年版，第6 页。

④ 同上书，第 8 页。

第一节　共同善思想

"善"是道德意识最一般的概念和最重要的伦理范畴之一，人们通过善的概念来反映自己最普遍的利益、意向、心愿和对未来的希望，并表现为应当的东西和值得赞扬的东西的抽象的道德观念。同时人们亦借助善的观念来评价周围发生的一切社会现象和人的举动，并相应地提出了各种相同或相异的道德规范、道德要求和道德评判标准，而且顺应了人类求真求善的历史进程。综观整个西方哲学史，从古希腊罗马哲学对物的本原的探讨，到中世纪唯名论与唯实论之争，到近代哲学经验论与唯理论二元分立，再到康德、黑格尔的德国古典哲学，求真求善的方向从来就没有改变过。然而就像对世界的认识存在着矛盾的两极一样，在求善之途上，各派哲学对善的阐释亦体现为明显的两极。在德国古典哲学之前，主要体现在以伊壁鸠鲁派思想为代表的经验主义和以斯多葛派思想为代表的理性主义的二元分立上。

霍布豪斯从格林那里继承了"共同善"（Common Good）的观念，并作为其政治思想的伦理基础。

在格林之前，占据自由主义主导地位的是边沁提出的功利主义，其要义是强调最大多数人的最大幸福。功利主义主要以密尔为代表。但是，功利主义的这种最大幸福并非全社会总体的幸福，而是按照"每一个人必须作为一个人计算"的原则，也就是最大的幸福是每个人的幸福的简单加总。霍布豪斯认为，这样的做法是非常学究气的，一方面，单纯强调最大幸福容易强调多数人幸福的总和，从而导致多数人对少数人的暴政压制。因此他认为像边沁这样的功利主义原则可被认为是绝对社会主义或极权主义，着眼的是个人完全服从社会的要求。另一方面，如果把对权利的全部考虑都服从于对快乐的需求，以一人的失来掂估另一人的得，这种激进的个人主义最终将导致社会内部的冲突。功利主义这种内在的矛盾使它不能成为一种完善的社会伦理思想。针对功利主义的缺陷，密尔最先从功利主义内部开始了反思，他认为公众的共同利益应该同个人权利相结合，力图找到一种被社会所共同认可的原则，来指引人们的行为，实现自由。密尔认为这种原则应该是社会生命的道德力量或精神力量，通过习惯性地动员人们最优秀的品质来加强公共责任感，从而提高整个公共生活的水平。霍布豪斯对密尔还是非常称赞的，并说其学说与其说是一种知识力量，不如说是一种道德力量。

在密尔的基础上，格林则提出了"共同之善"的理论。格林的理论受到黑格尔哲学的影响，所以，"共同之善"有着强烈的形而上学意味。格林认为，在自我意识的背后，有一种"永恒意识"，这种永恒意识正是现实的基础。格林将这种唯心主义的观点应用于研究伦理学，把人视为道德的存在个体，人活动的最终目标是为了实现一种最高的道德的善。格林指出，至善不是个人独享的，它是人们共同享有的善，所以道德的善在本质上就是共同之善。

格林共同善主要包括以下内容：个人与他人相互依存是共同善的基础；由第一条推衍出来的，个人与社会的相互依存是共同善的第二个依据；个人善必须绝对服从共同善，共同善具有至高、至上性；唯有共同善才能实现个人善。

通过突出至上的共同善，强调理性的积极功能，格林使英国人逐渐认识到，在人们的道德和政治活动中，总有一些能够指导人们行动的内在原则，这些内在原则可以成为人们正确行动的标准。格林从唯心主义角度为伦理学和政治学寻找形而上学基础，引起了人们对普遍的伦理原则和政治原则的重新重视。[①]

霍布豪斯在格林的基础上，进一步将"共同之善"确定为社会有机与社会和谐的伦理基础。他认为社会是个体建立在相互合作、彼此互助基础上的有机整体。社会并不是个人利益的简单相加，而是由彼此相互影响、相互依存的各个部分组成的。在社会生活中，没有一个人可以独立于社会的其他因素而存在。现代个人的精神和道德发展，更是离不开社会本身。共同之善是为社会中所有成员所服从，同时又被社会里的所有成员所分享的。[②]"每一个人的权利所服从的共同利益乃是一种每一个人都能分享的利益。这种分享在于充分发挥他感知和热爱的能力，充分发挥他的精神力量和肉体力量，而在充分发挥这些能力和力量的过程中，他就在社会

①　庄俊举：《"共同善"的思想》，人民网，2007年5月13日，http：//theory. people. com. cn/GB/4915749167/4909751. html。

②　徐大同总主编：《西方政治思想史》第四卷，天津人民出版社2005年版，第377—378页。

生活中尽了他的本分，或者用格林的话说，在公共利益中找到了自己的利益"。①

霍布豪斯与格林的不同之处在于，他不像格林那样将"共同之善"作为整个社会绝对的伦理原则，而是承认在"共同之善"外，个人应当保有"私人之善"，"私人的善并不被并入共同善中，而是在共同善内培养与发展的"。② 有机的社会不是某一方占据强势地位，而在于私人之善和共同之善能够相互和谐。"如果一个人服务于共同之善，同时也有益于私人的善，和谐就达到了"。③ 霍布豪斯承认个人应当有自己的兴趣空间，但在追求个人兴趣的同时应当遵守某种普遍应用的原则，只要做到了这一点，那么"共同之善归根到底不是在压抑而是提升个人的生活"。④

总体来说，无论是"有机社会观"还是"共同之善"，都是论证一种更为积极的社会观和国家观的基础。霍布豪斯把自由主义的核心问题看作是个人自由和社会集体的善的有机的互动关系。他既反对把社会分解为"每个人"，而不考虑"他们共同生活的性质"；也反对把社会生活提高到"不同于社会成员相互交往的生活"的高度。⑤ 换言之，无论是社会还是个人，在生活中都不应该具有特别的优先地位，任何个人都是立足于社会的，任何社会都是由处于相互关系中的个人组成的整体。这样一种有机的社会应当具有什么样的价值目标呢？霍布豪斯以"社会和谐"来回答这个问题。

第二节　和谐思想⑥

在自由主义阵营内部，和谐思想的提出并非霍布豪斯的首创。早期

---

① ［英］L. T. 霍布豪斯：《自由主义》，朱曾汶译，商务印书馆 2005 年版，第 64 页。

② ［英］L. T. 霍布豪斯：《社会正义要素》，孔兆政译，吉林人民出版社 2006 年版，第 97 页。

③ 同上书，第 97 页。

④ 同上书，第 94 页。

⑤ ［英］L. T. 霍布豪斯：《形而上学的国家论》，汪淑均译，商务印书馆 2002 年版，第 128 页。

⑥ 这部分内容曾以《冲突现实中的和谐理想——霍布豪斯的社会和谐思想研究》发表在《浙江学刊》2010 年第 1 期。

的自由主义思想家主要以亚当·斯密为代表对和谐思想进行过描述。斯密受西方近代启蒙思想家和法国重农学派关于自然秩序的思想的影响，构建了自然和谐的理论。他认为人类社会有着自然的秩序，人们只要遵从这种自然秩序，不进行人为干预，社会就会自然和谐。从社会经济生活方面看，要实现社会经济的和谐，促进国民财富的增长，就必须遵循自然秩序，而遵循自然秩序就必须实行经济自由的原则，无须国家的干预。从社会政治的角度说，要实现政治生活平衡，也无须国家干预，一只"看不见的手"不仅调节着社会经济，使追求个人利益的各个人得以和平共处，也促进社会政治生活的和谐。同样，这只"看不见的手"作为中间桥梁，实现了个人利益向社会利益的过渡，使个人利益和社会利益达到和谐统一。从亚当·斯密以后，天然和谐的思想一直为许多自由主义思想家所坚持，而他们所坚持的和谐是建立在个人的绝对自由、政府的绝对不干预基础上的，认为政府在社会生活中应当做得尽量地少，坚持自由至上原则。这一思想毫无疑问地极大地调动了当时资产阶级的积极性，生产力也因此而极大地发展，其主要表现就是英国在 19 世纪一直处于世界领先地位。这一思想到了 19 世纪中后期就发展成为典型的自由放任主义。在自由放任政策主导下的英国，虽然取得了巨大的发展，但现实社会却并未如先前的思想家们所设想的那样出现一种天然的和谐，反而是各种社会问题层出不穷，社会关系极度紧张，社会也面临崩溃的危险。于是在自由主义内部，思想家们开始思考问题出现的原因。在霍布豪斯看来，原因之一在于传统自由主义（霍布豪斯称他们为"老自由主义"）思想家们的和谐观念出了问题，我们必须对先前的天然和谐观念作出修正。因此，在提出其和谐观念之前，他首先对先前思想家们的和谐观念进行了深刻的批判。

在 1911 年出版的两部作品《自由主义》（Liberalism）和《社会进化与政治学说》（*Social Evolution and Political Theory*）中，他都对天然和谐观念进行了批判。在《自由主义》中，他指出"老一辈的经济学家们假定一种天然的和谐，认为每个人的利益如果被彻底理解，并且不受外界干涉的限制，就必然会引导他做对他人并对整个社会有利的事。我们认为这种假定是过分乐观了"。[①] 而在《社会进化与政治学说》中，他说，"一些

---

① ［英］L. T. 霍布豪斯：《自由主义》，朱曾汶译，商务印书馆 1996 年版，第 65 页。

先前作者……尤其是某学派的经济学家"是"错误"①的。"他们认为和谐已被人类的天性清楚划定,每个人只要去遵循自己的兴趣,那么可能最好的社会结果就会随之而来。"然而根据历史和现实来看,霍布豪斯认为"不幸的是,生活并不是如此的简单。开明的自我利益的驱使引导每个人沿着阻力最小的路线实现最渴望的目标,这一驱使并不能产生社会和平或社会进步。和谐道路的路线是相当狭窄的,每次分歧都会有冲突,至少对一些人来说会造成挫败或悲剧"。② 并不是任何社会发展都是社会期望的,或者是社会可能的。"因为如果一个人的人格闲置直到他像一个巨人冲出他的狭隘世界,那么剩下的会不断地窥视、退出,直到找到他们自己的巨富坟墓。其过度发展对大家来说不是发展而是灭亡"。③

对于究竟什么是"和谐",霍布豪斯在他的著作里并未做具体而又精确详细的描绘,也没有给予明确的定义。但是,我们依然可以通过其在不同场合对和谐的一些论述而大致勾画出其和谐思想的内涵。

第一,和谐是一种道德假设。通过对传统自由主义和谐观念的批判,霍布豪斯认为,实际上,老自由主义所谓的天然和谐实际上根本不存在,甚至说并不存在一种实际上的"只要谨慎和冷静地判断,就可以使它有效地运行"④的和谐,我们的奋斗目标——和谐其实只是一种道德假设。他认为我们只是"假定在不同人的要求中有可能存在和谐……这样一种和谐是社会道德的基本假设"。⑤"这种和谐通过纪律以及改善生活条件,也许能够实现,社会理想就存在于这种实现之中"。⑥ 所以,和谐是一种道德的可能的假定。但是这种假定却"不是不能证实或无法证实的假设"。⑦但是"向和谐迈进是理性的人持久不变的冲动,即使这个目标永远也达不

---

①　L. T. Hobhouse, *Social Evolution and Political Theory*, New York: The Columbia University Press, 1911, p. 86.

②　Ibid.

③　Ibid.

④　[英] L. T. 霍布豪斯:《自由主义》,朱曾汶译,商务印书馆 1996 年版,第 65 页。

⑤　L. T. Hobhouse, *Social Evolution and Political Theory*, New York: The Columbia University Press, 1911, p. 86.

⑥　[英] L. T. 霍布豪斯:《自由主义》,朱曾汶译,商务印书馆 1996 年版,第 65 页。

⑦　L. T. Hobhouse, *Social Evolution and Political Theory*, New York: The Columbia University Press, 1911, p. 86.

到"。① 从上述分析我们可以看到，尽管霍布豪斯对天然和谐观念的批判是斩钉截铁的，但他的写作其实具有严谨的系统性，他所有的观念都围绕着"和谐"的观念有机地展开。② 在霍布豪斯的思想学说里，"和谐"是其理论构想的奋斗目标。但是他对和谐理念的信念却不那么坚定。这充分显示了他柔弱的一面。也正是因为这一点使他的和谐思想很快被人遗忘。但尽管如此，和谐在其思想中还是有着举足轻重的作用。

第二，和谐是与发展紧密相连的。其一，真正全面的和谐是社会真正全面的发展。霍布豪斯认为根据有机观念，整体与部分之间是相互支持发展的。社会与个人之间的关系也是如此。一方面，个人组成社会，社会存在于个人之中。由于"每个人是一切社会关系的交汇点"，每一种社会关系"都依赖于他，依赖于他的品质，依赖于他的行为"，社会的发展依赖于个人的发展。另一方面，社会也在影响甚至塑造着个人。社会关系"也影响着他，更正他的品质和行为"，因此，"社会发展最后也是个体的发展"。"如果社会在各个方面都有所发展，那么社会成员也相应发展；如果发展意味着向更充实、更完整的生活前进，那么社会发展意味着社会成员向更充实更完整的生活前进"。③ 所以，真正的和谐必须是社会成员的全面发展。如果说一部分社会成员的发展受到限制，那这种发展就不能算作和谐发展。比如，"贵族的兴起涉及一个阶层、一种社会活动的发展，但它却压制了另一个阶层"，这样的发展只能算作是"局部的"发展，"它们意味着阻碍，这是社会的停滞和后退"。"任何这样的发展，不是真正全面的和谐"。④ 其二，和谐是一种多元化发展或者差异发展。在阐述这一观点时，霍布豪斯又以有机体进行了类比，"我们能再次用有机隐喻帮助自己"。⑤ 他说成熟的有机体在体内含有更小的有机体。生命体是由器官和细胞组成的，而细胞和器官本身就是一个活的有机体。而生命正是因为最高限度地维持了生命细胞的发展才得以发展。由此我们看到"有机

---

① ［英］L. T. 霍布豪斯：《自由主义》，朱曾汶译，商务印书馆 1996 年版，第 65 页。

② C. M. Griffin, "L. T. Hobhouse and the Idea of Harmony", *Journal of the History of Ideas*, 1974, XXXV, pp. 647 – 61.

③ L. T. Hobhouse, *Social Evolution and Political Theory*, New York：The Columbia University Press, 1911, p. 85.

④ Ibid. .

⑤ Ibid. , p. 90.

体其实是一种允许每种细胞类型根据自身状况产生的最终相互兼容的变体"，有机体的发展正是基于各种不同细胞的发展而发展，它"并不是靠把细胞减至统一的类型而发展的"。① 所以，他认为从这个道理可以得出生活的发展也是依靠多元发展的和谐。因之，他也要我们认识到在社会中必须支持人们的个性发展。"一个人的追求，不会阻碍，反而积极促进其他人的追求。""人类的一些重要功能，不是依赖于与其他人的相似，而是靠自己的个性"，我们"要更充分地利用更宽更复杂的个人分歧"。② 其三，和谐是一种平衡发展。由于我们的社会，尤其是文明社会是一个极其复杂的结构。每一个人在大社会中都与一个小社会相关，都是小社会中的一员。他可能属于家庭，属于教堂，属于社团，属于商业联盟。人类则属于最高社会。所有小的社会群体都被认为是这一最高社会的组成元素。每一个群体都有他们特殊的品质，而"每一个这样的群体都有自己在社会发展中的相应份额"。③ 有关这些群体的"任何一种责任，任何一个权力或者任何一个社会关系的普遍要求都是绝对的，不用考虑其他相似的权力、社会关系的要求"。④ 所以只有大社会中的每一个份额都得到发展，并且是均衡的发展才能算得上是和谐。而"不平衡的社会发展最终可能遭致自我毁灭"。⑤ 其四，和谐具有多层次性。霍布豪斯认为"和谐原则有很多运用之处"，"个人生活之间存在和谐，人与环境之间存在和谐，同时人与社会之间存在和谐"，⑥ 因此和谐具有多层次性。

　　第三，和谐在某种程度上取决于社会思想的发展。霍布豪斯认为，和谐的发展是一个历史进程，并且是一个思想历史的进程。因为和谐作为人类解决冲突的一种方式，是随着人类思想的不断发展而出现的，和谐是一种思维方式，一种意志。所以在某种程度上，和谐是通过智力和意志的努

---

① L. T. Hobhouse, *Social Evolution and Political Theory*, New York: The Columbia University Press, 1911, p. 90.

② Ibid., p. 92.

③ Ibid., p. 88.

④ Ibid., p. 90.

⑤ Ibid..

⑥ Ibid., p. 93.

力而达到的。由此"要理解和谐进程，我们必须跟上思想的进程"。① 于是这种研究"从某种程度上来说属于心理学"，并且是属于更高层次的心理学——社会心理学。因为，其一，我们的思想通常通过语言包装，而语言是社会的产物，从这个角度来讲和谐作为一种思想，从表达、使用的角度来说是具有社会性的。其二，当和谐成为人们解决冲突的一种方式时，也是和谐思想从个人思想转化为社会思想甚至是社会意志的过程，而这种转化过程是一种复杂的社会转化过程。个人的思想之所以能转化为社会思想，一般是通过个人之间的交流，并且"任何时候思想的总和超出了任何个人脑中的任何思想，它是许多思想的汇合"，是"社会和个人力量共同作用的结果"。② 其三，思想的发展与社会发展之间有着密切的联系。从整体上来讲，思想发展部分取决于宽度的扩展。成熟的思想有更宽的领域，其范围可延伸至未来和过去。它对现实洞察更深刻，因此，对生活的实际控制也越强；思想的发展取决于不断增加的感知和想法的清晰度和连通性。

第四，和谐即善。善理论在西方早已有之。最早是由古希腊苏格拉底提出的。苏格拉底认为德性即"认识你自己"，德性也就成了发源于理性个体的内心深处道德的规范，是理性的人应该追求的，因此在苏格拉底的哲学中，德性（知识）就是至善。由此我们看出，善理论是伴随着哲学家对于伦理学的关注而产生的。所以善理论也就一直遵循着伦理学的路线。善也是 19 世纪英国新自由主义思想中的一个重要概念。霍布豪斯的善理论主要是继承了格林的共同善思想并把其"善"思想与和谐理想联系起来。在《合理之善》一书中，霍布豪斯通过对功利主义关于善是全体快乐的观点进行了批判，提出了善是我们追求的目标，而"善就是情感、行为和经验之间的一种和谐"，③ 这种和谐包含了情感与情感之间的和谐。因而，善就是一些事物和情感的和谐，这些事物在最广泛的意义上可以称之为经验。而在和谐的表现方式上，他认为善是"有关的各个要素循环往复，在活动上相互维系……相互支持"，也即"由经验引发一种情

---

① L. T. Hobhouse, *Social Evolution and Political Theory*, New York: The Columbia University Press, 1911, p. 93.

② Ibid. , p. 94.

③ L. T. Hobhouse, *The Rational Good*, London: George Allen & Unwin Ltd. , 1921, p. 75.

感，再由这种情感推动和维持在同样的经验中产生的行为的进程，然后再由这种情感去维持或更新经验"。① 也就是善首先是一种人的和谐，它包括人内在系统的和谐及人与人之间的和谐。因为这种情感、行为和经验之间的和谐可以是个人的，也可以是人们的。共同的情感和经验有利于促进社会各"因子"之间的结合与合作，有利于个人与社会、个人与国家之间的融合，从而使整体运转和谐，最终实现社会的和谐。可是人是具体的多样的，在所有的人类关系中，人的情感含有无尽的冲突，这样在人自身的内在系统以及人与人之间就会产生不和谐。霍布豪斯认为这样的一种冲突就不能看作是和谐，更不能称之为善。"只有在……冲突能被克服的地方，这种关系才能合理地最终被称之为善"。② 上述分析表明，在霍布豪斯的思想里社会和谐成为善的另一种表达。

第五，自由既是社会和谐的结果，也是社会和谐的原因。将自由与和谐进行有效的整合，也是霍布豪斯超越于老自由主义的一种尝试。在霍布豪斯看来，新时期的自由应当坚持积极自由观，而非消极自由观。这种积极自由观认为"自由是指由内部因素来决定，和外部束缚的不存在"。③ 而人的内部因素主要是由人的各种冲动、情感与经验来决定的，而且只有当内部要素之间实现相互联系、相互支持，也即内部各因素之间要相互和谐，才能达到所谓的由内部因素决定，才能自由。所以说，"哪里有和谐，哪里才有自由"，④ 自由是社会和谐的结果。另一方面，如前所述，和谐的达成首先要让人们在意识上对和谐达成共识，而从最广的意义上讲，"和谐是一种精神成就"，⑤ 这种成就是通过意志的自律所达到的，为了达到这种自律，人首先必须是自由的。所以，自由是社会和谐的原因。"自由成为社会和谐的重要原则，自由原则即是社会和谐的纲领，自由的实现即是和谐成为成功的尺度"。⑥

---

① ［英］L. T. 霍布豪斯：《社会正义要素》，孔兆政译，吉林人民出版社 2006 年版，第 6 页。

② 同上书，第 8 页。

③ 同上书，第 33 页。

④ 同上书，第 34 页。

⑤ 同上书，第 59 页。

⑥ 同上书，第 108—107 页。

第三节　和谐的实现

关于和谐的实现，霍布豪斯也提出了自己独到的见解。

第一，和谐是社会通过共同理想或共同的思想感情追求而结合到一起的。

霍布豪斯认为，和谐的条件取决于社会思想的发展，或者说和谐具有思想特性。所以它也必然具有思想的一些共性，必须通过思想而实现。而这些借以实现的条件就是人们的共同理想、共同的爱国主义情感和信仰、共同的亲属感情等，因为这些可以促进人们之间的相互理解，所以真正的社会和谐是建立在感情基础之上的，并利用亲属关系、邻居关系、性格和信仰一致以及语言和生活方式一致这一天然纽带。

他认为这一点在民族国家身上体现得特别明显。他举例道："英国是一个有它自己生命的统一体。但是这个统一体是由某些使全体英国人结合起来的纽带构成的，这些纽带是思想观念、爱国精神、同胞情谊、共同的骄傲以及其他无数种把讲同一种语言、有共同的历史、能相互理解的人结合起来的更精微细致的情感。英国不是一个超越四千多万居民住在一起、遵守共同法律的生灵之上的神秘的实体。它的生命就是他们的生命，它的幸或不幸就是他们的幸或不幸"。① 可见，真正的社会和谐建立在感情基础之上。人们对共同理想的追求、彼此之间的亲谊、社会传统的维护等都促进了社会的整体性，促进了个人和社会之间的相互理解，个人也通过对共同精神和思想道德感情的理解来寻求自己的位置。因此，最好、最健康、最有活力的政治单位就是人们发现自己的感情被其强烈吸引的那一种。② 如果个人不能从社会中得到认同，他的思想感情也不能够贴近社会，就会破坏或限制社会生活的发展，导致极大的不和谐。

第二，和谐是通过鼓励发展、容忍差异存在而实现的。

霍布豪斯认为个性的发展是社会中自由的保证，这也是自由主义思想家的一贯主张。他认为具有建设性的个人差异将有益于社会的和谐，"在

① ［英］L. T. 霍布豪斯：《自由主义》，朱曾汶译，商务印书馆1996年版，第64页。

② 同上书，第68页。

自我的指引下，每个人会有很大不同，他们的怪异有些是无用的，有些是浪费的，有些甚至是恼人的，不堪入目，但是，总的来说，人彼此不同是件好事。个性是安乐的一个重要因素，这不仅因为个性是自制的必然结果，而且也是因为在考虑到一切浪费后，共同生活由于包含着多种多样的类型，变得更加完全和充实，就有助于扩大集体经验的范围"。① 由此我们可以看到，尽管霍布豪斯主张个人与社会的和谐发展，但却并没有因此主张社会中的人应该整齐划一。

既然个性的发展是社会中自由的保证，那么人与人之间差异的存在就具有建设性的意义，为了论证差异在社会发展中的作用，霍布豪斯对原始社会和现代社会做了比较，他指出"在原始社会中，习俗是一种专断的力量，个体几乎没有自由发展的空间，且共同善的意义也是狭隘的。而在更为发达的社会中，共同善也更为包容，文明秩序的建立也给予了个体更多发展的可能性。文明社会区别于野蛮社会的标准不在于其建立了多少标准，而在于它容许多元的发展"。② 当然，这种差异的伦理基础必须建立在共同之善上，"如果某件事只是少数人的特权，尤其是当一个人所得的某种好处正是别人的损失时，就产生极大的不和谐"。③

第三，和谐是通过否定压制实现的。

在解决冲突的方式方面，霍布豪斯说我们往往采取压制的办法，个人通过"自我克制"达到了自我和谐状况，而政府也把通过压制达到所谓的"秩序井然"看作是优良状态。霍布豪斯认为"在任何一种状况下，建立在压制之上的秩序都不是和谐的"，④ 因为一味压抑下去的冲突或许可以渐渐消失，造成暂时的秩序，但这远不能称为和谐。因为，其一，我们本性中有着一种因各种需求而产生的冲动，这些冲动是一种根本的不和谐，"我们对之只能接受……我们所能做的仅仅是尽力减少负面的影响"。现代心理学也证明，由于那些被压制的冲突的根源根本就没有得到解决，往往以另一种形式显现出来，甚至成为根深蒂固的分隔中心，尤其是在我们意识生活的门槛之下跃动，造成一些有害的心理或

---

① ［英］L. T. 霍布豪斯：《自由主义》，朱曾汶译，商务印书馆1996年版，第55页。

② L. T. Hobhouse, *Demoncracy and Reaction*, London: T. Fisher. Unwin Ltd., 1904, p. 111.

③ L. T. Hobhouse, *The Rational Good*, London: George Allen & Unwin Ltd., 1921, p. 126.

④ ［英］L. T. 霍布豪斯：《社会正义要素》，孔兆政译，吉林人民出版社2006年版，第8页。

生理的影响。它们"将仍是内心冲突的根源"。所以对冲突的解决，霍布豪斯认为我们要用引导和控制的方法，而不是压制。"如果有些基本的不能根除的东西被长久地压制，那么就有永久的不和谐"，"一种和谐的人格，只有当各种根本性的需求能在一种协调的生活中获得满足时，才能发展"。① 其二，没有一种暴力能强迫生长，通过硬性控制和严厉惩处使一个人循规蹈矩，不让他成为邻居的眼中钉，这当然是做得到的。这样做也许会使邻人感到舒适，但是作为道德纪律，这在说法上是矛盾的。它对人本身的性格毫无作为。它仅仅压服他，除非他已经死了心，否则一旦自上而下的压力去除，还会故态复萌。压制只会为内部冲突留下根源。其三，霍布豪斯也认为，人的个性是一种生存和成长的东西，能够消灭而很难被制造，当个性可以得到蓬勃发展的社会是和谐的，而当采用了强迫或压制的手段硬性地控制人的发展方向时，和谐就不复存在了。所以社会的教育目的在于要使一个人学会自己来遵守纪律，培养他的意志、个性、自制，从而使其发展出指引自己生活的协调力量，而不是一味地压制。和谐绝非建立在压制的基础上，为了达到和谐的社会目的，我们必须放弃使用压制的方法。其四，这是达到最高和谐的条件。霍布豪斯认为互相帮助、互相忍让的培养是社会人格培养的一个必要特征。"容忍歧异，超越差别，而心中有一种更为深刻的一致性，这种宏大的度量在不完美的社会中，是达到最高和谐的条件"。"发展就是各种情趣通过斗争，都被包容于更高的统一概念之下。如果同一的维持仅是通过压制敌对的情趣，而不给予合法的空间，这就不是发展。"对于各种不同甚至敌对的要求或意见，"我们也只能进行引导……而不能通过强制迫使人们遵从"。②

第四，和谐是通过相互合作实现的。

和谐既然是一种各要素相互支持的状态，那么霍布豪斯认为在现实社会中，和谐就是人们之间以不同的方式而采取的合作，是各个不同的部分通过自身差异在为共同之善、为他人提供帮助，同时又通过这种贡献和帮助而获得别人的帮助和支持。霍布豪斯强调社会的发展是每个人和所有其

① ［英］L. T. 霍布豪斯：《社会正义要素》，孔兆政译，吉林人民出版社2006年版，第9页。

② 同上书，第48页。

他人一同和谐的发展。如果只是一个人的发展或一部分人的发展，那么根本不是发展，更不是和谐发展。充分意义上的和谐不仅仅意味着没有冲突，同时也意味着实际的支持。所以，每个人都必须具有不仅允许而且积极促进他人发展的可能。因此，如果某件事只是少数人的特权，尤其是当一个人所得到的某种好处正是别人的损失时，就会产生极大的不和谐。

第四章

霍布豪斯政治思想的现实
基础：财产权理论

马克思曾指出："十七、十八世纪时要废除封建财产关系，财产问题就是资产阶级的切身问题"。① 在 17 世纪英国革命时期，资产阶级和新贵族思想家们极力宣扬本阶级的财产观，试图建立本阶级的财产理论，而这一理论建树工作最终则是由约翰·洛克（John Lock，1632—1704）完成的。在洛克的政治思想体系中，财产观有着十分重要的地位，西方学者在探讨财产理论的历史前提时，一般都追溯到洛克。② 于是财产权问题也就成了自洛克以来的自由主义所必定坚持讨论的一个核心问题。至于自由主义出现重大危机而需重新思考出路之时，财产权问题也必然成为自由主义思想家所要思考的一个问题。同时，霍布豪斯对财产权问题的思考并不是主要受理论发展所驱使。大量劳动者辛苦劳动却不能得到赖以生存的足够的生活资料，而有闲阶级却大量地占有劳动成果，巨大的贫富差距使社会陷入危机甚至引起了革命，正是这样严酷的现实让霍布豪斯开始思考问题的原因，财产权成为一个他不得不思考的现实问题。因此，财产权理论在霍布豪斯的政治思想体系中占据着重要的地位，他把财产权视为公民自由实现的现实基础。

作为一个政治学家和社会学家，霍布豪斯很善于从社会发展的角度把财产作为一种社会制度，在历史发展的进程中进行相关的研究。他对财产权的看法主要体现在他写的一篇论文《财产权的历史演化：观念的和事实

---

① 《马克思恩格斯选集》第 1 卷，人民出版社 1972 年版，第 175 页。

② W. P. 拉金：《18 世纪的财产理论及其历史前提》（*The theory of property in eighteenth century: it's historical antecedents with special reference to England and Locke*），伦敦，1928 年版。

的》① 中，另外还有一些看法散见于其他论著中。

前文霍布豪斯政治思想的哲学基础一章中，我们已经阐明，在霍布豪斯看来，权利不仅具有社会属性，而且共同体也有其权利。他的财产权理论也是在这一基础上提出的，他认为一项财产的产生和取得具有社会性，因此社会也应当掌握一定财产；同时由于共同体也有其权利，因此共同体也当有其财产，而作为社会，当它掌握财产时，主要是由国家这个共同体来掌握财产。这样他就非常自然地让国家控制财产成为当然。在这个基础上，霍布豪斯也就财产权本身做了很多研究，从而提出其财产权理论。

第一节 财产权的起源、内涵及条件

一 财产权的起源

霍布豪斯认为要研究财产权的属性问题，当从财产权的起源进行探究，这样我们就可以确知对于财产权而言是否应当坚持私人所有的问题。总的来说，霍布豪斯对财产权发展的研究抱有一种谨慎的态度，他认为对财产权发展的探究是困难的并且是复杂的。首先，学科视角的差异性与多样性很难使我们对财产权发展有一个较为一致的意见。由于我们现在对原初社会的研究主要的是根据现有的文献资料进行的，而文献主要是历史学家们根据自己的观察进行记录的，人们在记录历史事件时都会根据自己不同的学科背景或者兴趣点来强调重点，这样"法律理论和经济事实、成文法律和民族习惯、潜在权利和实际幸福间的差异，使人和相同的制度被涂上了差异的色调，即使人们是很诚实和详确地描述这些人和制度"。② 比如具有法律心灵的史学家，会把重点放在与人民实际生活有很少关系的形式或原则上。经济学的史学家，他们会更关注制度的实际运作。具有辩护之归纳倾向的理论家，通常会引证旅行者、人类学家、早期的法典和一些当代的习俗，来支持自己。霍布豪斯认为他自己同时代的社会历史学家，很难对财产权的发展作出确切的描述。因为我们现在的历史学家只能通过

---

① ［英］L. T. 霍布豪斯：《自由主义及其他著作》（影印本），詹姆斯·麦道克拉夫译，中国政法大学出版社 2003 年版，第 175—198 页。

② 同上书，第 176 页。

旅行者记述来进行财产权的研究，但这个旅行者即使他是一个熟练的观察者，他的记述也很难做到科学所要求的精确和谨慎，倘若要从他们的陈述中重构无书面文件的原始人民的财产权的真性质时，我们也很难对财产权的起源进行确切的研究。所以他也感叹"关于一般财产权的发展，尚未有人写过圆满的描述，或许在当今的知识状态下，这种描述也不可能有人写得出"。他也深刻地感觉到"在比较制度的研究中，没有领域像这个领域，资料是如此地难捉摸，难令人满意"。①

由此，他也进一步认为在财产权的起源方面，我们至今是无法确切知道的，而且我们今天对财产权起源的个人的或公共的假设其实根本不适用于原始人类。因为我们对它的考察只是通过"引证旅行者、人类学家、早期的法典和一些当代的习俗"② 来进行研究，这些研究方法对科学所要求的真实和谨慎根本是无法胜任的。我们通过简单的两个例子就可以明白这种追究是多么困难。比如，在以往的简单的粗放式的农业共同体中，我们并不能不对其他占有情况进行研究，而仅仅根据某人口中说这是"他的"土地，那是他的邻居的土地，就判定这个土地是属于谁的，于是这个结论就被写入证明材料中，并被印刷出来。某人就可以根据这个来证明其对土地的财产权。继而我们就据此认为财产权最初起源于个人。而当"另一个研究者，可能会同样正确地说，这土地'属于'部落。在不同倾向的著作中，这种评述可能同样是支持原始共产主义的好证据，尽管可能没有资料，以表明土地事实上是怎样被部落成员使用的"。③ 我们可能也就据此认为财产权是属于公共的。但是在现存的一些部落中，比如"一些澳大利亚部落中……不存在土地的私人财产权；但在另一些部落，其他研究者则使我们确信，土地既不属于部落，也不属于家庭团体，而只属于单个的男人"。④ 所以，在原始的社会，根据现有的资料记载的推测，我们可以说既不可以把财产权描述为公共的，也不可以把财产权描述为个人的。因此，根据历史学的研究，在起源的问题上，财产权是属于公共的还是个人的是不确定的。我们可以说财产权既是个人的也是公共的。

---

① ［英］L. T. 霍布豪斯：《自由主义及其他著作》（影印本），詹姆斯·麦道克拉夫译，中国政法大学出版社 2003 年版，第 176 页。

② 同上书，第 176 页。

③ 同上书，第 177 页。

④ 同上。

二　财产权的内涵

在《社会正义要素》一书中霍布豪斯提出，"我们最好认为一物品所包含的所有权利——也就是这个物品的各种用途，以及使用这个物品所能提出和主张的各种要求权——正在构成一个完全的总体，这个完全的总体聚合在一起，就是这个物品充分和完整的财产权"。① 由此，我们可以看出，在霍布豪斯眼里，财产权是一个权利系统，是针对某一物品存在的各种可以要求的权利的总和。因此，财产权的内涵应当是丰富的。那么，"任何被承认为享有这个完全的总体的人就是这个物品的绝对所有者"。② 此处，我们可以看到财产权具有一种绝对性。这种绝对性就是一种排他性。③ 但这种财产权的绝对性，也意味着这种权利可以被委托，可以被分享，可以被分割，可以被转让，在其限度内这种财产权是独享的。既然财产权具有一定限度内的排他性，那么财产权的限制到底是什么呢？霍布豪斯认为，"一切财产权当然要受其他人的普遍权利的限制——也就是，我绝不能用我的财产伤害我的邻居"。④ 所以，财产权要得到其真正的地位，首先要获得他人的认可。因此他说"一种财产权通常是对物品的一种公认的支配权"。⑤ 在这里我们看到了格林的影子。

上述的财产权指的是私人财产。霍布豪斯认为还存在着一种共同财产（common property），它主要有三种：一是指那些有组织的共同体的财产，比如国家的财产，或者由国家设立的公共团体的财产，如公园或市有电车。这里的共同体主要是指因管理社会需要而存在的各级政府。二是指那些不能完全据为己有物品，如空气、水、阳光等。三是供人们共用的共享的物品，例如道路。霍布豪斯认为，根据上述分析，所谓共同财产之不同于私人财产的地方，就在于它是由某种特定的权力来行使支配权，而不是私人所有。当然，这种特定的权力也应当是公权，而非私权。

---

① ［英］L. T. 霍布豪斯：《社会正义要素》，孔兆政译，吉林人民出版社 2006 年版，第121 页。

② 同上书，第 121 页。

③ 关于财产权的排他性，下文会述及。

④ ［英］L. T. 霍布豪斯：《社会正义要素》，孔兆政译，吉林人民出版社 2006 年版，第121 页。

⑤ 同上书，第 121 页。

此外，在考虑财产权应当是私有还是公有的问题上，霍布豪斯认为我们不可以一概而论。我们应当视财产的性质而定，我们必须考虑到我们讨论的财产，"是公共财产，是某种形式的法人财产，还是私人财产"。因为"财产的功能可能会受到权利的范围和性质的影响"，"容易受限定它的限制性条件的影响，也受权源行使权利时对象的性质，甚至也受到权利的数量的影响"。① 比如有些物品由私人支配是件好事，而有些东西由公共来支配更好，而还有些物品要摆脱所有的支配才更好。

那么人们为什么会产生对财产是私有还是共有的问题呢？霍布豪斯认为，这主要是由人们的思想不正确所造成的。因为，人们对那些取之不竭、用之不尽的物品不会产生共有还是私有的问题；人们对那些某人的法定财产，由于有法律的明确界定和保护，他们也不会产生共有还是私有的问题；主要是那些在数量上有限制，而这种类型的物品恰好都是人们所想要的，那么就产生了共有和私有的问题。所以，"如果世界全部是由有正确思想的人们组成的，那么私人的和集体的财产好像就没有存在的必要了"。② 其实之所以会产生财产的控制权问题，是由资源的稀缺性和人们需求之间的无限性之间的矛盾造成的。我们当然可以通过提高物品的产量以满足人们的需求，或者可以通过降低或限制人们的需求暂时适应资源的稀缺性。单纯采取前一种措施人类似乎在很长的历史时期内都还达不到；如果单纯采取后一种措施，无疑可行，但是不道德的，因为从以人为本的角度出发，人的发展是最重要的。那么，我们是否可以两种措施同时进行呢？笔者认为可以。我们在不断地提高生产力的同时，也在适当地控制人的需求，使两者尽量和谐。所以，霍布豪斯把问题的原因单纯地归结为人的思想因素，笔者认为是有失偏颇的。

基于上述的分析，霍布豪斯认为只有数量无限的东西才不会产生财产权的私有还是共有问题，那么毫无疑问，既然无政府共产主义要取消私有财产权，那么他们只能对那些数量无限和不可损坏的物品才能实施共产主义。

---

① ［英］L. T. 霍布豪斯：《社会正义要素》，孔兆政译，吉林人民出版社 2006 年版，第122 页。

② 同上。

三　成为财产权的条件

霍布豪斯认为人需要吃食物，需要工具获取食物，需要土地在其上耕作，并为此在其上站立和移动。他仅是为满足他的需求，就必须至少能暂时控制他正在使用的工具，以及正在其上工作的场所，所以，财产权是人对物的控制。但是这种控制要变成财产权，必须具备以下几个条件：第一，控制必须具有权利的性质。这样的话，对某物的控制和占有必须得到其他人的承认。在这里霍布豪斯对财产权具有权利性质来源的考虑继承了格林的观点。在格林之前，权利是天赋的，格林并不赞同，并认为权利来源于他人的承认。霍布豪斯继承了格林的这一观点。第二，控制必须具有恒定的性质。控制具有恒定的意思是，无论这个物是在还是不在他手中，他都对这个物具有控制权。对物的控制在他缺席时也必须受到尊重。第三，控制必须是排他的性质。一个人对物的控制是具有独享权的，他无须与他人分享控制权。同时也存在共同财产权的情况，当一物是被他和同伴控制的，除此以外世界上其他任何人都没有控制权，那么它就是他们联合的（joint）或他们共同的（common）财产。在另一方面，如果全世界的人都可同样地使用它，那么它根本就不是财产权，财产权可以是私人的，联合的或共同的，但它必须是属于某个人或某些人的，它必定对其他人是排他性的。第四，控制的排他性和全面性之间关系不必然。也即排他性控制不必然意味着全面控制。A 可能为了一个目的控制一物，排除了世界上的所有人，其中包括 B；然而 B 可能为了别的目的控制同一物，并排除世界上的所有人，其中包括 A。当我在一家旅馆中占据一个房间过夜时，它在这一夜便是我的，排除其他的任何人。但是，房东对该房间则拥有排除我的恒定的权利。因此，所有形式的控制，都是同一个属的类（species of one genus），对一物的控制可是全面的，也可是部分的，部分控制会通过诸多等级之递增，直至演变成全面控制，当然，我们很难知道在何处划这道线。主要的原则区别存在于为了使用和享受的对物控制和为了处分、出卖、交易或遗赠之目的的控制之间。就所有权的意义而言，后一种控制可能确实被看成是财产权的实质要素，但把财产权仅仅局限于这种意义，将会遗漏对"使用"和"享受"方式的考虑。某人可能只是一份地产利益的终生所有人（life-tenant of a landed estate），这份利益在他死后的处分，可能取决于法律、共同体的决定，或在他之前的所有者的意志。然而，当他活着时，他对该地产利益之管理可能有全面的控制；由一代传至一代，相同的情形都可能会重现。不考虑他活着时的利益，就将割裂财产权的概念与实际控制的主要条件。

第二节　财产权的特性及财富的因素

一　财产权的特性

1. 财产权的心理基础：拨归己有的心理刺激

霍布豪斯认为财产权的产生是有其心理基础的。他说显然高级动物有初步的财产权。比如狗抓到的骨头是"它的"的骨头，它会激烈反抗从它处夺走它的企图；但对它尚未捡到的骨头，它则没有这种表现。他还举例说它家养的寒鸦偷了铅笔，自觉是个小偷，急忙带着它振翼而逃。它用它玩游戏，挑衅地丢下，又敏捷地捡起；当它努力去抓它的时候，它却径直跳到我的手指上。这些场合的心理学基础就是，某类物激起的兴趣或者是作为食物的用途，或者如在小寒鸦的例外情形中，通过它们作为好看、明亮、易啄和轻便的物的固有吸引力等是由对某特定物的第一次夺取行为甚或第一次注意行为所集中起来的，由此产生对该物而非其他物的一系列的伴随或附属于该物之使用的情感或反应，这构成物的心理的拨归己有（mental appropriation）。被拨归己有的物成了行动的永恒基础，是他们在急需时可指望且可依靠的东西，不仅对人来说是这样，而且对狗和它的被埋藏起来的骨头、对鸟和它的巢、对寒鸦和它的被隐藏起来的食物来说，也同样如此。

那么，这种的心理对人到底有什么作用呢。亚里士多德很早的时候就说过，财产对个人的更高级的生活来说是必须的，而且是个人自我意识发展最有效的刺激手段。只不过，在他那个时代只有少数特权阶层（自由民与公民）的人才能享受到这样的心理。因为其他的大多数都是这些少数人群的拥有物。霍布豪斯认为一般的人需要用他可称作"我的"地盘来激励他发展自己，有一个房子可以自由移动，并可让他意识到他的能力。只是现在这对所有人的来说都是必须的。

2. 财产权是支配的独享权

根据前述财产权的条件以及拨归己有的心理，霍布豪斯认为财产权就是"对物品的使用、享受与支配的独享权利"。① 霍布豪斯认为，并不是所有存在的物品都是我们的财产，这一定要看我们是否对它们具有独享的支配权。他举例说，比如当我是一个机构的成员时，我会被给予衣服来穿，食物来吃，器具来用，屋子来住。但这些东西都暂时是"我的"，在指定的目的上，我对这些物品有完全的使用权和享受权。但这种权利并不是真正的独享权，它们还不能成为我的财产。因为，虽然我可以把食物吃了，把衣服穿了，但我不能处置它们，或在该机构所规定的目的之外使用它们。支配它们的是机构。所以霍布豪斯说，财产权，或者说充分的和完整的财产权，是我们对"一物品所包含的所有权利——也就是这个物品的各种用途，以及使用这个物品所能提出和主张的各种要求权"② 所构成的一个完全的总体。

3. 财产是自由的实质基础

对人来说，在任何情况下，他的财产首先是他可依靠的恒定的家，是他维持生计和享受生活的恒定的资料。财产权因此就是有目的行动之有序生活的必要成分，实际上基于相同的原因，它也是自由生活的必要成分。这就使财产权区别于单纯物质资料的充分供应。为此，霍布豪斯给我们举了几个例子。一个精心准备和调配美餐的人，或许营养充分，但由于他除了他眼前的饭碗之外没有任何财产权，所以，除了接受该食物或拿它喂猫外，他便没有任何自由。一个口袋里只有一先令的人，却可自由地在这一先令的限度内吃喝自己喜欢的食物。他或许不像第一个人，吃的食物没那么好，没那么有营养，但是他有他自己的选择。在其他条件相同的情形下，按周拿工资的人要比被支付汽车的人更自由，以自己的劳动工具在自己土地上劳作的人比挣工资的人更自由。所以，一个人越能够依靠他自己的劳动所得取得财产，那么他就越能够追求适合自己兴趣的活动。因此，某种程度的财产权，似乎是自由的实质基础；反过来，享受自由的感觉依赖于所有权所带来的安全和恒定感觉。

同时，霍布豪斯也提醒我们要注意到，"财产权和自由一起赋予了所有者一种包含自立的特别义务"，"这种自由通常可免除某些明显的责任，

① ［英］L. T. 霍布豪斯：《社会正义要素》，孔兆政译，吉林人民出版社 2006 年版，第120 页。

② 同上书，第 121 页。

但是却给所有者施加了一种天然的或物理的义务"。① 一个人的自由依赖于财产，其实他依赖的是财产的物理特性，一旦他把财产花掉或者弄坏了，他就没有另一种可替代的财产了。比如，蛋糕吃完了就没有了，所以他必须好好考虑怎样对待他的蛋糕，假设他一下子就把蛋糕吃完了，很有可能他接下去就要忍受饥饿了，他要因此付出代价。霍布豪斯认为这就是著名的蛋糕定理（maxim of the cake），它对个人有着重要的意义。霍布豪斯说很多人认为蛋糕定理并不适用于国家，因为国家的资源取之不竭，也不需恢复。他提醒我们，蛋糕定理对共同体也有着重要的意义的。"要认识到为自己的欲望付出代价对共同体和私人个体都是同样的"。② 上述分析表明，霍布豪斯认为财产所有权制度对有限资源的利用和保护是有效的。

4. 财产权是可变的

霍布豪斯认为，只要某物在某种程度上被承认，在某种程度上独立于对某物直接的物理享受（physical enjoyment），在某种程度上排除其他人的控制，这种控制就会成为财产权。但是在"在这些限度内，诸多方向上的不明确的变异是允许的，这些变异并不必然是相互依赖的"。③ 即"控制可以或多或少是受社会充分承认和保障的。它可以或多或少是恒定的，或多或少是依赖于当前使用和占有或享受的。它可能仅集中在一个人之手，或者为多人所共同拥有。在物所可投放的目的中，它可能被扩展至很多目的，也可仅局限于少数目的"。④ 所以，财产权是可变的。

5. 财产权是受限制的

霍布豪斯认为财产权尽管是一种具有排他性的控制权，但是"一切的财产权当然受到其他人的普遍权利的限制"。⑤ 我绝不能用我的财产伤害我的邻居。也就是财产权作为一种支配的绝对性是受限制的，当然，这种

① ［英］L. T. 霍布豪斯：《社会正义要素》，孔兆政译，吉林人民出版社 2006 年版，第124 页。

② 同上。

③ ［英］L. T. 霍布豪斯：《自由主义及其他著作》（影印本），中国政法大学出版社 2003 年版，第 179 页。

④ 同上书，第 179 页。

⑤ ［英］L. T. 霍布豪斯：《社会正义要素》，孔兆政译，吉林人民出版社 2006 年版，第121 页。

限制并不是对财产权利的限制，而是财产权作为一种权利应当遵循权利的限制性。它不能与其他权利形成冲突，因为这种限制的基础是对个人行为的限制，是对作为一个公民的所有者本身所施加的限制。比如限制我在我自己的土地上放射我自己的枪。这不是说我对我自己的土地和枪的财产权受到了限制，而是因为这既不合法，也会伤及路人。

6. 财产权的功能：定纷止争

霍布豪斯认为，财产权最首要、最普通的功能可以用四个字来概括：定纷止争，即"给予法定的权威以对物品的支配权，而这种法定关系通常是防止争端与乱用所必需的"。① 由于对各自所拥有的物品有了权利的特性，受到了法律的保障，他人就不能对其有其他的想法和行为，这样就有效制止了纷争。

二　财富的因素：个人的和社会的

霍布豪斯认为，"经济学的主要问题不是消灭财产，而是使社会的财产概念在适合现代需要的条件下恢复其正确的地位"。② 所以我们必须为国家财富寻找到合理的辩护理由。霍布豪斯主要从国家和财富两方面的角度考虑国家应当要求分享财富的原因。

1. 国家是财富的基础

首先，霍布豪斯认为国家是财富的天然基础。如果没有国家，财富以及财产权本身根本就无法产生。其次，有些东西正是因为存在于共同体中，才产生了价值，比如城市土地，"伦敦一块地皮的价值主要应归功于伦敦而不归于地主。说得更准确点，价值一部分归于伦敦，一部分归于英帝国，再有一部分归于西方文明。但是，由于这些附属的因素是无法摆脱的，价值的全部增值应归于这个或那个社会因素"。所以，"地皮价值按理是社会财产而不是个人财产"。③

2. 国家是财富的有组织的保护者

社会通过有组织的力量，为个人财产保驾护航。首先，财产权既然是

---

① ［英］L. T. 霍布豪斯：《社会正义要素》，孔兆政译，吉林人民出版社 2006 年版，第 123 页。

② ［英］L. T. 霍布豪斯：《自由主义》，朱曾汶译，商务印书馆 2005 年版，第 95 页。

③ 同上书，第 97 页。

对物的一种恒定的支配的独享权，那么它作为一种权利只有得到法律的认可和保护，才可能具有实质的意义，而法律的强制功能正是国家的职能。其次，国家通过有组织的力量"保护财产所有人，防止偷盗掠夺，维护他们的权利"，① 所以，"要是没有社会的有组织力量，他们的权利连购买一星期的用品也不值"，"要是没有社会秩序所维持的法官、警察和稳定的秩序，他们将会落得个什么下场"。② 但是传统自由主义坚持片面的个人主义的倾向，很多人都把财产权视为天赋权利，而国家以及国家用来对私人财产进行保护的法律机器等也被看作是他们的天赋权利。对这样一种认识，霍布豪斯大加批判。他郑重地说："社会也是创造财富的不可或缺的伙伴"。③

3. 国家增加和改良财产

国家为了社会的进步采取各种措施，这些措施都带来财富的增加。比如公共教育可以提高国民获得财富的能力，卫生设备有益于公共卫生，同样也是有利于财富增长的。国家采取的种种服务，无疑间接促进了共同体的繁荣，共同体越繁荣，个人所取得的财富也越多。国家正是通过各种措施在增加和改良财产。

4. 财富的创造有社会因素

霍布豪斯认为，"价值有一种社会因素，生产也有一种社会因素"，④ "在现代工业中，个人要完全靠自己一人的力量是什么也做不成的。劳动分工极其精细；劳动既然是分工的，就只能是合作的"。"在生产方法中，每个人都尽量利用一切可利用的文明手段，利用他人的智慧所创造的机器以及文明所赠与的人类机构。"因此，"社会提供条件或机会"，⑤ 人们只是利用这些因素，"从他们的社会中汲取，他们继承了有组织的知识和技能资本"，⑥ "他们的利用就是生产中的个人因素"，因此，社会"是个人

---

① ［英］L. T. 霍布豪斯：《自由主义》，朱曾汶译，商务印书馆2005年版，第96页。

② 同上。

③ 同上。

④ 同上书，第94页。

⑤ 同上书，第96页。

⑥ ［英］L. T. 霍布豪斯：《社会正义要素》，孔兆政译，吉林人民出版社2006年版，第130页。

索取报酬的基础"。① 此外，"一个人的很多工作可能是组织其他人，而这些人是谁，譬如他在手边能找到什么样的有技能的和可靠的工人，大半是由社会因素决定的"。"个人的生产彻头彻尾渗透着社会的因素"。② 所以，"绝大部分的个人产品在很大程度上都是一种社会产品"。③

5. 社会作为组织维持其功能必须获得财富

社会虽然是由个人组成的，但是个人也只能生活在社会中，一旦这个社会瓦解，个人也无法生存。因此，社会作为组织要执行某种功能，从而为个人的发展和个人在社会中的存在而维持这个组织的存在。这样"如果社会执行某种功能却无相应的供给，就会解体"。所以，"功能的执行"是"共同体要求分享其成员所创造的财富的理由之一"。④

6. 这是经济公正的要求使然

霍布豪斯认为经济公正就是"功能与生活资料之间的平衡"，这样就要求"把不仅应该付给每个人而且应该付给每一种履行有用服务的社会功能或个人功能的东西如数付给，而这种应该付给的东西是按照刺激和维持那种有用功能的有效运用所必需的数额来计算的"。所以，"个人主义如果忽视财富的社会因素，就会耗尽国家的资源，使社会失去它在工业成果中应得的一份，结果就是造成财富的单方面的、不公正的分配"。⑤

霍布豪斯认为假如从财富产生的角度进行分析，我们会发现存在着多种情况的财产。有些财富是个人创造的，有些财富是社会创造的；有些财富既不是由个人也不是由社会的生产力直接创造的；有些财富既不能归因于现有个人的努力，也不能归因于社会组织；有些财富尽管看起来是个人积累的结果，但是如果没有相应的社会条件，财富也无法创造，即财富存在社会因素。所以霍布豪斯提出在财富的形成过程中既有个人的因素，也有社会的因素。

这样我们就得对几种财富进行不同的归属。由个人创造的财富是私人财产；由社会创造的财富是社会财产。我们应当"把财富的社会成分同个

---

① ［英］L. T. 霍布豪斯：《自由主义》，朱曾汶译，商务印书馆 2005 年版，第 96 页。

② ［英］L. T. 霍布豪斯：《社会正义要素》，孔兆政译，吉林人民出版社 2006 年版，第 130 页。

③ 同上。

④ 同上。

⑤ ［英］L. T. 霍布豪斯：《自由主义》，朱曾汶译，商务印书馆 2005 年版，第 97 页。

人成分区别开来，把社会成分的财富上交国库，由社会掌握"，① 通过个人积聚的资产是私人财产，"个人的财产应限于他的薪资和自身的储蓄"。② 对于私人财产，必须归个人的所有权加以证明，在给予某些特定的个体以抗拒他人的权利时，必须有一些理由。而土地和所有自然资源等财富既不能归因于现有个人的努力，也不能归因于社会组织，它的主人应当是共同体。

霍布豪斯还提醒我们要把另外两种财产区分开来，即通过继承权取得的财产——遗产和通过本人努力取得的财产。洛克认为应当对劳动所得的财富和不劳而获的财富进行区分，并且劳动所得的财富是个人财产，不劳而获的财富不是个人财产。霍布豪斯认为洛克对财富的产生做这样的区分是正确的，但洛克对两者的态度却不是很赞成。因为这样的区分对一种情况是不适用的。那就是从资本或土地获得的收入，虽然不经劳动，似乎是属于不劳而获的财富，但是它可能代表个人的储蓄而非他继承的财产，而个人的储蓄是属于个人的财富。而个人继承的财产毫无疑问应当是属于共同体的。这样对从资本或土地获得的收入的定性就存在问题了。霍布豪斯认为根本的问题在于我们区分财富性质的标准有问题。所以真正的区别应是在继承所得与劳动所得之间。应把财产分为通过继承权取得的财产和通过本人努力取得的财产。

虽然遗产是霍布豪斯所反对的，但是人们对遗产的辩护还是有着多种理由的。比如，由于孩子还年幼，尚不能自立，所以父母要为孩子做铺垫，帮助其成长。霍布豪斯认为，把遗产作为对年幼者和尚不能自立者的一种救济，当然有其道德合理性。但不应当在死时采取一种遗赠的方式，把所有的财产都赠送给子孙。因为这样会使他们拥有一大笔不劳而获的收入，如果他们又进行遗赠，那么就会形成一种永久不劳而获的家族。那么这样对平等是一种巨大的威胁。而且现实我们也已经看到了，这种遗赠的方式在某种程度上已经造成了一些不平等的现象。所以，霍布豪斯认为应当对财富采取礼品方式进行，即在生前以礼品方式送给子孙，死后将剩余财富上交国家。他说，由于生前送礼品的方式使财富所有者不会将全部财

---

① ［英］L. T. 霍布豪斯：《自由主义》，朱曾汶译，商务印书馆 2005 年版，第 95 页。

② ［英］L. T. 霍布豪斯：《社会正义要素》，孔兆政译，吉林人民出版社 2006 年版，第 136 页。

富送与人，采取这样的一种方式，"累代相传的财产数量只会递减"，① 而且这个办法在实践上是可行的。

对遗产进行辩护的第二个理由是它"能够刺激生产"。② 很多人都认为"私人所有权比公共所有权更能执行一些经济任务"，③ 更能促进个人的生产。霍布豪斯认为，当一个国家是新兴的国家，主要处于开发的阶段，财产的私人所有确实是个好办法。但如果国家不是处于开发阶段，那么国家正在"放弃一些应属于己有之物"，而且"这项财产权事实上是不劳而获的财富、经济不平等和某些阶级控制其他阶级的优势权力的主要来源"。④ 所以，这在道德上是不合法的。

对遗产进行辩护的第三个理由是，它对国家财富具有积累功能，它是国家财富积蓄的来源。遗产的辩护者们认为"国家每年的积蓄大部分都来自富裕者的剩余收入，其发生主要是由于希望绵延家庭的富足与地位，如果这种积蓄的来源被切断，那么积蓄也将停止"。⑤ 对此，霍布豪斯很不认同，他认为如果国家是土地和资本的主要所有者，那么便会有经常的收入来源，何必要经过富人积蓄这多余的一道手续呢。另外遗产的方式是"储蓄最靡费"⑥ 的方法，因为富裕家族的储蓄会由于家族的奢侈生活而造成很大的浪费，假如直接由国家进行储蓄，"共同体可能比私人看得更为久远"，⑦ 共同体对发展需要更为敏感，知道什么时候，哪些地方需要使用财富，这样就不会造成浪费。但现实是剩余财富的所有权依然还在私人手中。所以，他认为可以无须更换所有权的主人，而是对遗产进行征税，并且"国家对过去积累的遗产的控制是不受限制的"。⑧

总的来说，霍布豪斯认为过去世代所积累的财富——遗产，尽管看起来是个人积聚的结果，但是如果没有相应的社会条件，财富也无法创造，

---

① ［英］L. T. 霍布豪斯：《社会正义要素》，孔兆政译，吉林人民出版社 2006 年版，第 133 页。

② 同上书，第 131 页。

③ 同上。

④ 同上。

⑤ 同上书，第 132 页。

⑥ 同上。

⑦ 同上。

⑧ ［英］L. T. 霍布豪斯：《自由主义》，朱曾汶译，商务印书馆 2005 年版，第 100 页。

即财富存在社会因素。更何况如果任由他遗赠给儿孙，下一代会无须通过劳动就积聚大量财富，这样就会造成天然的不平等，这样看来"遗传的资产应该是共有的财产"，"这项财产通常应该在死时归还共同体"。① 而对那些无主的财富，毫无疑问应当交给共同体。

第三节　国家财富取得的方式及资本主义财产权制度存在的问题

一　国家财富取得的方式：税收

当我们对财富进行了个人因素与社会因素的分析，霍布豪斯认为财富可以分为个人财富和社会财富，但是这两种财富之间并不存在明确而清晰的或者是可测量的标准。实际上我们发现财富本身还是很复杂的，上述分析表明，个人财富的生产往往也有着社会的因素，所以个人财富中往往渗透着社会财富。同时，"国家也绝不能是唯一的生产者，因为在生产中，个人因素是极其重要的"。② 社会财富中也往往渗透着个人财富。

个人往往通过报酬的方式获得他应得的财富，那么国家应通过什么方式取得它应得的那份财富呢？霍布豪斯认为，最好的方式就是税收。"税收的真正功能是为社会争取财富中来源于社会的部分，或者说得更透彻些，一切不来源于个人努力的东西"。③ 由于税收是从一部分人那里把剩余财富征收上来，再把这部分财富用于公共事业，有人认为这是劫富济贫的做法。针对这种说法，霍布豪斯给出了他的答案。他说，当"税被用来为广大人民群众创造健康的生存条件时，可以清楚地看出，这决不是把甲的东西剥夺来送给乙。甲并没有被剥夺。除了交税以外，倒是甲剥夺国家。一项能使国家获得一份社会价值的税，不是从纳税人有无限权利可称为己有的东西中扣除的某种东西，而是把一样应归社会所有的东西偿还给社会"。④

---

① ［英］L. T. 霍布豪斯：《社会正义要素》，孔兆政译，吉林人民出版社 2006 年版，第 133 页。

② ［英］L. T. 霍布豪斯：《自由主义》，朱曾汶译，商务印书馆 2005 年版，第 100 页。

③ 同上书，第 102 页。

④ 同上。

那么，税收的用途主要有哪些呢？税收主要是用来促进公益事业的。霍布豪斯认为税收首先是用来促进公益事业的，国家支持的公益会增进所有阶级福利。"公款唯一的正确处理方法是把它用在有助于促进公益的事情上面"，"用于公共宗旨，用于国防、公共工程、教育、慈善以及促进文明生活"，"以满足社会成员的基本需要"。① 而且在事实上，"公共开支使所有阶级都受益的方方面面确实不少"。② 比如，以公共卫生为例，它不仅对于贫困的人们、贫穷地区有利，对于富有的人、富有地区也同样有利，因为富人也要生病，逃避不了传染。同样教育也是如此，"它不仅对工人有经济价值，就是对工人所服务的雇主同样也有经济价值"。③

税收第二个用途是消灭贫穷，而且"我们是打算把一大部分公共开支用来消灭贫穷"。④ 这主要是基于以下几个方面的考虑：首先，是公益的目标使然。税收的主要用途是公益，而公益的一个重要组成部分是"防止人们因缺少舒适的生活用品而受苦"。因此，消灭贫穷"是一个一切人都必须关心，一切人都有权利来要求和有义务来履行的目标"。⑤ 其次，消灭贫穷是和谐生活的目标使然。和谐的一个非常重要的标志就是每一个人都能独立自主地生活，人人都能自决。因此，"任何公共生活如果以参加公共生活的人当中哪怕一个人受可以避免的苦为基础，这种公共生活就不是一种和睦的生活，而是一种不和的生活"。⑥ 再次，消灭贫穷这是社会的职能所在和经济公正原则使然。"社会的功能是为全体正常人提供手段，使他们能借助有益工作获得过健康而有效生活的必需品"。同时，"这是属于经济公正原则的一件事，也是最重大、最意义深远的一件事"。按照经济公正的原则，"每一种社会功能都必须获得足以在每个人的一生中刺激和维持这种功能的酬劳"。这种酬劳数量的标准应当是，"假定一切健全的成年男女都应该过文明人的生活，过勤劳的工人、好的父母、奉公守法的公民的生活，那么，社会的经济组织的功能就在于使他们获得过这样一种生活的物质手段，社会的直接义务就是注意这些手段在哪些方面

---

① ［英］L. T. 霍布豪斯：《自由主义》，朱曾汶译，商务印书馆 2005 年版，第 98 页。

② 同上书，第 102 页。

③ 同上。

④ 同上。

⑤ 同上书，第 103 页。

⑥ 同上。

不足，并予以补充"。①

　　因此，社会效率状况标志着最低限度的工业酬劳，如果原先国家没有意识到这种状况，那国家就必须用有意识的行为来保证。如果良好经济组织的任务是使功能和生计相平衡，这个原则的最先和最重大的应用就是满足基本需要。它们确定最低限度的酬劳标准，超过这个标准，就需要进行详尽的实验来了解增加了的服务价值需按何种比率使酬劳相应增加。

　　但同时，根据功能满足原理，当时的思想界有很多人认为有一些人根本就不值得拥有最低工资，如果硬是把最低工资作为酬劳付给他们，那么这"不仅仅意味着净亏损"，也是"违反经济公正标准的"。② 而且这种给付酬报的标准势必会超过这种功能的实际价值，差距就可能达到致使社会崩溃的地步。霍布豪斯认为，这个问题不能这样看。"必须承认，全体人民中有一定比例的人是身体有病、精神有缺陷或道德败坏的"。③ 对这几类人我们应根据与经济原则不同的原则来处理。对一类人需要执行惩罚性纪律，另一类人需要终身照顾，还有一类人——精神和道德健全，但身体有缺陷——则不幸必须靠公私慈善机构的救济。这不是一个为工作付报酬的问题，而是给受苦者帮助的问题。按照经济理由和其他更广泛的理由来如此地进行帮助，使受帮助者尽可能自给自立，这当然是合乎理想的。④

　　但是，有人还会批评说，对于那些要拿最低标准工资的人来说，他们的实际价值是按照他们在竞争市场上获得的工资来衡量的，如果他们的工资达不到标准，社会只要愿意和能够补足差额就可以补足，但决不可闭眼不看这个事实，即社会在这样做的时候，不是在履行经济正义，而是在行善。对于这个问题霍布豪斯认为可以这样回答：一个没有财产的工人在同拥有财产的雇主谈判时所能索取的价格，绝对不是衡量这个工人实际能增加的财富的尺度。谈判是不平等的，低酬劳本身是低效率的原因，而低效率反过来又对酬劳产生不利影响。相反，生活条件的普遍改善会对劳动生产率产生有利影响。过去半个世纪内，实际工资已有很大提高，但是所得税收入表明商人和专家的财富增加得更快。因此，有一切理由认为工资的

---

① ［英］L. T. 霍布豪斯：《自由主义》，朱曾汶译，商务印书馆2005年版，第103页。

② 同上书，第103页。

③ 同上书，第104页。

④ 同上。

普遍提高肯定会增加剩余，无论那种剩余是作为利润归个人所有，还是作为税入归国家所有。工人阶级物质条件的改善作为社会的一种经济投资，非但不会赔本，还会获得更大的盈利。[1]

二　资本主义财产权制度存在的问题

霍布豪斯认为既然财产是自由和自立的经济基础，那么对于个人和法人团体来说，占有一些财产也是必要的。通常我们说的"财产权是对物权"。[2] 财产是恒定、有序、有目的和自我指导之活动的物质基础。从整体上讲，这种财产是所有者本人直接或与其最亲最近的人一起使用或享受的。因此，从这个意义上讲，在奴隶社会，把人作为一种财产，那么一个人的自由就会破坏另一个人的自由，这样一种财产当然是不应被认可的。现代社会财产权应当只是对物的一种权力。但是他说，当我们仔细分析时，现实似乎存在问题。比如"版权或专利并不如通常所认定的是对物质事物的权力，而是一种禁止他人出版书或制造器具的权利"。所以，财产权"本质上它是一种对人的权力"，"许多形式的财产权包含着对抗他人的权力"。[3] 例如，一个人有一块位于两个邻居之间的地，如果限制他人通过道路的权利，那么他两边的邻居就不能充分使用他们的土地。并且从更长远看，土地的主人可能处于决定许多人谋生手段的位置。"每一个有先令要花的人都会影响他人"。[4] 此外，他还说，这种权力的大小，部分随财产的性质，部分随所有权的分配变化。如果财产是重要和有限的，所有权就会包含部分的或完全的垄断，对许多人的生活会有一种巨大和根本性的控制权力，无论是所有权在私人手中还是在公众手中。如果所有的煤或大部分煤，或者大量的蒸汽煤，操纵在一个人手里，无论是操纵在国家或矿工联盟（Miners' Federation），或者在托拉斯（Trust）手里，此所有者即可控制依赖煤矿的企业。如果没有垄断，只有财产的分配非常不均，那么资金的拥有者在和工人签订合同时也占有优势，这使他们在很大程度上控制着劳动。所以，如果财产一方面是自由的，那么另一方面就是权

---

① ［英］L. T. 霍布豪斯：《自由主义》，朱曾汶译，商务印书馆2005年版，第104页。

② ［英］L. T. 霍布豪斯：《社会正义要素》，孔兆政译，吉林人民出版社2006年版，第124页。

③ 同上书，第124—125页。

④ 同上书，第125页。

力，而更侧重于哪一者，要视财产的限制和它的分配而定。

但是，现在随着工业的发展，财产权最显著的职能是为别人的利益而拿走某人的劳动产品。某个人的财产不只是他控制和享用的东西，不只是他可作为劳动之基础和有序活动之载体的东西，而是他能够用以控制别人、使它成为别人劳动和他自己所命令之行为的载体的东西。但是财产的抽象权利和建立在劳动者对他的产品的权利之上的财产权理论就完全忽视了这样的事实。此时，财产权是一种社会组织形式，借此，那些不拥有它的人的劳动，受到拥有它的人的享受的指引，并且是为了满足后者之享受的。在此种意义上，所有者的控制实质上是对劳动的控制。它是一种魔术，借此，在自己阁楼上闲逛的人榨取了在土地上劳动的人的所有所得，并称之为租金。它实质上并不存在于对实在物的处理和使用之中。他对该实在物知道得很少，比如一个阿根廷铁路的股东，虽然他可能很难说出500里内铁道的终点在哪里，但他却晓得每六个月要分一次红利，这是他对"他的"铁路的路线的理解。

所以我们会发现，作为自由的基础的供使用的财产，可供一个人最大限度使用的东西，在整个财产中是很有限的。它迅速地扩展为"提供权力的"财产，最终成为少数富人毫无限制的控制，这种控制并非对毫无意识的物的控制，而是对那些因他们的意志而有机会生活、工作、吃饭的人的控制。财产逐渐分离成了供使用的财产（for use）和提供权力的财产（for power）。① 一种是供使用的财产，是对物的控制，是个人过一种有秩序的、自主的生活的物质基础，它给予自由和安全；一种是提供权力的财产，是通过物实现的对人的控制，是一种社会组织形式，通过这种形式，没有财产的人们的劳动是由拥有财产的人们为了自己的享乐而加以管理的，它给所有者以权力。在一些方面，它们二者是截然对立的。然而，从性质上讲，二者又是交织在一起的。有时两者是有截然的区分的，而有时供使用的财产逐渐也具有提供权力的财产的性质。

霍布豪斯认为财产权的这种变化和区分是随着资本主义制度的出现而出现的。他说资本主义农民的出现，只是财产权性质之大变化的小征候，此种大变化与大规模土地的私人所有权同步发展。早期社会里，土地被看

① ［英］L. T. 霍布豪斯：《自由主义及其他著作》（影印本），中国政法大学出版社2003年版，第191页。

作是生存的必要基础；除非个人直接占有，私人无法积聚土地（据说，这是得益于有共同生活的保障）。然而在畜牧阶段，我们却看到不同的积聚，牛、羊（最重要的真实资本）的增加，意味着占有阶级和非占有阶级的区分。工商业的发展，加强了此种区分。"但在今日文明的背景下，因为工业的生产力比较强，积聚规模速度史无前例；随着自由（政治、宗教、民族和社会的）范围的扩大，财富的不平等日增。但是，在我们的制度中，最根本的事实不是此种不平等，而是大众对其他人的土地和资本的全面依赖。所以，就现代工业制度而言，今天出生的孩子，百分之八十五都是没有保障的。他们自己没有生活资料。他们有双手、有脑袋，却没土地供开垦，没积蓄供创业。更重要的是，今天，能靠农业谋生的只是一小撮人；对棉纺工、铁路工和矿工而言，说他们个人拥有生产资料，是没有意义的。随着大工业的兴起，人们根本不可能把个人主义当作解决经济难题的普遍方法"。

"这样，现代经济条件事实上已废除了（除去家具和衣服等）为了使用的财产权；对大多数人来说，作为生产资料的财产，是为了权力，它只属于相对狭隘的集团之手。随着权力和使用的日益分离，此种反差也越发强化。大地主直接管治他的财产。责任与所有权相伴而生，这责任甚至经受住了土地保有制与政治职责的明确联合。在现代早期，资本家雇主已开始区别于工人，而工人则是前两轮工业革命的主要角色；如其名称所示，他们既是资本家，也是雇主。也就是说，他积极履行着财产权所成就的职责。但是，进一步积累产生进一步的区分。现在，一个不争的事实是：资本占有是一回事，经营是另一回事，随着股份制的兴起，资本已分化为股票和股份。对所有者而言，资本不过是一纸单证或英国银行账册中的一个户头，他可能终生都未曾见到过这些单证和户头，只是每一季或半年获取红利或分担损失。然而，这些投资，这个资本，却支配着世界各地成千上万人的命运。它决定支配和控制着他们的行为和劳动。职能的分离是彻底的。对工人说来，资本所有者只是想象中的抽象、遥远和陌生的抽水机；他正在源源不断地获取工业的成果，但却不曾对工作本身有过任何的帮助行动，这岂不令人惊奇！"

"最后，在投资者背后，是金融家。他们玩弄着所有份额的抽象的资本，控制它们的使用，使自己成为工商业的运作中心。在现代，财产权制度，作为赋予少数人控制多数人生命的权力的手段，已达到登峰造极的地步；对多数人而言，它已不再主要是正常产业、有目的之占有、自由和谋生的基础"。①

在这里，我们看到霍布豪斯已经注意到了资本主义的私有财产制度所引发的问题，一方面，它给人带来自由，但另一方面它又会引发人控制人的现象。所以，他一再提醒我们这种现象是"需要被谨慎注意的"。② 因为如果财产最终带来的是人控制人的结果，那么自由主义追求人的自由的初衷就得不到保障了。这一问题是霍布豪斯对传统自由主义的一种超越，他不像传统自由主义一样只对财产私有进行盲目的坚持。

根据财产的这种特性，霍布豪斯认为现实中要实现经济自由与权力的协调有两种方法。第一种是个人主义的生产方式——如自耕农和个体经营。这种方式把个人生活从社会关系中解脱出来，承认了个人的权利，在事实上支持和表达了自由，在理论上也是毫无瑕疵的。但是在高度工业化的社会中，人们的相互依赖性逐渐加强，这种方式越来越不能满足社会发展的需要，因此这种方法即使不被取消，其地位也会逐渐减小或减弱。另一种方法是将自由的经济表达作为社会的职能，而且这种表达依赖于社会的管理。按照这种方法，财产归属于自治的共同体，但个人也有财产指导他个人的生活。经济权力的依据和行使是为了增进自由。一种经济权力要能增进自由必须满足以下几个条件。

1. 经济组织能使每个人在进行集体表决时均能根据其能力作有效发言。

2. 产业政府能使每个有能力的人都有工作的权利，在产业组织的条件许可的范围内有选择职业与改换职业的权利，有进步的权利，并对自己的劳动报酬享有完全财产的权利。

3. 工人应不须依靠任何外部帮助，而能自行应付生活的寻常事变、疾病、偶然事故、年老和失业，还能抚养其孩子至自食其力。这样，个人就必须拥有一笔适当的收入成为他的财产，有了这些财产，它可以购买足够的可以自由处置的物质资产，并由此建立家庭。

---

① ［英］L. T. 霍布豪斯：《自由主义及其他著作》（影印本），中国政法大学出版社 2003 年版，第 190—192 页。

② ［英］L. T. 霍布豪斯：《社会正义要素》，孔兆政译，吉林人民出版社 2006 年版，第 124 页。

同时，另一方面，"为了自由，产业的最后支配权必须控制在共同体手中，因为这种权力如果由个人掌握，就是在给予个人以支配他人生活的权力"。①

行文至此，我们看到在霍布豪斯的思想里，个人要实现自由，必须占有必要的财产，而财产的私人所有的权力又会演变成控制人的权力。看来，他已经注意到了资本主义财产私人所有带来的不平等问题。他也极力寻找解决的办法。"找到一种与新时代的工业条件相容的方法，使每个人能在工业系统中有自己的位置"。但这种方法绝对不是革命，废除私有制，"并不是说""能够革命性地改变财产权或工业制度而一蹴即就"。②相反，他赞成改良制度，他说历史经验也显示"当人们愿意把问题逐个地予以解决，而不是把它们彻底摧毁以建立一项吸引想象力的全面制度，进步就更持久可靠"。③

那么，这种改良的方法是什么呢？这里就涉及了个人自由对财产的分配要求和经济正义对财产的分配要求的问题。他们两者可以一致吗？霍布豪斯认为可以。那么为了满足经济正义和自由的要求权，共同体和个人的对财产的分配就要覆盖所有的领域。简而言之，就是要让个人能享有"提供使用的财产"。让国家成为"自然资源和继承的财富的最终拥有者"，以及国家"具有工业活动和劳动契约的最高支配权"，也即要把"提供权力的财产"留给国家。国家"对财产拥有某种太上皇的权力，对工业拥有监督权，而这种经济主权原则可与经济公正原则并驾齐驱"。"但是国家行使控制权的方式应通过经验来学会，在很大程度上甚至要靠小心谨慎的试验"。④

---

① ［英］L. T. 霍布豪斯：《社会正义要素》，孔兆政译，吉林人民出版社 2006 年版，第127 页。

② ［英］L. T. 霍布豪斯：《自由主义》，朱曾汶译，商务印书馆 2005 年版，第105—106 页。

③ 同上。

④ 同上。

第五章

霍布豪斯政治思想的原则：自由主义

自由主义是霍布豪斯政治思想的核心和基本原则，他的自由思想主要是受格林自由主义思想的影响。

第一节　对传统自由主义的批判

一　霍布豪斯对自由主义的总体看法

作为一名社会学家和人类学家，霍布豪斯主要从历史的和实证的角度出发来考察自由的发展脉络。在其重要代表作《自由主义》一书中，霍布豪斯阐发了他对于自由主义总的见解。首先他用进化理论回顾了自由主义的历史，并对早期的自由主义和现代的自由主义进行了区分。他认为人是一种社会性的动物，无论在什么时候，人总是生活在社会里。最早的社会组织就是家庭与邻居，然后慢慢发展扩大，形成集体、家族或村社，接着是发展到了中世纪的封建社会。到了15世纪末，庞大的、统一的国家开始形成，而这时的国家也就形成了现代国家的基础。所以，国家的产生就是社会秩序的扩大和改进。而当我们进入了现代时期，情况发生了变化，这个时期的社会建立在一个绝对权力主义的基础上。国王的权力至高无上，并倾向于专制独裁。所以，由于这种扩大和改进也越来越需要权力的集中，最终也就促成了中央集权的产生。中央集权与个人自由形成了冲突，于是争取自由的要求也就随之产生了。因此，争取自由的思想——自由主义也应运而生了。所以，霍布豪斯说："现代国家是从一种权力主义制度的基础开始的，那种制度提出抗议，从宗教、政治、经济、社会以及伦理道德种种方面提出抗议，就是自由主义的历史性开端"。① 因此，自由主义最初是作为一种批判力量出现的，是反对专制和特权的先锋，有时甚至是作为一种破坏性的、革命性的批判。它主要是为了唤醒人类摆脱专制统治，摆脱种族蹂躏，摆脱特权对工业发展的阻挠或赋税的摧残，它的主要目的是消除自上而下的压力，砸烂桎梏，清除障碍。它主要表现在以下几个方面：

第一，自由主义运动是随着社会的发展而发展的。自由主义起源于生活中涉及的个人、家庭和国家之间的关系问题。生活中的各个方面几乎都涉及自由的问题，因此自由主义是和生活共同发展起来的。它同样涉及工业、法律、宗教和伦理道德。自由主义也成了现代世界生活结构的一个贯穿一切的要素。

第二，自由主义是一支有效的历史力量。在历史发展的进程中，我们发现，对自由的追求虽然其任务在任何地方都未完成，但它几乎在每一个地方都获得进展。现代国家，无论是欧洲，还是英国殖民地，北美和南美，俄帝国以及亚洲大陆，它们都或多或少地吸收了自由主义原则，并且或多或少地改变了旧的专制社会。

第三，自由主义是一项运动。一项解放人民、扫清障碍、为自发性活动开辟道路的运动。关于这些原则本身，我们认识到，自由主义在任何一个方面争取的自由斗争都进行了最彻底的斗争、改革。

第四，自由主义的发展史也是平等的发展史。自由与平等总是习惯性地结合。在许多情况下，从一个方面看是争取自由的运动，从另一个方面看却是争取平等的运动。

最后，在自由主义的发展史上，关于自由与平等的界定依然是不清晰的。我们看到在无数例子中，自由的精确定义和平等的精确意义依然是模糊不清的。

但是随着时间的推移，"在长时期内，它的消极作用是主要的，它的任务似乎是破坏而不是建设，是去除阻碍人类前进的障碍，而不是指出积极的努力方向或者制造文明的框架"。② 这些破坏的任务在 19 世纪已基本完成，因为自由主义已经成为英国 19 世纪占统治地位的政治思想，并且

---

① ［英］L. T. 霍布豪斯：《自由主义》，朱曾汶译，商务印书馆 2005 年版，第 6—7 页。

② 同上书，第 7 页。

随着工业革命的完成，上述的破坏任务不仅在思想上、而且在行动上都已逐渐取得了成功。因此，自由主义的任务应当进行转换了，从它的起源的批判性和破坏性的工作转向建设性的工作。并且"重建工作始终是和破坏工作同时进行的，而且将会一代比一代更加重要"。① 因此，总的来说，霍布豪斯的自由主义是以对传统自由主义的批判和重建出现的，其重建的重点是为自由主义的发展提供方向。

二　霍布豪斯对传统自由主义的批判

霍布豪斯所批判的传统自由主义主要是指以洛克、霍布斯等人为代表的天赋权利论（或者称之为自然秩序理论）和以边沁为代表的功利主义学派。

（一）对自然秩序理论的批判

霍布豪斯认为，早期的自由主义在其历史条件内是具有一定的合理性的。因为早期自由主义者"发现人类受到压迫，立志要使其获得自由。它发现人民在专制统治下呻吟，国家受一个征服种族的蹂躏，工业受社会特权阻挠或被赋税摧残，就提供救济"。他们所做的工作是"到处消除自上而下的压力，砸烂桎梏，清除障碍"。② 但是等破坏完成以后，它也需要对社会理论进行必要的重建，并且是要进行建设性的重建。于是他们它立足于人的权利和所谓的自然秩序的和谐，在这些基础上，他们为人身自由、公民自由及经济自由辩护。

早期自由主义的理论宣称人的权利是以自然法则为基础的，而政府的权利则以人的机构为基础。最古老的"机构"是个人，原始社会是个人在家庭感情影响下并为了互相帮助而形成的自然组合。政治社会是人为的安排，是为了获得更好的秩序和维持共同安全这一特殊目的而达成的协议。洛克认为，政治社会是建立在国王和人民之间的契约上的，如果一方违反条款，契约也就终止。卢梭认为，政治社会主要是人民相互之间的契约，依靠这种安排，可以从许多相冲突的个人意愿中形成一个共同的或普遍的意愿。政府可作为这种意愿的机关予以建立，但它从人民那里获得权力，当然必须服从人民。人民是主权者，政府是人民的代表。

① ［英］L. T. 霍布豪斯：《自由主义》，朱曾汶译，商务印书馆 2005 年版，第 7 页。
② 同上书，第 7 页。

霍布豪斯认为，早期的自由主义尽管有着各种差别，但其共同特点是他们都一致把政治社会看成是一种限制，人们为了特定目的而自愿服从限制。即政治社会是人们放弃个人权利而形成的一种对个人权利的限制。而政治机构是屈从和不平等的起源。在政治机构的前面和后面，是自由和平等的个人的集合。因为孤立的个人是没有活动能力的。他享有的权利只被他人的相应权利所限制，除非机缘使他占了上风，否则他无法行使这些权利。因此，他觉得，为了相互尊重权利，最好与他人签订协议；为了这个目的，他建立了一个政府来维护他在社会里的权利，并保护社会免受外来攻击。由此可见，政府的功能是受限制的，可以限定的。这就是：按照社会条件的许可准确地保护人的天赋权利，其他什么都不能做。任何进一步使用国家的强制性力量的行为都是属于违背政府据以建立的协议的性质。一个人在订立契约时放弃了一些权利，这是服从一个共同规则所不得不放弃的——就这么多，不能更多。他放弃他的天赋权利，获得公民权利作为报答，这种权利也许不太完全，但是有集体力量作保证，故而更加有效。因此，你如果想了解人在社会里应该有哪些公民权利，就必须弄清人的天赋权利是什么，它们在什么程度上由于调解人们相互冲突的要求而不可避免地被修改。任何干涉超过这种必要的调解就是压迫。公民权利应尽可能与天赋权利一致，或者如潘恩所说，公民权利就是被交换了的天赋权利。

霍布豪斯认为这种关于国家与个人关系的概念比自由主义据以建立的理论经久得多。它也构成了当时曼彻斯特学派全部学说的基础。霍布豪斯认为传统自由主义的力量不在于其逻辑原则，而在于它为一种符合现代社会某些需要的国家功能观念提供坚实性和一致性。只要那些需要高于一切，这个理论就有存在价值。随着这些需要被满足，其他需要又产生，就需要有一个更充分、更健全的原理。

上述是霍布豪斯对传统自由主义的肯定，但是他认为传统的自由主义也存在一些问题，正是因为这些问题它受到了功利主义的批判和超越。霍布豪斯认为，根据传统自由主义对政府产生及功能的设置，可以看出个人权利的实现必定是依赖于政府的。传统自由主义者也认定只要政府恪守本分，社会便会实现自然的和谐。但是我们也看到，我们根本无法保证政府是纯粹、善良和守本分的。因为政府必定也是由人操作的。也就是传统自由主义的理论中，并没有考虑当政府不守本分，超出了其可能范围之外，成了"害人精"，而权力也随之成为"压迫和停滞的起源"①的时候，社会还会不会是理论预设的那么和谐。霍布豪斯说，尽管这样，新自由主义坚持，当这种情况发生时，如还要实现预期的社会发展的目标，其动力和源泉就存在于个人的行为中。因为个人是社会发展的根本因素。个人自由发挥才能的天地越大，全社会进步的速度也越快。但是，在现实中，如果个人是自由的，任何两个各自追求不同目的的自由人在一起就会发生冲突。要协调和解决冲突，必须寻找一种超越于个人的力量，这样就产生了社会。所以自由的冲突是社会的起源和基础。因此人们的自由要有效，就必须承认某些相互的限制。

但是，在自由主义的历史上，尤其是 18 世纪，特别是在经济领域内，人们流行着这样一种观点，他们认为自然存在着一种预定的和谐。人和人之间的利益天然地是和谐一致的。只要其基本前提存在，也即只要外部秩序是稳定的，暴力是可以被制止的，人们的财产受到保护，人们自觉履行契约，一切就将自然发生，社会将会和谐美好。之所以会出现冲突，主要是人们的意愿存在冲突，并且人们相互之间对这种冲突实现是无知的。而当这种冲突被政府镇压以后就会造成更大的危害。

这种观点还认为，其实每个人都在受自身利益的指导，这种利益会带领他沿着最高的生产力路线前进。在前进的道路上，如果一切人为的障碍都被除去，他会找到最适合他的能力的职业，他从事这项职业效益最高，对社会来说也最宝贵。另外，个人和社会之间有一种天然的和谐。只要个人利益摆脱了偏见和束缚，将会引导他采取与公共利益一致的行动。政府必须不介入冲突，让个人自己去把竞赛进行到底。霍布豪斯认为，个人天赋权利学说就是通过这样被转变成了一种关于个人需要与社会需要和谐一致的学说，这种学说在一个相当长的时期内能满足一大批人的需要以及全社会不少需要。

但是，这个理论受到批评，暴露出一些具有历史意义和理论意义的根本性弱点。其问题首先表现在"天赋权利"的概念上。这些权利是什么，它们以什么为基础？权利作为天赋来说是没有基础的。霍布豪斯引用了1789 年《人权宣言》最重要的几条作为例子进行了批判。

第 1 条，在权利方面，人生来是而且始终是自由平等的。社会差别只

---

① ［英］L. T. 霍布豪斯：《自由主义》，朱曾汶译，商务印书馆 2005 年版，第 28 页。

能建立在最大多数的最大幸福之上。

第2条，任何政治结合的目的都在于保护人的天赋和不可侵犯的权利。这些权利就是自由、财产、安全和反抗压迫。

第3条，全部主权主要属于人民……

第4条，自由在于有权做任何不损害他人之事；因此，一切人行使天赋权利只受必须保证社会其他成员享有同样权利的限制。此类限制只能由法律规定。

第6条，法律是普遍意志的表现。全体公民都有权亲自或委托代表参与制定法律。

这一条的剩余部分强调法律的公正以及全体公民都可担任公职。1793年的宣言更强调平等，讲究辞藻。第3条称："一切人生来平等，在法律面前人人平等"。

霍布豪斯认为，显然这些条文看起来不言自明，但如果仔细思考，我就会发现存在很多问题。

第一，真正要求的权利究竟是什么？"安全"和"反抗压迫"在原则上是没有区别的，而且可以认为已经被自由的定义包括在内了。实质上其意义是："保证其人身和财产自由是每个人的权利"。从这种表述方式可以看出这种权利假定一个有秩序社会的存在，并规定社会的义务是保证其成员的自由。因此，个人的权利不是一种独立于社会以外的东西，而是良好的社会秩序所必须承认的许多原则之一。

第二，平等是被"共同福利"所限制的，自由的领域最终将由"法律"规定。在两种情况下，我们都从个人要么退回到全社会的需要，要么退回到全社会的决定。

第三，人民主权学说基于两个原则。（1）主权属于人民。法律是普遍意志的表现。这里"人民"被认为是一个整体，一个单元。（2）每个公民都有权利参与制定法律。这就产生了一个有关个人权利的问题。民主代议制的真正立足点是哪一个，是国民生活的统一，还是有关个人的事应同个人磋商这一个人固有的权利？

还有一个非常严重的问题：最终权力属于谁？属于人民的意志，还是属于个人的权利？如果人民故意制定一些否定个人权利的法律，对此类法律应该以人民主权名义予以服从呢，还是应该以天赋权利名义不服从？这是个真正的问题，不幸在上述这些方面自然秩序理论都是无法解决的。

（二）对功利主义的批判

霍布豪斯非常认同边沁对自然权利学说的批判。在边沁看来，天赋权利学说将会导致无政府主义。因为人的权利是天赋的，不是建立在明确规定的原则上，根本无法具体说明。当我们说"我有一种权利"、"你没有这种权利"时，由谁来裁决，或用什么来裁决这两个判断何者是正确的，这是无法确定的。而紧接着的一些问题如：所谓的自然法则是什么？它是什么时候制定的，依靠什么人的权威？我们根据什么理由断言人是自由或平等的？我们按照什么原则，在什么范围内维护或能够维护财产权利？这些都无法最终确定。因此，我们看到，天赋权利学说是建立在一种假设的基础上的，在根本上它是无根基的。所以边沁认为，必须有一个最终的衡量标准，这个标准就是社会共同体的利益。比如我们在考虑一个人是否有自由表达意见的权利时，我们"必须问，允许自由表达意见是否对社会有益"。如果允许自由表达意见，错误的意见就会发表出来，会使许多人误入歧途。我们就必须按照结果来评价，也就是如果传播错误意见所包含的"失"是和自由讨论所包含的"得"相抵销，那么就应当认定为是好的；反之，则不然。再比如，考虑国家应否维护私有财产权利问题，边沁认为，如果维护这些权利对全社会有益，就应该维护，如果无益就不应该维护。再者，有些财产权利可能是有益的，其他一些是无益的。社会有权自由进行选择。如果社会发现某些财产只对个人有利，而对共同利益不利，那就有正当理由没收这些财产，同时保护其他根据对共同利益的影响来判断是合理的财产。社会不受个人的"不可侵犯"的权利的限制。社会可随心所欲地对待个人，只要它以集体的利益为出发点。

但是，霍布豪斯也对功利主义存在的问题做出了他独特的批判。首先，他认为功利主义可取的地方在于，它不再像天赋权利学说那样在整个理论的根本上是模糊的。关于功利主义所强调的社会效用究竟是什么，它包含什么，什么是对社会有益、什么是对社会有害等等问题，功利主义的回答是非常简单明白的。它把一个行为带来的快乐数量作为衡量行为价值的标准。认为"最大的快乐原则就是行为的唯一的和最高的原则"。"一个行为……，一个机构或一项社会制度也无不如此。符合这项原则就是有益的，不符合这项原则就是有害的。符合这个原则就是正确的，不符合这个原则就是错误的"。① 霍布豪斯提醒我们必须要注意到功利主义的两个问题。第一，功利主义强调最大的快乐原则。具有愉快是快乐的积极方面，没有痛苦是快乐的消极方面。大的愉快胜于小的愉快，不含痛苦的愉快胜于包含痛苦的愉快。当我们把痛苦设想为一种负数的快乐时，我们只需注重数量和快乐就可以了，其他什么都不重要。第二，受影响的个人的数目是最重要的。一种行为可能使一个人快乐，却使两个人痛苦。如果这样，这种行为就是错误的，除非快乐非常大，每个人的痛苦却极小。我们必须考虑到所有受影响的人，使结果平衡。所以必须坚持的原则是要保证绝大多数人的快乐。至于是他父亲的快乐还是他子女的快乐，他自己的快乐或者一个陌生人的快乐，这个无关紧要。他必须只考虑获得的快乐或受到的痛苦的数量。霍布豪斯认为，从上面的分析我们可以看出，功利主义超越于天赋权利学说的特点在于：（1）对权利的全部考虑都服从于对快乐的考虑；（2）强调数目的重要性；（3）强调人与人之间的平等或公正。此外，霍布豪斯还认为，功利主义学说都赞成自由和民主。但是功利主义学说中平等是主要的，自由不是主要的，它是一种达到目的的手段。人民主权不是主要的，因为一切政府都是一种达到目的的手段。

但是，霍布豪斯认为功利主义虽然有其进步性，它还是存在着一些必须加以超越的问题。

第一，功利主义学说在本质上是与民主相违背的。因为边沁和詹姆斯·密尔认为，人如果听其自然，既不受教育纪律的训练，也不受责任约束，是不会去考虑最大多数人的利益的。他们只考虑自己的利益。一位国王，如果他的权力是不受约束的，就会按照自己的利益来统治。一个阶级，如果其权力是不受约束的，就会按照自己的利益来统治。唯一保证为所有人的幸福着想的方法，是使所有人都享有一份同样的权力。的确，如果发生冲突，多数会占上风，但是这多数中的每一个人会被对自身幸福的考虑所推动，因此多数作为一个整体来说，也被更多人的幸福所推动。个人并没有参与统治的固有权利。在分配快乐的手段时要考虑一个要求，把参与统治工作当作一种实现这个目的的手段。由此可见，如果一个人或一个阶级能够表现得远远比另一个人或另一个阶级聪明和优秀，他或他们的统治比一项人民制度更有助于使更多人获得更多快乐，那么，统治工作就

---

① ［英］L. T. 霍布豪斯：《自由主义》，朱曾汶译，商务印书馆2005年版，第28页。

应该交给那个人或那个阶级去做，任何其他人不得干涉。这样的结果显然与真正的民主是相违背的，因为它成了精英统治的理论依据。

第二，功利主义学说本质上是与公平相违背的。霍布豪斯认为这一学说还存在的问题是，选民的利益在理论上是可测量的，而在实际上却无法测量。而用绝大多数的最大利益作为行动依据也将会造成多数暴政的问题，即多数人可能专横地行动，为了本身占一点小便宜而硬要少数人吃亏。比如，他说英国人绝大多数都喝茶，较少人喝酒。要筹集一笔款项的话，是对茶征税呢，还是对酒征税？在这一点上，绝大多数喝茶的人都有一种可测量的利益，每个人性质相同，程度也大致相同；而多数人投的票，如果能够单单就这个问题，并单单根据个人利益投票，可能被认为代表许多个人利益的总和。不过，即使在这一点上，请注意，虽然最大多数是考虑到了，最大的快乐并没有考虑到。因为要筹集一笔同样数额的款项，由于喝酒的人少，酒税势必比茶税高得多，为了多数喝茶者得到一点点好处，却使少数喝酒者蒙受巨大损失，这显然是与公平相违背的。我们绝不可以把一人的快乐置于另一人的不可避免的痛苦之上，也决不应该把4000万人的快乐置于一人的痛苦之上。这样做暂时也许得计，但是叫一个人为所有人去死，这无论如何是不公正的。

第三，霍布豪斯认为功利主义学说对社会问题的分析上是分离而非整体的，所以它不适用于现代国家的政治。这成了它非常重大的一个问题。由于功利主义只考虑绝大多数人的最大利益，这就使它无法很好地考虑社会生活的其他方面以及社会将来的利益。首先功利主义学说不能考虑社会的其他影响。比如征税问题，霍布豪斯说，选民应该考虑的问题绝不单单是那项税的收入和归宿，另外还要考虑这项税的全部间接社会影响和经济影响。社会是有机的，社会生活没有一部分是独立于其他部分的，正如动物身体没有一部分独立于其他部分一样。而每个人的利益最终无疑是微妙和间接地同整个社会的利益结合在一起的。所以一切公共政策必须从它们影响全部社会生活的角度来考虑。功利主义的考虑显然是片面的。其次，功利主义不能很好地考虑将来或后代的利益。由于功利主义只考虑绝大多数人的利益，可是这"绝大多数人"是否包含将来的人或后代呢？如果包含，那么这个利益我们根本无法衡量，因为未来具有不确定性；如果不包含，那么功利主义维护绝大多数人的最大利益显然是矛盾的，因为未来的人也是人，而且很多事情的影响也只有在一代人谢世以后才能表现出来。功利主义对这个问题显然没有充分估计到。

第四，霍布豪斯认为功利主义把人看作完全受利益支配是错误的。他认为人既不是太聪明，也不是太自私。他们受感情和冲动驱使，会既出于善意又出于恶意地热烈支持一项他们作为个人一无所获的公共政策。所以要了解民主政体的真正价值，我们必须更深入地研究个人与社会的关系。

第二节　"新"自由主义

一　自由及其特点

在对霍布豪斯的自由的内涵进行进一步探讨之前，我们必须首先要注意到前面提到的霍布豪斯对社会的有机定义。因为霍布豪斯的自由是在社会的有机性质的前提和背景下进行讨论的。毫无疑问他是站在有机整体的范围内进行自由探讨的，而不只是从个人的出发点去探讨自由的。同样对传统自由主义的自由内涵的理解，他也是从有机的前提出发的。

（一）自由是积极的而非消极的

对于自由，自由主义先驱们认为，自由是天赋的，人是生而自由的，而现实的人却总是在枷锁中，所以人要突破现实的枷锁而把天赋的自由寻找回来。对这种概念霍布豪斯并不认同，他认为恰恰相反，"人是生而在枷锁之中的，但却无处不在追求自由"，① 而挣脱枷锁、争取自由也成了人类无限发展的动力，每一次自由的前进，也即是人类的一次"新生"。霍布豪斯认为过去人们往往把自由看作是从钳制或束缚的桎梏中解脱出来，这种看法包含有一种"幻想的因素——就是对无限潜能的幻想"，② 也就是只要"让我们从政府、教会、社会秩序以及一切特定责任的自上而下的压力中解脱出来——我们会向你展示我们能够做什么"，他说过去我们"以为只要障碍除去，我们便可以过一种理想生活"。③ 但现实是自由放任后的英国并没有取得想象中的发展，社会反而出现了诸多问题。霍布

---

① ［英］L. T. 霍布豪斯：《社会正义要素》，孔兆政译，吉林人民出版社 2006 年版，第 31 页。

② 同上。

③ 同上。

豪斯认为这都是传统自由观念的幻想的模糊性被夸大了。其实，单纯认为自由就是障碍的去除，我们根本还没有完全理解自由的全部内涵。我们如果对自由加以认真的研究，就会发现它的内涵远比传统自由主义对自由内涵的挖掘要广泛深刻得多。

霍布豪斯认为，自由一词有着广泛的、丰富的内涵，而传统自由主义把自由仅仅看作是外部束缚的解除。认真研究霍布豪斯在《社会正义要素》中探讨自由内涵时所列举的例子，我们可以看到霍布豪斯对自由的看法比传统自由主义要全面得多。比如他说"没有被束缚的手足是自由的。如果将筋腱割断，肌肉便可自由收缩了，血液被压迫通过狭窄的动脉和纤细的脉细血管，但当进入到较大的静脉血管时，其他就'自由'流动。钟摆在其支架上是自由摆动的，车轮是在一个垂直的平面生活围绕它的轴自由旋转的，而且一种装置已经被制作出来了，这种装置能使轮轴自由地垂直转动，这样轮子就能在三个方向上'自由'旋转。如果将阻止物或牵力去掉，能量就会获得'解放'。如果将支架移开，物体就'自由地'堕于地上"。① 我们发现，在霍布豪斯列举这些例子的时候，他始终强调束缚是如何在有机的整体中被去掉，从而才获得相应的"自由"的，而在谈论这些"自由"的时候，他一直使用引号，看来他并不赞同传统自由主义对自由的定义。他说由于这个社会以及世界宇宙的有机整体性，"就物质世界而言，这种解除是永无止息的"，"一个物体或许能从某些特定物，或在某些方面获得自由，但是它将更迅速、更规则地和更彻底地感受我们所见到的人类所熟知的经验——从一种束缚中解脱就会陷入到另一种束缚中去"。② 所以传统的自由主义的自由定义是有问题的。从有机整体的视角看自由，我们会看到各种自由的状况都会有共同的特点，就是有"一些约束"，自由是"在某种限度内"的。所以他认为传统自由主义的自由定义是消极自由观，主要强调的是如何从专制统治和权力的压制下解放出来，主要是指国家不应该怎么样，从否定的意义上进行界定。而到了19世纪末期，随着英国社会形势的变化，这种观点已经越来越不适应社会的需要。在这种条件下，我们必须加以超越，从消极自由观转向积极自

---

① ［英］L. T. 霍布豪斯：《社会正义要素》，孔兆政译，吉林人民出版社2006年版，第32页。

② 同上。

由观（positive conception of freedom）。积极的自由"是指由内部因素来决定，和外部束缚的不存在"。① 人们所追求的自由即对约束的摆脱，这种摆脱能使他按照内心所感觉到的各种活动来生活。人们经常受到各种因素的约束，比如物质障碍、疾病、职业、邻居、环境等方面，这些因素阻碍了人的自决，在"约束"他。所以，人对自由的有效要求，通常是指对他能感觉到的一种特定约束、阻碍的解除。这些阻碍的因素显然是多种多样并相互冲突的，而"当且仅当这些因素之间达到和谐，人才获得自由"。②

霍布豪斯的积极自由观承袭了格林的自由观。1880 年，格林在《论开明立法和契约自由》的演讲中首先提出了积极自由的概念，认为，我们也许都会同意，正确意义上的自由是上帝赐予人类的最大恩惠；实现自由是我们公民所要努力的真正目标。"自由不仅仅是限制或强制的自由，不是不负责任的肆意妄为，也不是仅为某个人或某个集团所独享而剥夺了他人同样自由的自由。我们所珍视的自由，是全体共有的做有价值知识或享有价值之物的一种积极的权力或能力"。③ 这种自由是一种积极的自由，它为善的意志所具有，并始终指向共同善，以共同善为目的。"我们所讲的积极自由，它的目的是平等地解放每个人的能力以为共同之善作贡献，任何人都没有权利违背这一目的"。④

霍布豪斯认为，现在所要求的不是去除障碍，而是要创造机会，具体而言，就是那些获得了公民政治权利的工人阶级而不是中产阶级需要在国家中获得应有的地位。自由有两种意义：一方面，它是一种自由决定，这种自我决定不仅是为个人所坚持的，而且也是为阶级、组织和共同体中的每个要素所坚持的；另一方面，它是个人或者社会中的每个因素为共同生活做出贡献。所以，在霍布豪斯这里，自由的意义并不是传统消极自由所

---

① ［英］L. T. 霍布豪斯：《社会正义要素》，孔兆政译，吉林人民出版社 2006 年版，第33 页。

② 同上书，第33—34 页。

③ T. H. Green, "Lectures on the Principles of Political Obligation", sec, 18。转引自吴春华主编《西方政治思想史》第四卷，天津人民出版社 2005 年版，第 363 页。

④ T. H. Green, "Lectures on Lliberal Legislation and Freedom of Contract", From Works of T. H. Green Langman, London, 1941, p. 199。转引自吴春华主编《西方政治思想史》第四卷，天津人民出版社 2005 年版，第 363 页。

主张的去防止专制权力对自由的侵犯，而是要履行公民的义务和责任来为社会的发展和团结做出贡献。

（二）自由是社会的而非仅个人的

在前面霍布豪斯的生平一章中我们已经介绍过，在中学时期霍布豪斯就阅读了很多密尔的著作，因此霍布豪斯的自由思想也继承了很多密尔的思想。首先，霍布豪斯对密尔的评价是非常高的。他把密尔看作是"一种道德力量"，[①] 他认为密尔是一个"终身学习者"，[②] 霍布豪斯认为密尔既是一个传统的突破者，又是一个传统的继承者。密尔坚持将传统的自由主义同"新的经验和新的思想结合起来，研究他们如何发挥作用"，[③] 同时他也为了保持传统中"真正健康和宝贵的东西"，[④] 研究"如何把他们加以修正"，所以密尔是"独自一人将新老自由主义之间的空隙连接起来"。[⑤]

霍布豪斯认为，密尔对自由的认识是这样的：人们以往争取的自由往往是在政治领域里的"政治自由"和经济领域里的"经济自由"，但是在社会生活领域中，人们由于个性的不同、利益需求的不同，相互之间还存在着很多权利的冲突。因此，在社会生活中人们的自由还是很受限制的。但密尔认为自由并不是一种与公共利益相对立的个人权利，"公众的永久利益是同个人权利结合在一起的"。[⑥] 所以，密尔认为针对社会奴役的现实，除了从政治权利方面外，我们还应当寻找一种社会的自由，并在社会生活中为个人的自由划出一个范围。

在此基础上，霍布豪斯很自然地就继承了密尔关于社会自由的观点，这种自由即坚持个人自由，同时也强调我们在看待自由问题时，应当从整个社会生活的整体上去认识。所以在看待自由时要从社会意义上去认识，首先，要看到"自由只是社会生活的一个方面"，[⑦] "自由与其说是个人的

① ［英］L. T. 霍布豪斯：《自由主义》，朱曾汶译，商务印书馆 2005 年版，第 52 页。
② 同上书，第 53 页。
③ 同上。
④ 同上。
⑤ 同上。
⑥ 同上。
⑦ 同上书，第 62 页。

权利，不如说是社会的必需"；① 其次，"个人权利不能同公共利益冲突，任何权利脱离了公共利益就无法存在"。② 我们要在公共利益中寻找到自己的利益。因此，"互相帮助并不比相互克制不重要，集体行动理论并不比个人自由理论不重要"。③ "自由是建立在社会纽带的精神性质基础上的，是以共同之善的理性特征为依据的"。④ 所以，自由一来是社会的必需，是社会生活的一个重要的组成部分，社会应当享有相应的自由，而个人自由应当建基于整个社会，要从社会整体的意义中去认识自由、把握自由、确定自由的范围。要建立个人自由与社会自由是相互统一的信念，而不应当像传统自由主义那样孤立地看待自由问题，将个人自由和社会自由对立起来。

（三）自由是有限制的而非毫无限制的

既然我们要在社会整体中把握自由，那么，霍布豪斯认为我们对"自由"进行必要的限制则显得非常必要。因为根据自由主义的原则，自由的一个基础是个性，自由的一个目的是个性的自由发展。我们发现，现实的个性是丰富的、复杂的，这样建立于个性之上的自由必然会造成相互的伤害、限制甚至是冲突。所以，根据前述自由既然是社会的，而非仅是个人的，那么在把握社会自由时，我们就应当清楚，这种自由是"一种全体社会成员都能享有的自由，也是一种从那些不伤害他人的活动中进行选择的自由"，这样"任何时代的社会自由都以限制为基础"。⑤ 自由是有限制的，这也是基于两方面的考虑。一方面，我们要考虑自由的好与坏。现实中我们已经有了实践的体验，根据自由放任主义，一部分人的自由伤害了另一部分人的自由。自由放任工业主义导致的结果是为了工业阶级的利益而伤害了贫苦阶级的利益。所以，霍布豪斯认为，毫无疑问，从和谐的意义上来看，"以牺牲他人为代价获得的自由不是好的自由，所有社会在一起的人都能享受的自由才是好的自由"。⑥ 另一方面，人们自由的获得是在对一些人的自由的限制的基础上获得的。"在一个方面对一个人施加限

---

① ［英］L. T. 霍布豪斯：《自由主义》，朱曾汶译，商务印书馆 2005 年版，第 62 页。

② 同上书，第 64 页。

③ 同上书，第 62 页。

④ 同上书，第 67 页。

⑤ 同上书，第 45 页。

⑥ 同上。

制是其他人在该方面获得自由的条件"。① "限制侵犯者就是给受害者自由，只有对人们相互伤害他人的行为施加限制，他们作为一个整体才能在一切不会造成社会不和谐的行为中获得自由"。②

所以，霍布豪斯进一步认为，自由并不应当仅仅以个人主义为基础，而且不应当与组织、纪律和公正等观念相对立。普遍自由的第一个条件是一定程度的普遍限制。没有这种限制，有些人可能是自由的，另一些人却是不自由的，"一个人也许能够照自己的意愿行事，而其余的人除了这个人认为可以容许的意愿以外，却无任何意愿可言"。③

（四）自由是人格和共同善发展的基础

善一直是霍布豪斯所坚持的伦理关怀，他也认为个体的善是个人发展的最终伦理目标，而个体善或个人的永久善在于人格的发展。"当一个人根据他自己的是非认识战胜了一种坏的冲动，他的意志就是坚持了自己的主张，正是通过意志对自己主张的坚持，他的人格获得了发展"。也即人格的发展是基于自决原则的。如果他是被他人的行为所劝诱或刺激而做了一种自我控制的行为，如果行为在他心目中有了一种新的理解，如果行为的更大意义被发现，或潜伏的情感被唤起了——在所有这些情形中，他的善的活动概念都在展开或阐发。但只要他被强制，这种发展就不会发生。反之，强制的程度愈大，那么道德区域越贫乏，意志的获得也趋于无用和萎缩。由此我们看到意志只有在自由而非强制的状态下才会发展。同样，判断也是如此。"如果一个人只是被命令他必须这样或不这样做，他的判断力一点也不起作用，而同时如果他的全部生活也是这样被禁锢，与他自己的思想和情感无关，他的判断力也将趋于萎缩"。④ 所以，个体的善只有通过理智和情感的充分发展才能形成。

霍布豪斯认为这种情况也适用于共同善。因为共同善是侧重于精神事物中的，所以只有通过智力发展的各种条件，通过思想的交流、情感的交融和人们自身经验的精神统一，共同善才能兴盛。由此我们看到当个人的精神得以发展，并且他们的思想、情感能够自由交融，从而形成一种一致

---

① ［英］L. T. 霍布豪斯：《自由主义》，朱曾汶译，商务印书馆 2005 年版，第 45 页。

② 同上。

③ 同上书，第 9 页。

④ ［英］L. T. 霍布豪斯：《社会正义要素》，孔兆政译，吉林人民出版社 2006 年版，第 47 页。

性的意见时，个人与社会之间就达到了一致。个人融入到社会整体中，社会整体以整体的精神或意义贯注于个人中。这样社会中人格获得了发展，社会作为整体也获得了发展。但是如果"对某一形态或观点的纯粹的压制或清除，不能产生这种发展"，我们只有"将反对的因素进行更改，使之进入更高或更广的概念关系中，会发现在这种概念关系中所存在的，不仅仅是纯粹的容忍，而是一种积极的功能——例如自由的赐予使反叛的人们变成了忠实的臣民，而这便是发展"。① 所以要使人们达成一致不是通过强制或压迫，而是通过引导，这种引导是通过自由来实现的。所以自由对于无论是个人还是集体的进步来说都是必须的。

因此，在自由的要求下，我们需要有相互忍让和相互帮助的精神，而相互忍让是培养社会人格发展的一个非常重要的因素。同样，这也就要我们接受可能的各方的启迪和批评。"容忍歧异，超越差别，而心中有一种更为深刻的一致性，这种宏大的度量在不完美的社会中，是达到最高和谐的条件"。②

（五）自由和强制的范围：共同善

霍布豪斯认为，尽管我们为了一致性的获得，需要允许一种普遍无限的自由，然后在这些差别中寻求一些共同性，并相信人们可以从他们的错误中学会理性地行动，但是我们却忽视了一个问题，也就是"忽视了甲的过失或罪行对乙、丙以及整个共同体的幸运的影响"。③ 于是问题就不是普遍自由与普遍约束之间的问题了，而是变成当一种自由和另一种自由对抗，或一种约束与另一种约束对抗时，我们该做何选择的问题了。霍布豪斯说，在考虑这些情况时，我们首先在观念上要坚持我们不是为了约束甲而使其改变的，而是在挽救乙和共同福利。这样问题就不是在两者中做简单的选择了，而是在维护共同善的前提下，如何进一步尽量扩大权利的问题了。由于权利是全体康宁的主要条件，所以，我们必须制止任何对权利的侵犯，无论是用武力、欺诈的侵犯，还是利用有利条件的侵犯。任何恶性对于全体的康宁都是一种威胁，因为它给人以榜样、暗示和熏染，降低

---

① ［英］L. T. 霍布豪斯：《社会正义要素》，孔兆政译，吉林人民出版社 2006 年版，第48 页。

② 同上。

③ 同上书，第50 页。

了道德标准，树立或促进坏的风尚。其次，在考虑两者的选择时，"应当根据共同福利的条件而定"，① 也即考虑健康、安全、经济效率等条件。

（六）自由与法律并非对立，而是以法律为保障的

霍布豪斯认为，尽管自由和强制的应当以共同福利为范围，但是我们应当如何去做到呢？或者说，现实中的自由是如何被保障获得呢？他举了一个例子。比如，各商店协商缩短营业时间，但是由于有少数商人甚或是一个商人，为使他在竞争中取得优势，能够击败多数的商人，不愿意遵从，从而导致这项努力失败。在这种情形下，如果他们认为合适，有早关铺门的自由，也是无用的。在实践中他们是受少数人操纵的。这多数人要贯彻他们的意志，唯有求助于法律，或将自己组织起来。所以，法律是自由的保障。如果离开法律规章，少数人便能妨害和挫败多数人，而多数人只有求助于法律（或依靠他们自己的组织），才能按照他们的方式去做。在这种情形下，法律规章初看起来像是对自由的纯粹限制，而在事实上是保护更多人自由的途径。自由从来就是法律下的自由，法治是走向自由的第一步。

当然，在法律保障下的自由在某种程度上也可以看作是一种限制。因为"法律对个人施加限制，因此它在一个特定时候和一个特定方面与个人自由是对立的。但是法律同样也限制他人随心所欲地处置个人。法律使个人解除了对恣意侵犯或压迫的恐惧，而这确实是整个社会能够获得自由的唯一方法和唯一意义"。②

但是，法律保障下的自由要有一个先决条件。即在我们假定法治能保证全社会享有自由的时候，法治必须是"不偏不倚、大公无私的"。因为我们看到，既使在专制国家也有法律，但是它保护的是少数人的自由。正如传统自然权利学家所认为的，在全体人民在自愿的前提下共同协商制定契约，而且缔约双方之间要大体上平等的前提下，制定出来的契约才能对于每个人都是平等的。同样，法律也必须是在这样的前提下制定出来，才会不偏不倚、大公无私。"一个人被他人控制是不自由的，只有当他被全社会必须服从的原则和规则所控制时才是自由的"。当然，仅有立法平等

---

① ［英］L. T. 霍布豪斯：《社会正义要素》，孔兆政译，吉林人民出版社 2006 年版，第 54 页。

② ［英］L. T. 霍布豪斯：《自由主义》，朱曾汶译，商务印书馆 2005 年版，第 9 页。

还不够，执法和司法也必须平等。霍布豪斯认为，要真正保障法律面前人人平等，还"要求有一种能保证公正地实施法律的诉讼程序"，"要求司法部门独立，以保证政府及百姓之间处于平等的地位"，"要求诉讼费用低廉，法院大门敞开"，"废除阶级特权"等。①

霍布豪斯认为要实现自由，必须有法律作保证，但是仅有法律还是不够的，因为法律有时也存在缺陷：第一，法律的制定和维护可能取决于最高统治者或寡头集团的意志；第二，法律对制定法律的人以外的人可能是不公正和压制性的。而法律要保护自由，我们就必须保证法律是不偏不倚、大公无私的，必须保证法律面前人人平等，不管是对政府或者百姓、贵族或者平民、富人或者穷人都必须一视同仁，这是用法律保护自由的一个先决条件。所以为了维护和争取自由，一方面要通过法律，另一方面还要废除坏的法律和推翻暴虐统治。

（七）自由是社会和谐的结果和原因

霍布豪斯认为，混乱的状态和压制的状态都不利于意志的自由发展，而当意志发展趋于和谐的时候，各种意志才能完全自由。所以，和谐的结果是带来自由的实现。但同时和谐在最广的意义上是一种精神成就，就是在合作的统一中心智能力的自律所达到的成就，而这种自律就是自由，所以自由是社会和谐的原因。

（八）自由有社会的自由和非社会的自由

霍布豪斯对自由进行了一个划分，认为自由有非社会的自由和社会的自由两种。"非社会的自由指的是一个人只顾自己愿望或利益而行使其权力的权利，它与一切公共控制相对立"。② 这种自由其实就是指不考虑社会利益的自私自利的个人自由。我们认为这种个人自由在理论上是可能实现的。典型的例子就是古代专制国王，他享有的就是这种自由。而现代社会是一个复杂的社会，人们的利益是多元化的，人们的需求是多样化的，更重要的是人们都是生活在分工与合作的背景下的，"生活在相互交往条件下的众人是不可能实现"非社会的自由，"除非一切人的愿望都自动向社会目的看齐"。③ 因此人只能拥有社会的自由，"它是一种全体社会成员

---

① ［英］L. T. 霍布豪斯：《自由主义》，朱曾汶译，商务印书馆 2005 年版，第 10 页。

② 同上书，第 44 页。

③ 同上书，第 45 页。

都能享有的自由，也是一种从那些不伤害他人的活动中进行选择的自由"。① 因此，"以牺牲他人为代价获得的自由不是好的自由，所有生活在一起的人都能享有的自由才是好的自由，这种自由取决于法律、习俗或他们的感情使他们防止互相伤害的圆满性并用这种圆满性来衡量"。②

二 自由的内涵

霍布豪斯对自由主义内涵的思考是在传统自由主义的理论基础上对现实作出的批判和理性构建形成的。在其重要的自由主义的代表作《自由主义》中，他提出并总结了自由主义的诸要素，或者是自由主义的范围，这些要素包括：公民自由、财政自由、人身自由、社会自由、经济自由、家庭自由、地方自由、种族自由、民族自由、国际自由、政治自由等。我们发现他所谓的这些自由呈现出了前所未有的丰富性，这里既有传统自由主义坚持的诸如公民自由、政治自由、经济自由等，又根据时代的变化，提出财政自由、民族自由、种族自由、国际自由、社会自由等。这诸多自由也让我们感受到了交叉性和凌乱性，但其实霍布豪斯提出的这些自由要素也还是内在地存在着一定的结构性的。接下去的分析将首先揭示其自由要素的结构性特征，然后再具体地分析各种不同自由要素的内涵。

（一）霍布豪斯自由诸要素的结构性特征

在《自由主义》一书中，霍布豪斯提到的第一种自由就是公民自由，其实就是司法自由。霍布豪斯认为公民自由（司法自由）是自由的首要的、前提的条件。自由最终的目标是政治自由，也即人民主权。而其他的诸如财政自由、人身自由、社会自由等是自由诸要素，是达到政治自由的途径。如用图表表示，则如图5-1所示。

（二）自由的内涵解析

1. 公民自由：法治自由

霍布豪斯认为从自由的逻辑发展角度以及自由主义的历史意义角度出发，自由主义第一个要攻击和反对的就是专制统治。因为在专制时代，一个人对另一个人是没有合法权利的，他完全受另一个人支配，被人随意摆布，是那个人的奴隶。这是一个"无权"的人，他没有权利。而在一些

---

① ［英］L. T. 霍布豪斯：《自由主义》，朱曾汶译，商务印书馆2005年版，第45页。
② 同上。

```
┌─────────────────────────────────────────┐
│       目标：政治自由（人民主权）          │
└─────────────────────────────────────────┘
                     ⬆
┌─────────────────────────────────────────┐
│ 自由要素、途径：财政自由、人身自由（思想自由和宗教自由）、│
│ 社会自由、家庭自由、地方自由、种族自由、民族自由、国际自由 │
└─────────────────────────────────────────┘
                     ⬆
┌─────────────────────────────────────────┐
│   首要、前提条件：公民自由（法治自由）     │
└─────────────────────────────────────────┘
```

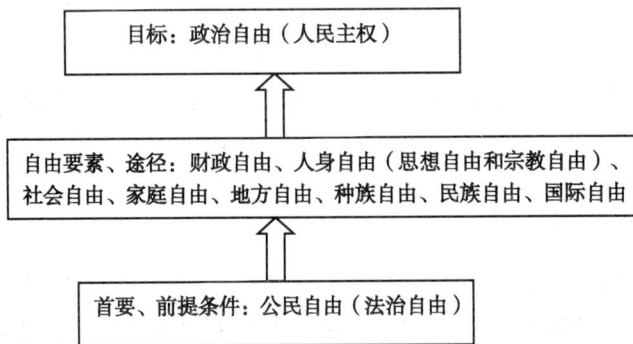

图 5 – 1　自由诸要素结构

君主国里，表面上看起来，臣民按照管理享有人身权利和财产权利，但是对于国王而言，其最终是没有权利的。因为在这些国家里，全凭国王的个人好恶来决定一切，人民最终没有任何的决定权利。所以，霍布豪斯说"专制政府是 17 世纪英国议会的第一批攻击目标之一"，"自由的第一步实际上正是要求法治"。① 对于这一点，洛克早就说过："处于政府之下的人们的自由，是要有一个长期有效的规则作为生活的准绳，这种规则由社会所建立的立法机关制定，并为社会的一切成员共同遵守"。因此，霍布豪斯认为"自由统治的首要条件是：不是由统治者独断独行，而是由明文规定的法律实行统治，统治者本人也必须遵守法律"。"自由和法律之间没有根本性的对立。相反，法律对于自由是必不可少的"。②

同时，霍布豪斯认为基于法律行使自由的权利，还要有一个先决条件，那就是这个法律必须是良法，而非恶法。良法必须是不偏不倚、大公无私的。"如果一条法律是对政府的，另一条是对贵族的，另一条是对平民的，一条是对富人的，另一条是对穷人的，那末，法律就不能保证所有的人都享有自由"，③ 那这个法就是恶法。基于自由就意味着平等的意义而言，它既要求法律适用的平等性，同时也要求法律实施的平等性。所以，传统的自由主义才要求有一种能保证公正地实施法律的诉讼程序，才要求司法部门独立。由此，我们也可以看出，其实霍布豪斯的公民自由其

---

① ［英］L. T. 霍布豪斯：《自由主义》，朱曾汶译，商务印书馆 2005 年版，第 9 页。

② 同上。

③ 同上书，第 9—10 页。

实就是法治的自由。这是所有其他自由实现的最基本的、首要的前提
条件。

2. 人身自由：思想自由和宗教自由

关于人身自由、思想自由以及道德自由，实际上霍布豪斯对它们的界
定也不是很清晰，在使用时也显得比较混乱。纵观他的作品，我们发现他
们在内涵上是有很多重复之处的，比如在《自由主义》一书中，他主要
以人身自由来单独分类，而人身自由主要有两方面的内容，即思想自由和
宗教自由，思想自由是人身自由的基础，思想自由就自然派生言论自由、
著作自由、出版自由、和平讨论的自由以及宗教自由。这里我们更多的是
看到传统自由主义的体现以及霍布豪斯对自由主义的创新。而在《社会正
义要素》一书中，他又常用道德自由来代替意志自由，他说"道德的、
社会的和政治的自由是理性动物的特性"，[①] 而此时道德的自由主要是意
志的自由。本人认为，之所以会出现这样的现象，我们必须考虑两部作品
出现的时间。《自由主义》是霍布豪斯对传统自由主义的总结和阐发他自
身对自由主义理解的一部著作，他在写作时必须考虑到历史的传承性，在
使用时更注重对传统的继承。而《社会正义要素》出版于 1921 年，十年
间社会现实发生了诸多变化，霍布豪斯在思想上也有了较多的变化，尤其
是 1914 年的第一次世界大战，让他深刻地认识到，任何社会的发展都必
须考虑到它的伦理目标。于是，道德自由便应运而生了。而道德自由的基
础也是意志自由。也正是这种道德自由，让人实现了个人自我内部的和
谐。因此，道德自由与意志自由，他们之间具有历史性的交叉与重合。

关于道德自由或者意志自由，其主要内容如下：

第一，道德自由是要"摆脱外部势力的束缚"。[②] 这种外部束缚主要
来自两方面，一种是外部的物体，另一种是内在的冲动。首先，道德自由
是摆脱内在的冲动的束缚。

霍布豪斯认为，人的行动源泉在于冲动，冲动是人的本能。而冲动在
不同的人身上又有不同的体现，这样冲动之间必然形成冲突，所以人类又
发展出了感觉。感觉是一种意识方式，其生物学的功能就是对冲动进行调

---

① ［英］L. T. 霍布豪斯：《社会正义要素》，孔兆政译，吉林人民出版社 2006 年版，第
32 页。

② 同上书，第 35 页。

节和控制。但是感觉对冲动进行调节和控制时并不一定是"有意识目的的"，①就如小鸡啄食一样，有可能是基于过去的经验。但是我们发现，基于过去的经验我们逐渐形成了将来的观念。也就是当我有一次经过苹果树下，偶然摘了一个苹果，吃了一下觉得挺好吃，并且能够解决饥饿问题，那么我就有了一次经历，由于人有记忆和期望，我们就会记住苹果能吃并且期望能再一次摘到苹果，于是我们就形成了一次关于将来的目的观念。于是我们发现当冲动具有这样的观念并被其所引导时，欲望也就因此形成了。因此欲望就是有目的并被目的所引导的冲动，而欲望也因此根植于冲动和感觉的两方面。但欲望根源的双向性会使其产生冲突。因为愉快的经验往往只根植于冲动和感觉中的一个，这样欲望与愉快的经验之间就会有两种可能。一是它们会协调一致，但永远无法在实际上达到。另一种情况是，两者冲突、不一致，这样会带来一种失望。对经验的控制不足以克服原始冲动，于是我们被迫期望给我们带来伤痛的东西。于是，经验就让我们逐步地进行协调，使冲动与我们的目标一致化。在这样一种进程中，我们明显感觉到虽然表面上看起来是由外部的事物，如上述例子中的苹果而影响意志的，但最终是什么在起作用，或者说是什么在产生控制作用呢？应当是内心的冲动或情感。就是通过这种机制，人实现了自身与外部关系的和谐。为了更加充分地说明这一点，霍布豪斯又举了一个例子。"我行为的对象，尽管其本身而言是在我之外，但要诉诸我，则要通过感觉和兴趣，而感觉和兴趣就是我的一部分。我爱甲，我嫉恨乙，我的饥和渴，我的冷和热，使我采取某种行动，追求甲或乙，吃和喝，生火或开窗。我所做的有关两方的所有行为，不过是我内部的一些事物的表现。确实，动念的最先激发是来自外面，但如果它不能在我内心引起反应，也将归于幻灭。有些时候，似乎是对象在进行着统治。'钢铁压迫着人们向前'。'女人诱惑我，所以我堕落了'。但是我们应谴责的是'自我'内心中的叛逆性因素，因为即使有诱惑和专制存在，而产生专制作用的仍然不过是我内心的一些冲动或情感。相反，如果我的'自我'作为一个整体能是它自己领域内的主任、统治者，或者更妥当地说，是它的所有情况、兴趣和冲动等等的领导者时，那我就能摆脱这种专制，是'自由'的。因此道德自由并不需

---

① L. T. Hobhouse, *The Rational Good*, London：George Allen & Unwin Ltd.，1921，p. 42.

要离群索居，而是如前所说，是整个自我在无数关系中的和谐，这些关系构成了自我的兴趣之网"。① 这种自由也就是意志自由或者自由意志。而这种自决也就是道德自由。

第二，道德自由是指摆脱它自己过去的束缚。霍布豪斯认为限制人的自由发展的一个很重要的问题就是人受到过去的限制。这里主要包括两个方面的过去，一是外在环境的过去，比如过去我的家庭是贫穷的，将来我也很难摆脱贫穷的状态；过去我是处在底层的，将来我也很难突破底层状态。一个人只有在这个方面能够达到突破，才有可能是自由的。关于这一点，我们看到霍布豪斯主要是由于看到社会中的贫富分化以及代际贫困的现象所引发的思考。我们认为这一方面的自由毫无疑问是非常重要的。另一方面，道德自由要摆脱的过去就是自我内在的过去。一个人只有不断突破内在过去的自我，才有可能达到真正的自我和谐。

第三，道德自由是指自我在无数关系中的和谐。由于霍布豪斯同时是社会学的专家，他非常清楚社会关系对人产生的影响。所以他认为，在一个人无数社会关系中能处于和谐的状态，才能使一个人达到真正的自由。

第四，道德自由是内在的和谐一致。在关于人的问题上，霍布豪斯一直非常重视冲动、意志等心理因素对一个人的发展的基础性作用。他认为人的发展主要是受到冲动、情感、行为和经验所影响的。当一个人的这些内在要素是和谐的，那么这个人将是自由的，如果这些内在的要素是冲突的，那么这个人将是不自由的。

道德自由的实现：

第一，思想自由。思想自由——一个人头脑必须是"由人自己来统治的内在堡垒"，"形成的想法不受他人审讯"② 的自由。

第二，思想交流的自由。但是思想不单纯是个人的产物，从某种意义上来说，是属于社会产物，只有通过交流才能获得思想。因此要获得思想自由，首先要获得思想交流的自由，相应的，思想自由就附带地必须有言论自由、著作自由、出版自由以及和平讨论的自由。

道德自由的底线：

---

① ［英］L. T. 霍布豪斯：《社会正义要素》，孔兆政译，吉林人民出版社 2006 年版，第38—39 页。

② ［英］L. T. 霍布豪斯：《自由主义》，朱曾汶译，商务印书馆 2005 年版，第11 页。

同时，霍布豪斯对上述的自由还存在犹豫。他认为这种自由还存在一定的底线。他说由于"言和行在某一点上很难区别，言论自由可能意味着制造动乱的权利"，这样"自由的界限无论在理论上还是实践上都不易划定"。"他们把我们直接引向自由和秩序可能发生冲突的许多点中的一点"，① 而正是这种实际可能造成冲突，让理论也陷入了冲突。因此，并不是所有的言论都可以自由讨论、出版，并不是所有的言论都应该是自由的。思想自由、言论自由等都必须符合共同善原则。

由此，附带地就引发了对另一个问题的探讨，即宗教自由问题。因为虽然宗教是个人的事，但也是社会的事。宗教自由引起"冲突的可能性也不小"。② 因此，"这种自由绝不能认为是绝对的"。③ 所以，霍布豪斯认为宗教自由作为一种权利来讲，应当包含两方面的内容，一方面它应当包括思想自由和言论自由，这是宗教自由的积极性的一面。另一方面它是一种"不伤害他人、不破坏公共秩序的崇拜权利"。④ 这是宗教自由的消极性的一面。这消极性的一面也形成了宗教自由的界限，这就是要避免不必要地伤害他人的感情，要避免破坏公共秩序。对于历史上曾经存在过的一些宗教崇拜，霍布豪斯认为这是不为现代文明所容纳的。他说："任何一个现代国家都不会容忍一种以吃人肉、以人为祭品或焚烧巫婆为内容的宗教崇拜"。⑤ 霍布豪斯认为对宗教自由的这一底线的规定，虽然会引起社会的紧张度或是可能会引起一些不公正，但是为了社会秩序的缘故，言论自由应当有某种"礼节和克制"。⑥ 一个人有宣传信条或宗教的自由，"但是没有身体力行以致侵犯他人权利或破坏和平的自由。言论和信仰只要是表达个人的虔诚，就都是自由的。一种宗教灌输的仪式如果侵犯他人的自由，或者更广泛地，侵犯他人的权利，这种仪式就不配享有绝对的自由"。⑦ 此外，宗教自由不应当仅仅是单纯的信仰自由，由于信仰是关乎内在精神的，"一个人的宗教是同他最内心深处的思想感情并列的。它是他本人对

---

① ［英］L. T. 霍布豪斯：《自由主义》，朱曾汶译，商务印书馆 2005 年版，第 12 页。

② 同上。

③ 同上。

④ 同上。

⑤ 同上。

⑥ 同上。

⑦ 同上书，第 13 页。

生活、对人类、对世界、对他自己的起源和命运所持的态度的最具体的体现"。"因此，没有一种真正的宗教不是充满个性的"。① 所以真正充分的宗教自由意味着充分的宗教平等。一方面，信仰权利与其他权利一样平等。一个人信仰一种宗教，不应当会对他的其他权利产生影响。"任何信仰只要伴随着诸如开除职位或剥夺受教育权利等惩罚，宗教自由就是不充分的"。② 另一方面，不应当把任何宗教强加于任何人。霍布豪斯认为，正因为宗教是精神的和充满个性的，那么假如任何一个人企图把一种宗教强加于人，就会产生突出的矛盾。虽然说，这样的想法和企图并不是很恶劣，但是强制的办法根本无法达到让一个人信仰宗教的目的，强制信仰是不可能实现的。"那些想从外部以机械手段强使人们改变信仰的人，是对真正的宗教犯下弥天大罪。他们自欺欺人，对他们感受最深的东西的性质一无所知"。③ 由上述的分析，我们可以看出，霍布豪斯的人身自由主要是指内在的精神的自由。

3. 财政自由：纳税自由

通过对历史的分析，霍布豪斯意识到有一种自由是在日常生活中被普遍地感受到，并且会比前述的公民自由引发更大的社会冲突，这就是关于税收的问题。历史显示不合理的税收会引发更尖锐的社会问题，从而导致社会陷入分裂的危机，例如英国斯图亚特王朝、乔治三世等横征暴敛，分别使本国的事态陷于危机。而导致法国大革命的直接原因是法国的贵族和教士拒绝承担他们的一份财政义务。霍布豪斯认为关于以税收为中心的财政自由主要有两个方面的问题。一是税收应当随时进行调整，而不应当由法律规定以后就一成不变，因为社会生活是不断变化的，作为社会生活反映之一的捐税也应当随之而改变。二是由于公民自由涉及的是立法和司法自由的问题，政府的行政机关的行为也应当有相应的限制和监督。这种限制和监督一种方法是通过法律来进行，另一种方法是由人民来进行，而人民也主要通过代表制的方式来进行。代表们通过直接和经常的社会监督来维护自身的权利，历史上存在"无代表，不纳税"的呼声就是这种民意的体现。

---

① ［英］L. T. 霍布豪斯：《自由主义》，朱曾汶译，商务印书馆 2005 年版，第 12—13 页。

② 同上书，第 12 页。

③ 同上书，第 13 页。

4. 社会自由：从事职业和就业的自由

提出社会自由是霍布豪斯较为创新的一个地方，而这也是很容易引起误解的一个地方。关于社会自由目前有两种观点，比如吴春华教授认为强调社会自由是霍布豪斯自由思想的一个显著特点，并在分析的时候把社会自由等同于社会的自由。目前王同彤硕士以及曹兴平硕士在其硕士论文中也持有这样的观点。而林秋琴在其硕士论文的分析里认为吴春华教授的分析是不正确的，她认为霍布豪斯在《自由主义》中明确表示社会的自由只是自由这一概念的一个方面，而社会自由是自由主义诸要素之一，两者蕴含的内涵是不一样的。对此，笔者赞同吴教授的分析，因为自格林开始，把自由从个人转向社会，从而寻求社会问题解决的办法，是新自由主义之所以为新的最为基本、也是最为显著的特点。在其政治思想的哲学基础，权利、义务理论里，霍布豪斯就明确提出，社会、共同体也存在权利，因此这里的社会自由应当是社会的自由。

但是霍布豪斯在分析社会自由时，尤其是在《自由主义》一书的专门论述中，却在社会自由条目下的内容中把大量的篇幅用于分析社会通过社会等级组织的方式对个人实行限制。在篇首他认为"这类限制把某些职位、某些职业、受教育的权利或至少是受教育的机会保留给某个阶层或阶级的人"，[①] 这种限制就是一种种姓制度，这种限制既是社会的，又是法律和宗教的。在篇中他还论说了争取自由的斗争也就是争取平等的斗争。如果要实现选择和从事职业的自由，那么就必须有平等地从事此类职业的机会。在本篇的末尾，他提出性别限制和阶级限制一样，严重地限制了妇女的发展，所以他非常推崇"为妇女开辟道路"。[②] 由于这样的写作和分析顺序，很容易让人把社会自由误解为社会对个人限制的取消。

可是如果我们再进一步深入分析，就会发现，霍布豪斯认为为了让人们能有平等机会从业，就必须给他们平等的受教育的权利，而这种权利的实现仰赖于社会，所以才实行了公费教育制度。同时他还说"团体或准团体（如工会）的社会价值是不容忽视的。经验表明，工业问题上必须有某些集体管理的措施……自由主义一个明确的原则是：团体成员的身份不

---

① ［英］L. T. 霍布豪斯：《自由主义》，朱曾汶译，商务印书馆 2005 年版，第 14 页。
② 同上。

应依靠任何继承资格，也不应为获得这种身份设置任何人为困难"。①

从上述的分析，我们可以看出，霍布豪斯所坚持的社会自由的核心和根本是从事职业和就业的自由。

5. 家庭自由：妇女和儿童的自由

霍布豪斯认为社会中的联合组织是各种各样的，比如国家、城市、社区、团体、家庭等，人们往往隶属于上述的各种不同共同体之中，其中最小单位的共同体恐怕就是家庭了。而这之中"家庭这一小型社会是最普遍的"，几乎每一个人都处在一个家庭之中。同时家庭这个小型组织也是"具有强大的独立生命力的"，② 其他的很多联合组织都随着时间的推移、历史的转换而发生了相应的变化，唯独家庭从形成以后一直发展至今。因此，毫无疑问，我们应当考察一下在家庭中的基本成员的自由状况。任何社会的家庭的状况即是该社会的现实在家庭中的一种反映，家庭是社会的缩影。如若在家庭中其成员的自由得不到保障，那么更为外在的所谓社会自由与政治自由等是无从谈起的。

由于自由主义的一个非常重要的任务就是反对和推翻封建制度，因此，霍布豪斯也首先对历史上专制社会当中的家庭进行了考察。他认为在专制社会，专制家庭是专制国家的缩影。从历史上看，自从有了家庭，在父权制社会之下，家庭中的专制主要体现在妇女和儿童是男人的附庸，是家庭的"私有财产"，"丈夫在很大程度上是妻子和子女的人身财产的绝对主人"。③ 这样对一个家庭而言，丈夫似乎有某种程度的自由，但其中的妇女和儿童由于是受制于男人的，就没有自由而言。这与自由主义所提倡的每一个个体的自由是相悖的，这种情况下，显然不存在真正的自由。因此，自由主义运动在工业革命完成之后的解放运动就是要实现家庭中妇女与儿童的自由。具体而言主要有三点：

第一，"使妻子成为一个完全承担责任的人，能够拥有财产、起诉和被起诉、自己经营业务的权利，并对她丈夫享有充分的人身保护"。④ 即妇女要有财产权、法律上的平等以及由上述两种权利而引发的自我谋生的

---

① ［英］L. T. 霍布豪斯：《自由主义》，朱曾汶译，商务印书馆 2005 年版，第 14 页。

② 同上书，第 17 页。

③ 同上。

④ 同上书，第 18 页。

权利。用更为概括的话而言，就是妇女拥有经济平等和法律平等的权利。无疑，在这里笔者认为，霍布豪斯认识到了妇女解放的本质性问题，只有做到经济独立和受法律保护，妇女才能真正成为一个独立的自由人。

第二，"尽可能按照法律在一个纯粹契约性的基础上建立婚姻，婚姻的圣礼按照双方宣布的宗教仪式办理"，[1] 在争取到经济独立和法律平等权利以后，对妇女而言，最为关键的就是在婚姻中的权利了。通过婚姻妇女就与另外一个男人建立了不可磨灭的联系，假如这种联系是专制的，甚至是非人性的，那么这个妇女就永远陷入了不可回复的深渊，这无疑对妇女的自由而言是最大的限制。因此，对妇女而言，婚姻自由是其所拥有的自由权利中极为关键的要素。因为在过去，当婚姻成为专制统治的一种方式时，妇女即沦为会说话的工具、私有财产，这无疑对道德自由是最大的磨灭，也是一种非人性的制度。因此，妇女必须实现婚姻自由、平等。

第三，为儿童争取肉体、精神和道德上的关怀。上述第一项和第二项都是关系到妇女的自由权问题，而这种自由权同时也是一种平等权的问题。在家庭中另一个需要考虑其自由的对象就是这个家庭中男人和女人结合的产物：儿童。在过去，由于妇女的从属地位，儿童也相应成为男人的所有财产，一些家庭中的儿童成为另一些家庭的奴隶。由此，儿童的各方面，物质上、精神上等都不能得到很好的照顾。所以儿童也应当与母亲一样要有独立、平等的权利。但儿童又有其特殊性，由于儿童是未成年人，并不具有完全的自我发展能力，其生存和发展是有赖于外部环境的。其权利有赖于外部环境的努力。霍布豪斯认为，既然家庭是一个普遍的小型社会，那么儿童首先应当归属于家庭，所以家庭中儿童的生产者——父亲、母亲，对儿童首先具有一定的不可推卸的责任。同时，根据自由与和谐的原理，任何一个个人都分属于一个整体，任何一个小的整体都分属于更大的整体。个人与整体之间相互支持。因此，对于儿童，家庭和国家都应当承担相应的责任。家庭和国家要共同地为儿童争取肉体、精神和道德上的关怀。而其中国家是"儿童权利的基础，是保护儿童免遭父母疏忽的基础，是儿童作为未来公民将会要求的机会均等权利的基础，是他受训练以便成年后在社会制度中履行职责的基础"。[2]

---

[1] ［英］L. T. 霍布豪斯：《自由主义》，朱曾汶译，商务印书馆 2005 年版，第 18 页。

[2] 同上。

在这里，我们看到了霍布豪斯很具有人道主义与具有远见的一面，同时他也让我们看到了儿童作为社会将来发展的继承者，是为社会所有的一面。

6. 经济自由：契约自由与联合自由

霍布豪斯提出的经济自由主要是指在经济领域中的自由，主要涉及两方面的内容：契约自由与联合自由。

霍布豪斯认为，就契约而言，真正的自由要求缔约双方之间大体上平等，"大体上给予每方在订立和拒绝契约之间的真正选择权"，[1] 否则就会出现一方强制或压迫另一方的情况，必须避免为相互利益订立契约。"权利可能会被一强者利用，在协议中对弱者强加非常不利的条款，导致弱者的地位逐渐恶化，最终整个阶级可能会被另一阶级所征服"[2] 的现象。

与契约自由紧密相连的是联合自由，联合自由也是契约自由的引申。[3] 霍布豪斯认为，如果人们基于共同利益缔结一项协议，只要不损害第三方的利益和权利，显然会愿意组织联合，愿以同样条件对任何一个具有共同利益的目的采取一致行动。只要愿意他们是可以联合的。

但同时，霍布豪斯也提醒我们，联合也会产生联合的问题。首先联合一旦形成，便具有其个别成员所没有的力量，因为"联合的力量是一样和各个组成联合的人的力量大相径庭的东西"。[4] 它就会对一些个人行使强制的权利，而这种权利，这些个人在形成联合、进入团队之前是怎样也不会存在的。因此，联合会对个人自由产生威胁。其次，"联合可以强大到形成国内之国，并在绝非不平等的条件下同政府抗争"。[5] 比如某些革命团体、教会组织、托拉斯，等等。因此，联合又会对国家产生威胁。最后，"一种联合可能压迫其他联合，甚至压迫自己的成员"。[6] 那么通过何种途径来使联合的这种威胁防患于未然呢？他认为我们应当通过两种方式来防范。首先，通过道德的力量来防范。首先要考察这类联合的道德价

---

① ［英］L. T. 霍布豪斯：《社会正义要素》，孔兆政译，吉林人民出版社 2006 年版，第 52 页。

② 同上书，第 52 页。

③ 同上书，第 54 页。

④ ［英］L. T. 霍布豪斯：《自由主义》，朱曾汶译，商务印书馆 2005 年版，第 16 页。

⑤ 同上书，第 17 页。

⑥ 同上。

值，联合"在每种情形下都要受共同善的管制"。而"它所拥有的权力是否有益于共同善，不应仅就其权力如何设立上去考察，并应考察都是些什么权力以及这些权力是如何被行使的"。① 其次，通过法律的力量来限制联合的权利。所以，霍布豪斯认为，针对联合，自由主义既要通过法律维护其可以联合的权利，又要用法律的力量限制其发展，从而真正保护个人的权利。

7. 地方自由、种族自由和民族自由：自治自由，未曾解决的问题

霍布豪斯认为，通过历史的观察，我们可以发现，历史上存在过很多解放运动。其中有很大一部分关系到一大批民族起来反对异族统治。比如"欧洲反抗拿破仑、意大利为自由斗争，关系到土耳其基督徒的命运、黑人的解放、爱尔兰和印度的民族运动"。② 这些斗争其实都是争取自由的斗争，"而且经常是为弱的一方争取最起码的权利"。③ 霍布豪斯认为，根据自由主义的原则，总的来说应当坚持民族自治原则。但是历史的经验显示，"如果一个弱小的民族与一个较大或较强的民族合并后，能够用对联合双方都行得通的普通法律加以统治，并履行自由的所有一般性原则，那末，这种安排对双方来说就是最好的。"④ 笔者认为，民族自治是自由权利保障的一个根本途径，不以联合的可能性来衡量。在此，我们也可以看出霍布豪斯虽是赞同自治的，但他的立场也是摇摆、模糊的。这主要是其资产阶级的立场所导致的，因为资本的逻辑是，只要能谋利，那么殖民压迫就是可以的。

关于种族的问题，霍布豪斯并没有明确的表态和说法，但我们依然可以从他对美国黑人的做法和看法中推测其态度。首先，他认为我们应当避免一种混淆，即把种族与民族混淆起来。本来种族只是涉及基本权利的，而民族就是涉及政治力量的问题和执政的问题。所以如果种族不被混淆，那么种族自由的问题是很明显的，就是尊重的问题。但当种族被看作民族的问题时，那么种族问题就是涉及政治力量与执政的问题了，那么毫无疑问会影响人们对待种族问题的态度。他认为美国人对待黑人的做法毫无疑

---

① ［英］L. T. 霍布豪斯：《社会正义要素》，孔兆政译，吉林人民出版社 2006 年版，第56 页。

② ［英］L. T. 霍布豪斯：《自由主义》，朱曾汶译，商务印书馆 2005 年版，第18 页。

③ 同上。

④ 同上书，第19 页。

问就是由于有这种错误观念所导致的。所以，他说，"我认为，美国关于黑人的经验作出了一个更令人怀疑的回答"。上述分析表明，霍布豪斯是非常支持种族平等的，同时也支持实现种族平等的种种努力。但他认为，很遗憾的是，在这方面，自由主义理论的建构和实践都还很不够。因此，他认为"在这方面，更建设性的自由主义尚需假以时日"。①

关于殖民地的问题，霍布豪斯赞成殖民地的自治。他说："殖民地不能再按照母国的利益来统治，也不应当有一支由母国维持的常驻军队。殖民地都在遥远的地方，只要我们给它们自由，每个殖民地都有它自己远大的未来，能够自卫，并逐渐自由发展成为真正的国家"。②

8. 国际自由：不干涉的自由

在国际事务和殖民地问题上，霍布豪斯坚持的是不干涉和自治原则的。首先，霍布豪斯认为英国当时面临的战争危机的一个原因就是干涉了别国的内政。"国家危机的另外一个根源是干涉。我们挑起使其他国家走上正途的担子。我们怎么可以为其他国家判断呢？武力不是办法。应该让每个国家自己去拯救自己。我们自己处境不妙，应该放手让其他国家把自己的事情处理妥当。要使个人自由臻于完美，必须有国家自由"。③对于国际自由，霍布豪斯直言不讳："如果不干涉是对于野蛮人最好的东西，那末……它同样也是国际事务中最明智的办法"。④

他认为国际自由的具体内容有以下三点：

（1）自由主义的真髓是反对使用武力，武力是一切暴政的基础。

（2）自由主义的实际需要一是反对武装力量的残暴专横。武装力量不仅可以如同在俄国那样被直接用来侵犯自由，而且如同在西欧那样，军事精神还有更巧妙的办法腐蚀自由制度，侵吞本来可以用来促进文明的公共资源。

（3）随着世界的日趋自由，使用武力将变得没有意义。如果不是以这种或那种形式征服一个民族，发动侵略是没有好处的。

而"个人自由、殖民地自由、国际自由是一个整体的三个部分"。

---

① ［英］L. T. 霍布豪斯：《自由主义》，朱曾汶译，商务印书馆 2005 年版，第 20 页。

② 同上。

③ 同上书，第 39 页。

④ 同上书，第 21 页。

"不干涉、和平、军备限制、紧缩经费、减税，这些都是与之相关的实际结果"。① 对此，霍布豪斯认为自己还是提出了更为建设性的观点的，他说："从浪费的军事支出节省下来的钱不必全部还给纳税者。一部分钱可用于教育——免费、非宗教和普及的教育——这样获得的好处就和把钱用在枪炮和兵舰上产生的害处一样多。因为教育对于提高智力水准是必不可少的，教育能提供至关重要的机会均等，没有机会均等，人民大众就无法利用由于撤销立法限制而获得的自由"。② 这样就可以让坏事变好事。但是，他也认为很遗憾的是，当时的政界并不认可他的观点。

9. 政治自由：人民主权

关于政治自由，霍布豪斯对它的解释是丰富而详尽的，这对我们有着很多的启示。他在《形而上学的国家论》和《社会正义要素》两本书中都对政治自由做了较为详尽的论述。在具体揭示他对政治自由的认识之前，我想先引述这两本书的部分论述。

《形而上学的国家论》：③ 从一种比较明确的意义上说，政治自由是指人民处于主动地位。自由的个人的要求并不是要求共同的决定和自己的决定一致，因为那是不可能的，而是要求了解和考虑他的决定。他要求参加公共的商讨会；他要尽他的一份责任。如果他使这样的要求收到了效果，那么即使在某个特殊情况下共同作出的决定是和他的意见相反的，他也算是在这方面出了力。它是自由的，这不是因为社会的意志就是他的意志，而是因为如果大家都会有表现的机会而又在一起生活与活动，他得到的机会和任何一个人能够得到的完全一样。

"政治自由实质上不在于有同样的思想，而在于能够容忍差别；或者明确地说，是在于承认差别有助于建立比一致更加丰富多彩的生活"。

《社会正义要素》：④ "在狭义上的政治自由是发言权和对约束共同体的公开决议、法律和管理条例的表决权。但是如果说通过发言和表决，集体的决议就可以代表每个公民的意志，既是他曾经力阻通过这个决议，那

---

① ［英］L. T. 霍布豪斯：《自由主义》，朱曾汶译，商务印书馆 2005 年版，第 39 页。

② 同上。

③ ［英］L. T. 霍布豪斯：《形而上学的国家论》，汪淑钧译，商务印书馆 2002 年版，第 55—56 页。

④ ［英］L. T. 霍布豪斯：《社会正义要素》，孔兆政译，吉林人民出版社 2006 年版，第 62 页。

么这种说法完全是让人误入歧途的言辞上的伎俩，这种伎俩可用于残忍而刻毒的目的。政治自由正因为它是许多人共同的自由，所以没有给予任何人以这种绝对的自由，也没有给任何人以这种责任。政治自由，不过是受决议所约束的每个人对这些决议的形成和修改，有贡献其所能的权利。但是这并不能保证他只受他自己意志的约束。这只能保障在形成决议时，他的意志能与其他人的意志一同考虑，而约束共同体全体的是在共同体中的主流意志，即有关的每个人的所有的意志和脑力根据他的能力和智慧所占的比例而进行的合成。集体行动应以这种方式表达共同体的普遍意志，而不是强加于意志之上。"

从上述的引述中，我们可以总结出，在霍布豪斯看来，政治自由的内涵主要是：个人具有自由的意志，这种自由意志还可以自由地表达，已经表达的自由还需要通过一定形式的参与而被考虑，从而使其意志在共同意见形成过程中能有所体现。

同时，在霍布豪斯看来，政治自由对不同的主体都有不同的作用："对整个共同体，政治自由权保障这个共同体不受任何外部势力或它自己成员中某一人或某一团体的统治。对于大的群体或利益集团，政治自由权保障他们的请求会被听取，他们的志愿可以表达。而对于个人，政治自由权与其说是权利，不如说是责任，与其说是享有，不如说是职能"。"实际上，政治自由权最重要的地方或许是，个人作为共同体成员的完全资格的承认"。①

（三）自由与平等

自由与平等是近代思想运动的双生子，但二者的命运却相差悬殊。自由一直是被歌颂争取的对象，而平等则被看作是可怕的恶魔，摧毁一切社会秩序的东西。霍布豪斯在《社会正义要素》里"正义和平等"开篇即讲道："正义是一个人人为之屈膝的词。而对平等很多人却感到恐惧和厌恶"。② 特别是在法国大革命过程中，对平等的追求使一切等级和特权以最为激烈的方式被摧毁，而平等的理念也被滥用，变成自由的敌人。托克维尔敏锐地觉察到了这一点，他在《旧制度与大革命》中指出，一个失

① ［英］L. T. 霍布豪斯：《社会正义要素》，孔兆政译，吉林人民出版社 2006 年版，第 62 页。

② 同上书，第 71 页。

却自由的社会将会变得冷漠而封闭，并致力于思考如何在一个追求平等的民主社会里避免"多数人的暴政"，使平等和自由共存。德·拉吉罗认为，不同于喜爱平等的法国人，英国人更加崇尚自由，尽管19世纪末社会主义的兴起和自由主义的转型使社会愈发重视平等理念，但英国的政治观点所强调的仍然是自由而不是平等。从霍布豪斯对自由和平等关系的思考中，我们也不难发现这种继承。在他看来，既然自由是一种社会性的价值，应该为社会全体成员所享有，那么自由也就离不开平等：平等应当是自由的基础，不能达成自由的平等是虚假的平等。

1. 霍布豪斯的平等理论

霍布豪斯对近代以来英国两种重要的自由主义理路进行了分析：自然秩序理论和功利主义。在自然秩序理论中，人的权利被认为是天赋的、与生俱来的，这使天赋权利说有了一定的平等意味；而边沁的功利主义在度量幸福程度的时候把每个人都作为一人计算，任何人都不能超过一人计算，更是一种明确的平等主义原理。但是，功利主义倡导平等的另一面是降低自由的价值，自由只不过是一种达到目的手段。这两种学说对自由和平等关系的阐释都已经不能满足社会现状的需要了。但无论自然秩序理论还是功利主义，它们都赞同"法律面前人人平等"，尽管这种平等有时过于宽泛，因为从伦理标准来讲，法律本身可以是正义的，也可能是非正义的，其适用可能对所有人的一视同仁，或者在不同阶级之间有所差异。但是霍布豪斯认为，在法律语句规定的范围内，法律是一种公平适用的原则。真正意义上的法律平等应该具有这样的特点："法律不仅公平地应用它的规则，而且在制定它的规则时，通常认为某些基本权利和义务属于所有人，而不管其社会地位、年龄、性别、种族，甚至民族身份"。①

这样的平等很自然地让人联想起自然秩序理论中著名的"人人生而平等"的原则，霍布豪斯认为这一原则有两种可能的意义。其一，它可能是指人类是生而被赋予同等的才能和内在能力；其二，它指所有人都有平等的权利。不难发现，第一种说法显然与事实相悖，第二种观点也并非霍布豪斯的原创，事实上这是法国制宪会议在《人权宣言》中的说法，"在权利方面，人们生来是而且始终是自由平等的。只有在公共利用上面才显示

---

① ［英］L. T. 霍布豪斯：《社会正义要素》，孔兆政译，吉林人民出版社2006年版，第79页。

社会上的差别"。霍布豪斯肯定了第二点，但他认为第二点上的平等并不是天赋的平等，而是权利的平等。对于"权利平等"这一概念还需要进一步从社会的角度考察，权利作为理性的、公共性的、道德性的存在，需要进一步从天赋的、社会的或道德的能力平等的事实来推断。

首先，霍布豪斯认为存在一种天然的或内在的体质上的基本的平等，它们构成了权利平等的基础。它的基本内容是：第一，只要是有感觉的生命都有权利，换句话说，就是有参与的资格。它的幸福或安逸，随其参与所达到的程度而构成善的一部分，它的痛苦或悲惨也随其参与所达到的程度而构成恶的一部分。第二，有些东西是人类所特有的，没有阶级、种族或性别的差异，是比人类之间的所有差别更为内在的东西。它们就是灵魂、理性、极强的忍受性，或直接成为"人性"。这是一种普遍共有的事物，只在种类和数量上有差别。

其次，这种权利平等是一种基本权利的平等，或者说是机会平等。霍布豪斯认为，尽管人类作为人会有几种基本的权利，但是如果仅仅简单地声称任何人都有平等的权利，这样会使社会关系陷于混乱，会造成有罪的杀人犯和最不会造成伤害的人处于同等地位，事实上，这显然是有差别的，而小孩也不能对他的母亲比对别的陌生人有更多的要求。无政府主义者大多不考虑这些问题。所以我们必须对权利平等原则进行更深入的探讨。人在社会中处于极其复杂的关系中，有些是生来就有的，如与父母的关系，有些则是经由契约而成，如婚姻、工作等关系，故此每个人所被赋有的权利和义务也是不同的。这种权利和义务并不是对所有人一样的，对关系内和关系外的人们之间是有区别的。但是，平等的价值在其中仍然有着不可忽视的重要性。第一，对于特定的责任和关系而言，置身其中的人是平等适用的，契约在约束一方的同时也应该同等地约束另一方，例如婚姻责任就是如此。第二，对于人的行为所造成的特定关系，每个人都有进入这种关系的权利，例如所有人都有订立契约、获得和占有财产的自由。这样一来，纯粹的"天赋平等"和权利平等就转而成为"一些基本权利上的平等，包括（除了未加详细规定的权利外）享有和进入特定关系的权利，以及对这些特定权利进行公正维持的权利"。① 实际上，这样的平等就是我们所说的"机会平等"。

① ［英］L. T. 霍布豪斯：《社会正义要素》，孔兆政译，吉林人民出版社 2006 年版，第 73 页。

但是，只要人人都享有同样的机会，就一定能带来平等和自由吗？事实告诉我们并不是这样。在古典自由主义的思路中，契约自由是不可侵犯的，一个工人和其他人一样有着平等的机会去和雇主订立契约，但是否这样就意味着工人享有了自由呢？霍布豪斯的推理否定了这种说法："我们假定，一个雇用了 500 个工人的工厂老板同一个没有其他谋生手段的工人在讲条件。如果条件没讲成功，老板失去了一个工人，还有 499 个工人为他的工厂干活。在另一个工人来到之前，他最多不过有一两天在一台机器上遇到一点麻烦。而在同一些日子里，那位失业的工人却可能没有饭吃，只好眼睁睁地看他的孩子挨饿。在这种情况下，还谈得到什么有效的自由呢？"① 霍布豪斯说得很清楚，如果一方处于优势地位，他就能够强制规定条件使弱势的一方接受这种对其不利的条件，这样的契约是强迫交易，弱者表示同意的方式就好比一个失足掉入深渊的人同意把他全部的财产送给那个不肯按照其他条件扔一根绳子给他的人。霍布豪斯认为，就契约而言，真正的自由要求缔约双方之间大体上平等。仅仅只有机会平等的社会非但不能实现自由，反而会使弱势群体进一步套上枷锁。

所以，机会平等的方法并不能解决所有有关平等的问题。霍布豪斯看到，在实际操作中，机会平等在一定程度上受制于由于历史或环境而已经形成的种种不平等现象，"不平等现象随着机会的扩大而增大，并通过遗产而明确化。……经济进步，首先会为有能力的人提供更多的机会，而遗产使累积作用形成的不平等永久化"。② 必须从另外的角度来进一步寻找平等的方式。他意识到，机会平等是以人类的共性为出发点，而把其导致的差别作为结果来承受。那么，以差别作为出发点，将平等视为一种必要的调整，对于分配原则又会造成什么样的影响呢？听起来，似乎是从"机会平等"转向了"结果平等"。但实际上，"这种'平等'主义不是绝对量的平等，而是比例的平等"。③ 不是简单的数量一致的平等分配，而是按照相关人们的一些品质、品格或成就的比例进行分配。霍布豪斯认为，不同的社会制度，分配的依据也有所不同。关于社会制度是否正义的问

---

① ［英］L. T. 霍布豪斯：《自由主义》，朱曾汶译，商务印书馆 2005 年版，第 40—41 页。

② ［英］L. T. 霍布豪斯：《社会正义要素》，孔兆政译，吉林人民出版社 2006 年版，第 88 页。

③ 同上书，第 73 页。

题，这是需要另外讨论的，这里先来考察一下霍布豪斯关于比例平等的依据。

霍布豪斯认为，比例平等应该是在具体情境中达成要求权和满足之间的。人们对事物有着要求权，其依据应当是需求或者应得。出于需求很容易理解，"各取所需"也通常被认为是一种广义的平等原则，但是需求也并非绝对的而是一种比例的原则，他举例说，比如"国家对它的所有成员都同样负有保护的义务，但在混乱的地区会比在伦敦的郊区花费较多的治安费用。而且满足各种需要的费用因时因地不同，而不同需要的紧迫程度也有差异。人们确实有爱美的需要，但这种需要的要求决不如食物那样迫切"。所以实际的情况远比原则复杂得多，合理的制度应该顾及各种需求的差异和联系，从而达到平等的要求。

应得构成了比例平等划分的基础。因此，划分最终能否真正体现平等，还取决于应得的合理性。说到比例平等，很多人都会觉得应当是数量计算的问题。但我们会发现，在某些情况下，数量的计算是容易适用的。在实际生活中，数量计算作为市场的衡量标准是可用的，但在考虑到伦理要求时，数量计算就无法解决了。所以我们要考虑应得本身是什么呢？应得是指努力还是结果，应得应该以努力程度还是成就来衡量？一个勤勉工作的工人当然应该比一个懒惰的工人获得更多的分配这是很容易理解的，所谓"多劳多得，不劳不得"就是这种意义。但是，霍布豪斯也意识到，在现代社会中，工业的发展已经将社会分工的细致和专业化推到了一个新的高度。很多劳动的技术知识含量已经不在一个层面上，如"甲所做的为例行工作，乙所做的为技术工作，丙所做的为繁重而辛苦的工作，丁所做的为偶然需要承担义务的决断工作"。[①] 这些工作的性质没有明晰的数字比例，不能简单地使用劳动时间或者工作量的标准来作为分配标准。那么应当以何种原则来分配所得呢？是根据努力还是结果？又比如一个人勤勉踏实，但能力有限，而另一个人游手好闲，但却恰好有着生产所需的技术，这样我们如何来分配他们所应得到的成果呢？

至此，霍布豪斯的平等观念理论可以归结为以下几点：

（1）平等是指要求权和满足之间的比例平等。

---

① ［英］L. T. 霍布豪斯：《社会正义要素》，孔兆政译，吉林人民出版社 2006 年版，第76 页。

（2）要求权的依据或是需要，或是应得。

（3）应得可以以努力程度或成就来衡量。

（4）（a）对于同等重要的关系，各方都有同等的相互责任。

（b）对于可以通过人类自由选择构成的特定关系，所有人都有加入这种关系的同等机会。

据上所述，分配的依据就可以有以下几种，（1）依据其所做的努力；（2）依据所做工作的价值；（3）或根据劳动者的需要。霍布豪斯认为，上述的衡量标准并不一定相互排斥，需要与应得可以同时兼顾，应得中努力与成功也可以并行不悖，但具体采取哪一种标准，需要在实际的情境中来综合考虑。

从"机会平等"到"比例平等"，霍布豪斯的思想在此也从交换领域转向了分配领域。机会的平等使每个人拥有自由选择的权利，去发展自己的积极力量或能力；而比例平等则使每个人可以获得他所应得之物，从而更有效地保障其自由。说到底，平等应当是自由的基础，不能达成自由的平等是虚假的平等。霍布豪斯认为，"人类平等"的意义至少在这个层面上是可操作的。霍布豪斯也指出了自由和平等的限定条件，"平等是被'共同福利'所限制的，自由的领域最终将由'法律'规定"。机会平等意味着在不损害他人利益的情况下而共同竞争，绝非平等的为恶的权利。而提倡比例平等也并非追求实际结果的平等，各人的生长环境各异，能力有别，并不能简单地以拉平差别来实现平等。社会差别只能建立在最大多数人的最大幸福之上。只要这种不平等的依据不是受到优待的个人利益，而是共同利益，也是可以接受的。

霍布豪斯认为，平等观念尽管在实际操作中存在着分歧，但它们却是从一个共同原则出发的。那就是一个人的权利依附于他的人格。权利从属于人格，实际上就是从属于人格的需要。人所已经做的、正在做的或将要做的，也就是应得，使人获得了拥有权利的资格，应得可以以意志的努力衡量，也可以以成就来衡量，成就的大小取决于意志不能控制的其他因素，但无论如何，应得都是人格的一种功能。最后，一个人与另一个人的人身关系会影响他的责任。但是在人与人的关系中，一切人格之外的事物都是不重要和不相关的，如果承认这一点，就是在承认不平等。霍布豪斯的意思是，达成平等固然需要外部的客观因素，例如公正的法律、社会的干预等，但更为重要的是发挥个人的能动性，培养起健全的人格，这样才能更加有利于个人和社会的发展。这也正是自由的主要目的之一。

2. 法律中的平等

霍布豪斯认为，平等首先存在于法律中。法律是一种以普遍术语表述的、公正适用的规则，对进入它规定范围内的所有情形，都进行确切平等的处理。法律可能是好的，也可能是坏的；可能是规范而抽象的规定，也可能是具体而详细的规定；其本身可能是正义的，也可能是非正义的；其适用可能对所有人都一视同仁，或者在不同的阶级之间有所差异。但在它的语句规定的范围内，法律是一种公平适用的普遍规则。所有人，如果其案件符合法规，是被平等对待的。

而现代国家所倡导的法律面前人人平等的意义还远不止于此。"法律不仅公平地应用它的规则，而且在制定它的规则时，通常认为某些基本权利和义务属于所有人，而不管其社会地位、年龄、性别、种族，甚至公民身份"。① 霍布豪斯认为，现代法律的精神是主张某些基本的权利和义务平等地适用于所有人，对于人们的变动关系和共同善的特别要求，则规定特别的责任。

3. 争取自由也即争取平等

自由和平等的关系问题一直是自由主义思想家争论的焦点。霍布豪斯的自由也并没有与平等相分离，他认为争取自由的斗争也同时是争取平等的斗争，二者已习惯性地结合在一起。真正的自由必须建立在平等的基础上，如果自由失去了以平等为基础，它将只是一种漂亮的辞藻，并在实际上成为一种特权，其结果将是不道德的。霍布豪斯有过多次仲裁劳资纠纷的经历，发现放任主义所倚重的契约自由若缺乏契约双方的大体平等，强者和弱者之间的交易实际上是强迫交易，优势方可单方面规定对自己有利的条件迫使对方接受，此时弱者的自愿同意就犹如掉进深渊急于获救的人同意趁机敲诈者提的条件，他别无选择。对于一个没有什么选择余地的人来说，自由其实不存在，而单个雇工在跟雇主缔约时，处境就是这样。此时弱者的同意并不是真正的同意，因为真正的同意应是自由的同意，充分自由的同意意味着缔约双方的平等。所以在工业内部，雇主和雇工之间的契约存在着极大不平等的现实，要求应该注意自由与平等的相互依存，尤

---

① ［英］L. T. 霍布豪斯：《社会正义要素》，孔兆政译，吉林人民出版社 2006 年版，第79 页。

其在涉及基本人权时，平等更是必不可少的前提，具体而言就是要制定保护性立法，以保护工人的权利。由此，霍布豪斯对传统自由主义所主张的契约自由提出挑战，认为自由契约的原则早就不合适了。但其并不取消契约自由，而是主张规定契约必须遵守的限制和条件，也就是要保证公正和平等，国家要对劳动中的卫生和安全条件、工时限制、疾病和事故的照顾以及最低工资做出规定，通过纠正不平等，以使契约自由比过去更加深刻、更加真实的意义得到实现。同时他还说以牺牲他人为代价而获得的自由不是好的自由，好的自由必须以不损害他人利益为基础。

另外在霍布豪斯的思想中多少也涉及了性别平等的问题，强调对妇女和儿童权利的保护。他认为要实现家庭自由就要使妻子拥有独立于丈夫的财产权和人身权，使她能成为一个完全承担责任的人，婚姻也必须在法律的基础上双方按照平等的原则建立。在工作方面，妇女和男性要有同样的工作机会，因为"为妇女开辟道路"是"为人才开辟道路的一个运用"。①

霍布豪斯讲的平等还有它特殊的意义和限制，他指出，平等不仅是法律面前人人平等，而且也是一种机会平等，这也就意味着每一个人在共同之善上有权分享与他相应的那一份，每一个人都有同等的机会发展自己的积极力量或能力。但当时的社会现实却是由于社会等级组织和社团垄断对个人实行限制的存在，导致某些职位、职业以及受教育的权利和机会只对某个阶级和阶层的人开放，一些有能力的人却没有选择和从事此类职业的同等机会，平等和自由遭到破坏。所以为了改变此类状况，国家必须予以干涉，为机会平等提供条件，至于干预的方法和措施就涉及下文要论述的国家职责问题。

同传统自由主义思想家一样，霍布豪斯并不主张实际上的平等，他说："为一切人提供实际上的平等是不必要的，不必提供比最初的权利平等更多的平等。"② 在他看来，即使在一个好的社会制度下也可以存在实际上的不平等，无论在收入上、地位上、职务上和报酬上都不可能达到平等，因此在经济上和财产上实现平等也是不可能的。在一个社会中，百万富翁和穷苦人同时共存是公正的，原因在于它是经济制度的产物，而这种经济制度的目的就是要实现普遍的善，这种善既包括穷人的善也包括富人

---

① ［英］L. T. 霍布豪斯：《自由主义》，朱曾汶译，商务印书馆2005年版，第15页。

② 同上书，第66页。

的善，它使社会和谐。所以社会中不平等存在的合理依据就是社会和谐与社会的共同利益。由此在霍布豪斯看来，资本主义的贫富分化就是天然合理的了。虽然霍布豪斯明确声称他既不是在攻击任何经济制度，也不是在为任何经济制度辩护，但其并不能摆脱为资本主义经济制度辩护的阶级立场。

第六章

霍布豪斯政治思想的实现：福利国家

霍布豪斯关于国家的理论主要集中在 1906 年出版的《道德的进化》、1911 年出版的《社会进化与政治学说》和 1918 年出版的《形而上学的国家论》这三本著作中。在《道德的进化》中他对国家的发展进行了较为详细的描述，而《社会进化与政治学说》中关于"国家的产生"（The Growth of The State）一节的内容主要是前述《道德的进化》一书主要内容的概述，《形而上学的国家论》主要是对黑格尔唯心主义国家理论的继承者博赞克特（Bernard Bosanquet, 1848—1923）① 的形而上学国家理论进行批判。因此，从根本上讲，霍布豪斯的国家理论主要集中在《道德的进化》和《形而上学的国家论》两本书中。

第一节　国家的基本理论

对于国家的概念和起源，以洛克和霍布斯为代表的传统自由主义者大多持"自然状态说"和"社会契约说"。他们认为，在人类政治社会出现之前，人类社会处于自然状态之中，在那里人类享有天赋的自然权利，而且每个人的权利和能力大体上又是差不多的。这样就可能会由于人们都在寻求自己的权利而造成相互之间的争夺。不同的是霍布斯假设的自然状态是一幅人吃人的斗争状态，而洛克笔下的自然状态则是一片祥和，人们平等、友爱地生活在一起。因此，人类为了保存自己、保护自己的自由，便订立契约，让渡自己的权力，建立国家，组成政府，于是人类进入政治社会。这一理论在反对封建斗争、争取人的自由时曾起到积极的作用，但是到了 19 世纪这一理论越来越不能适应时代的需要了，并受到当时的思想

① 又译鲍桑葵。

家们的激烈批评。我们看到，这种学说的特点是：首先，在对社会历史的发展没有进行实际的历史的考察之前，就直接对可能的社会发展原始情况作假设，从而开始他们后来的理论。其次，对国家产生以前的原始社会的假设总的来说是冲突性假设。最后，国家就是为解决冲突而产生的，而这种冲突是以个人权利的部分放弃，也即妥协而达到的。因此，从这个意义上来看，笔者认为，社会契约理论其实也就是妥协理论。所以国家起源于对冲突的妥协，这种妥协的形式是契约。

关于国家的产生和发展问题，霍布豪斯承袭了孔德和斯宾塞的进化思想，他在《道德的进化》中大量运用当时历史学、人类学的研究成果，以进化思想为指导，对社会组织形式的发展进行了历史的考察，最终确定国家的产生。

在这里必须说明的是，霍布豪斯关于国家产生和发展的观点毫无疑问受当时的历史学、生物学研究成果的影响，尤其是摩尔根①的影响为最大。霍布豪斯在他的研究中对原始社会的研究也使用了渔猎、采集和农业等术语，他对这些时期人们的生产力发展状况和生活特点的描述几乎都是依照摩尔根《古代社会》的描述。而他关于进化和社会有机体的观点，却无疑受到了孔德、斯宾塞的影响，但是在国家的起源、作用以及国家与个人之间的关系问题上，却不同于他们，也得出了与他们不同的结论。

一　国家的起源

霍布豪斯认为，国家或者社会是人类合作的结果。霍布豪斯认为，"社会发展是人类联合、秩序、合作、和谐的发展"②的结果。人类社会是从低级到高级发展的，有着诸多不同利益的人们，为了相互特定的利益即把人们集合在一起并且保持一定形式的合作而结合在一起形成的，从低级的野蛮未开化阶段进化到高级的文明的阶段。③这种相互的利益并非完全是个人的，这些利益并不仅是人们为了相互保护，或者在更高级的阶段

---

① 摩尔根（1818—1881），美国民族学家、原始社会史学家，古典进化学派的代表人物之一。美国人种学家和科学人类学的主要创始人，以建立亲属关系系统的研究和社会进化的综合理论而著称于世。

② ［英］L. T. 霍布豪斯：《自由主义及其他著作》（影印本），中国政法大学出版社 2003 年版，第 136 页。

③ 同上书，第 137 页。

在工业或科学中能相互合作；而且是把另外一些人看作是人的感觉，是比同情更为广泛，比利他行为或慷慨具有较少的道德性的。对于绝大部分的人（少数例外），孤独的生活是无法容忍的。所以我们把发配沙漠和海外作为对我们所痛恨的人的惩罚。因此说，这种利益的相互性在某种程度上是根植于所有人当中的，可能也在所有的社会性动物中。因此，它并不是社会分类的独特性原则。

霍布豪斯否定了传统自由主义的契约国家学说。首先，他反对传统自由主义国家学说的假设说。他认为，国家的起源是一个实证的、经验的问题，应该留给实证科学去解决。所以他自己在论述的时候是通过大量的历史资料考证的。其次，他并未对社会进行冲突性假设，而是认为在社会发展之初，人类存在着利益的相互性。最后，这种相互利益带来的合作使社会得以产生。并且他认为国家的产生和发展过程是与社会和谐发展过程相一致的。

二　国家的产生和发展

霍布豪斯认为社会的发展是一个进化的过程，但它既不是契约论者所认识的那样是个人的产物，也不是文明社会的产物，而是精神力量发展的结果，即人类社会的发展是宗教和道德信念等进化发展的结果。他说"信仰对所有的社会形式来说都是共同要素，但并不是社会联合的显著基础，而是包含在社会意识中的并作为加强形成人们的思想的要素"。[①] 它在人类社会的发展中起着重要的作用。

在《道德的进化》一书中，他对此进行了详细的论述。[②] 下面的研究主要是根据《道德的进化》一书中的一个章节而进行的。

依据当时科学发展的最新成果，霍布豪斯采用人类学的方式对社会发展和国家的产生进行了细致的研究。人类社会经历了三个阶段：一是血缘要素阶段；二是权威要素阶段；三是公民要素阶段。第三个阶段产生了国家。

---

① ［英］L. T. 霍布豪斯：《自由主义及其他著作》（影印本），中国政法大学出版社 2003 年版，第 138 页。

② 这一章节内容被收录在《自由主义及其他著作》一书中。本书参照的是收录在《自由主义及其他著作》中的《国家的产生》。

第一个阶段是血缘要素阶段。霍布豪斯指出，在人类社会的最低级形式是建立在以血缘为纽带，以血缘为思考，以血缘作为认可程度的依据向外扩展的方式的。最初人们的关系以母亲和孩子的关系而存在。在说到这一点的时候，他指出很多思想家把原始人类看作是孤独的、处在自然状态的观念是错误的。因为他们忽视了最为原始、简单、完整而又普遍的关系——母子关系。所有人都有母亲，即使母亲很差劲。这种由母亲和孩子组成的原始集团，在所有原始的、先进的社会中都存在。接着社会上升到更为开化社会的两种主要的社会结构，其差别存在于丈夫与父亲的角色上的不同。一种情况是，丈夫有可能与母亲通过结婚建立一个新家庭形成一个永久的联合。在这一情况下，父亲的地位主导了整个家庭；父亲仍留在其部落（宗族）中，母亲加入其中，新的集团被加入到了父系的宗族。我们假设这样的家庭逐渐地长大，儿子们娶了各自的新媳妇，我们可以想象每一个新家庭都成为更大家庭的一部分，这样一代代相传。但祖父依然继续制定规范，当他死去，把他的权威转移到他最大的儿子或是自然选择的儿子。另一种情况是，父亲和母亲的关系并没有那么紧密。父亲属于一个宗族（集团），母亲属于一个。这样进入一种母系状态，女儿之后有了丈夫，儿子依然留在宗族（集团）里，但他们发现他们是嫁给另外一个家庭的。

在两种形式中，血缘的概念是不一样的。在母系社会，母亲的血缘是完全的，而在父系社会中，父亲的血缘只是主导因素，母亲的血缘处于第二位，它并未受到广泛认可，也不具有同样的法律效力。这些区别对接下去要讲的血缘社会的发展有重要的关系。世袭制度并非是原始的或较为发达的社会的唯一血缘形式。一个父权家庭可能发展成一个宗族甚至一个更大的社会。但是无论这一阶段的社会如何发展，原始阶段组织中首脑或主要成员的权力仍然是微小的，且其威信主要依靠个人的英勇和技能。

第二阶段是权威要素阶段。组织逐渐变大，很多宗族联合变成了部落，很多组织又组合成一个地区，在这里他们有共同的领导。可是这时的组织还是很小。所谓的领导者也没什么权威。于是他们就用对外征服来扩展他们的势力。当征服开始的时候，社会也同时出现两种变化。一是需要纪律来保证力量的集中，二是需要有一个权力毫无限制的军事首领。由于氏族、村落规模的扩大，纯粹的亲属感情和氏族神话已经难以维系共同体的团结，同时对外征服和防御暴力获得了重要的地位。由于战争需要严格的纪律，而纪律的建立又助长了首长的权力，而国王的实际力量却受制于人类的能力。比如沙皇尼古拉一世，他一个人根本无法控制一个帝国。当帝国变得越来越大，权威也越来越大，就越来越需要通过代表的方式进行统治。因此发展出封地制度，从而使社会发展进入封建社会阶段。但是这种统治最终是要建立在武力的基础上的，但纯粹的武力永远无法成为社会生活的永久基础的。统治者为了寻找正义的外衣，就利用宗教为他们的统治合法性进行证明。他们同时运用宗教和暴力的手段来进行权力的至高无上性和神圣性的宣传。他们通过建立刑罚和法律，运用非常残酷的手段来治理人们的生活，由此产生了"主权"的观念，而统治阶层中的首领人物自然也就成了"主权者"。

霍布豪斯认为，当社会处于权威要素阶段时，虽然主要是通过暴力进行统治的，但暴力统治也还是有其历史的合理性的，因为它"时常能够保证一种比之在血缘社会中所不能达到的更良好的社会秩序，甚至一种更高的正义"，① 同时它还能具有更强的自我保存能力。暴力统治下，社会获得了暂时的安宁，也取得了一定的经济繁荣，经济繁荣带来的文化和艺术生活的改进，促进了更大的共同体的形成。在这方面，它弥补了原始社会的不足，发挥了在控制社会方面的功能，它加深了人与人之间的区别，推动了阶级和阶层的划分。

第三个阶段是民权要素阶段。霍布豪斯认为，当社会发展进入到一个较高的阶段时，形成社会秩序的基础便不再是暴力，而是道德力量和公民的自觉合作。由此社会也进入到了一个新的时期。在这里人民的自主意识不断增强，过去是受权威控制的、毫无自主意识的，现在他们认为，人应当有自主的可能，统治者不应当高高在上。人民才是社会的主人，统治者不应当像过去那样是人民的主人，他们应当是人民的仆人。统治者和被统治者的位置应当被颠倒过来。此时，法律也不应当是统治者个人意志的表达，更不应当是统治者专横意志的工具。法律是人民共同意志的体现，是社会活动的最高准则。人民遵从自己约定的法律，政府作为人民约定的产物，其统治也要依靠法律规范，而且统治者本身也要服从法律。人民在约定的情况下依靠具有公民权的人民的共同控制获得。因此国家就是"基于民权要素的社会联合"。另外，他还认为，这是一个考虑"公民权利和共

---

① ［英］L. T. 霍布豪斯：《自由主义》，朱曾汶译，商务印书馆 2005 年版，第 144 页。

同善"① 的阶段。他说，这是一个父权社会。这个阶段的政府是最大限度地建立在权力之上，但依据其成员的善来考虑问题，这是文明社会的最后社会形式。在这个阶段人类社会告别了"权威"要素而进入到"民权"（Citizenship）的时代。从而国家也产生了。所以，此时的国家，尤其是现代国家是承认人的个性的，其存在就是为了达到共同善，但其功能是要维护个人权利。② 而从历史时间角度来看，这一阶段正是人类进入了近代时期。所以，从时间上来看，国家的产生是在近代。

霍布豪斯认为，当现代政府的任务发生上述转换以后，存在着理论和实践上的困难。也就是个人权利与共同善会相互冲突，那怎么办呢？霍布豪斯认为，要解决这个问题，必须考虑共同善是什么和个人的权利基础是什么这两个问题。他认为，社会是由男人和女人组成的，他们在最大限度地发展他们自身的各种能力，成为思考、感觉、活动的人，从而他们感觉到幸福。换句话说，对每一个人而言，"善"存在于人格发展的实现。但这是一个不完美的世界，一个人人格的发展会影响另一个人。但幸运的是，存在另一种可能性，因为通过发展我们自己的一些特殊方面，不仅不会破坏和阻碍其他人的发展，反而会刺激和帮助他们同样的发展。于是那种形式的发展对一个人来说是最好的形式，成了道德最为基础的问题。这也是我们接下去要说的。但如果我们从共同善的角度考虑，选择就很清楚了。如果每个人都是为了他自己，那么这种形式的自治是不好的，它是破坏性的。只有建立在对某个人的善就是对所有人的善——共同善的基础上的自治才是好的。在这里共同善考虑了每一人格的发展，而正由于共同善考虑的就是每一个人的善，所以每个人都可以从共同善中得到他的发展想要得到的。另一方面，在这里只有共同善考虑的才存在，而不存在其他权利。因为权利意味着一个人对其他人的行动或限制，且是公正的判断。但公正的判断是超越个人的，并认为一个人承认的权利必然也被所有人承认。但在实践上，要所有人承认对公共安全有威胁的权利是不存在的，也不可能期望所有人都能承认。因此，我们最好选择每个人的权利就是所有

---

① L. T. Hobhouse, *Morals in Evolution：a study in comparative ethics*, 5th edition（Vol. 1）, Henry Holt and Company, New York, 1925, p. 60.

② L. T. Hobhouse, *Morals in Evolution：a study in comparative ethics*, 5th edition（Vol. 1）, Henry Holt and Company, New York, 1920, p. 62.

人的。

霍布豪斯认为现代政府的典型特点是"一方面，政府开始根据其在公共秩序和普遍幸福的服务中所起的作用来判断其位置……另一方面，人格权利得到了法律的承认和保护或者说脱离了专制的惩罚，宗教自由，首次的意识自由，表达自由和公共愿望的自由，讨论的权利和像公民那样的行动"，① 几乎所有的政治权利都受到了政府的承认，而这一切也对政府进行了定义。

霍布豪斯说，古代有限公民权社会所存在的问题，在现代社会依然存在，并有着新的形式。② 一方面，现代经济条件带来了财富的不平等，并且塑造了降低政治和社会平等的诸多工业形式；另一方面，政府在其有限范围内，经常面临威胁到其基本原则的种族和国际问题。先来看第二个问题，一方面，领土的入侵或滞留如果得到居民的许可，当然是与公民原则自相矛盾的。另一方面，他说，我们必须看到现代政府不是建立在武力的基础上，而是建立在他所统治的人民的认可上的。政府的规模越大，其统治的视野也越广阔，所以其最终的命运也就建立在其外部关系上了。无论是现代还是古代，军事野心与内部自由之间一直都很难协调。所以，国家的未来必定是走向国际主义的。如果敌对和嫉妒的心理得以克服，而承认和平的联合行动，就有理由相信在每个国家权利都会得到维护和发展。相反，如果国家是一种军事和平，那么每个国家就会渐渐地陷入独裁。

在分析国家的起源上，霍布豪斯坚持历史和进化的观点，把国家的起源看作是一个历史的进化过程，这是他基于当时的科学研究状况作出的分析。我们认为他的这种研究是有一定的科学性的，并且与传统的自由主义者的契约论观点相比较，是一个很大的进步。但同时我们也看到，他在分析国家产生时，在某种程度上也归因于抽象的精神和道德力量的作用。这又使他走入了历史唯心主义的行列。我们说，在社会和国家的产生和发展过程中，人的思想和精神状态以及文化的观念和传统当然具有非常重要的作用。但这些因素还不是问题的根本，它们只是一种表象，这些因素产生

① L. T. Hobhouse, *Morals in Evolution: a study in comparative ethics*, 5th edition (Vol. 1), Henry Holt and Company, New York, 1920, p. 67.

② ［英］L. T. 霍布豪斯：《自由主义及其他著作》（影印本），中国政法大学出版社 2003 年版，第 147 页。

的根本还是经济原因。但是他没有看到，他缺乏或者说他是不可能对一定文化观念产生的经济基础进行分析的。马克思主义认为，国家不是从来就有的，而是社会发展到一定历史阶段的产物。国家是社会内部矛盾运动——生产力与生产关系的矛盾运动发展的结果。

另外，霍布豪斯在分析上抛开了历史的事实，将国家看成是近代的产物，既否认了国家是随着私有制的产生而发展起来的，也否认了历史上先后存在过奴隶制国家和封建制国家的历史事实。国家是随着生产的发展，私有制的出现，阶级的形成，阶级矛盾不可调和而产生的。在阶级社会以前，人类社会经历了漫长的原始公社社会制度。当时的生产很不发达，生产关系是以原始公有制为基础的平等关系。人们的社会组织不是国家，而是以血缘关系为基础的民族和部落或更大的部落联盟，这种简单的社会关系和社会组织是适应当时简单和低水平的生产力的。由于生产的发展，剩余产品的出现，剥削成为可能，阶级形成了，人与人之间关系的性质改变了，原始公社制度已不适应新的生产力发展和社会关系的改变。于是，伴随着阶级矛盾的不可调和便产生了国家。霍布豪斯将国家看成是"人民的联合"，试图以它来取代"主权"国家观念，把主权国家的观念看成是权威要素的体现，忽视了国家建立的基础——共同利益。

恩格斯通过对国家起源的分析，科学地、深入地概括了国家的本质。他在《家庭、私有制和国家的起源》一书中指出："国家决不是以外部强加于社会的一种力量。国家也不像黑格尔所断言的是道德观念的现实，'理性的形象和现实'。毋宁说，国家是社会在一定发展阶段上的产物；国家是表示：这个社会陷入了不可解决的自我矛盾；分裂为不可调和的对立面而又无力摆脱这些对立面。而为了使这些对立面——这些经济利益互相冲突的阶级，不致在无谓的斗争中把自己和社会消灭，就需要有一种表面上凌驾于社会之上的力量，这种力量应当缓和冲突，把冲突控制在秩序的范围以内，这种从社会中产生但又自居于社会之上，并且日益同社会脱离的力量，就是国家"。① 所以，国家是社会生产力发展到出现私有制和阶级这个阶段上的必然产物，国家是历史的范畴。国家是阶级矛盾不可调和的产物和表现。所以，它又是个阶级的范畴。

---

① 《马克思恩格斯选集》第四卷，人民出版社1995年版，第170页。

三　国家的性质

霍布豪斯认为国家是调节公共利益的社会组织，法律和政府的各个部门是它所特有的组成部分。国家的性质主要有三个方面的表现。

1. 国家与社会是有区别的，国家小于社会

霍布豪斯的国家观是多元主义的。他认为国家与社会是有区别的，不能把国家等同于整个社会组织。正如前述霍布豪斯认为国家是社会发展过程中为增加共同善而出现的。在社会发展过程中，为增进共同善，产生了很多社会团体（association），国家只是其中的一种，而且是社会所必须的条件之一。因此，国家是人类社会的一个组成部分，国家这个组织是小于整个社会结构的。并且在社会中许多社会组织涉及的范围都比任何有组织的国家更加广泛，而且许多社会部门都和国家部门有交叉关系。但是国家与其他联合形式在地位上是平等的。

2. 国家是具有强制性的①

霍布豪斯认为，国家作为社会历史上出现的众多社会团体的一种，它和其他的、自愿的团体的区别只是在于它行使强制力，享有至高无上的主权，它有资格控制居住在它的地理疆域内的所有的人。那么，国家使用强迫的价值和其适用范围又在哪里呢？霍布豪斯认为，"强迫只有在外在一致的条件下才是有价值的，在一个人的不一致破坏其他人的目的的情况下尤其有价值"。在现代社会中，存在着各种复杂的动机和关系，有些事情是只有在达到一致才能够实现的，特别是在涉及公共福利的问题上。在遇到这种情况的时候，国家就有权行使强迫的权利，通过限制少数人的自由来达到集体的自由。霍布豪斯假设了一种可能的状况："我们姑且假定，一个行业里的多数雇主愿意采取某些预防措施来保护工人的健康或安全，愿意减少工时或提高工资。但是，只要少数雇主，或甚至只要一个雇主不同意，多数雇主就不能这样做。如果多数雇主情愿负担额外的费用，而那个持异议的雇主却无须负担，那末，这个无须负担额外费用的雇主在竞争中就可以一举将他们击败。在这个事例中，少数人的意愿，可能是一个人的意愿，使其余所有人的意愿落空。"类似的例子可以举出很多，在现实生活中我们也经常看到尽管有禁止课外补课的规定，但还是有许多学校争

---

① ［英］L. T. 霍布豪斯：《形而上学的国家论》，汪淑钧译，商务印书馆2002年版，第83页。

先恐后地在假期开设补习班，因为只要有一所学校违反了这种规定，那么它的学生必然会在对其他学校学生的竞争中占据优势地位。这是一种"一个人的意愿间接地迫使所有人的意愿服从"的情况。在这种情况下只有两个选择，要么让所有人的自由因为一个人的自由而落空，要么所有人联合起来迫使那个人服从。在霍布豪斯看来，后者丝毫不违背自由的原则，因为少数人为一己私利所恃的"自由"已经妨害了平等，威胁到了社会的公共福利。

霍布豪斯并没有如功利主义那样，单纯以数量的多少来决定强迫与否，因为"多数人可能专横地行动，为了本身占一点小便宜而硬要少数人吃亏"。① 那样只会使社会走向多数人的暴政。国家强迫行为的作用"是要压倒个人的强迫行为，当然也要压倒国家内任何个人联合组织实行的强迫行为"。② 并以此来维护言论自由、人身和财产安全、真正的契约自由、集合和结社权利，最后也维护国家自身实现共同目的，不受个别成员反抗阻挠的权力。

霍布豪斯对强迫范围的界定是对密尔关于"利己行为"和"利他行为"区分的一种否定。因为在社会之中，一个人的所想所做都有可能直接或间接地影响到其他人的思想和行为，即便是出于纯粹的动机，但在实践中也可能会导致复杂的结果。对于一个缺乏公民意识和社会良知的人，就很容易造成对公共福利的损害，这样一来，国家就必须以"强迫对强迫"的方式来保障自由，如果没有国家强迫的制约，那么自由会在"缺少监督性限制、人们得以直接或间接地相互压迫的外部秩序下归于失败"。③ 为此，需要加强公民意识，提高公民的自觉程度，以把法律和个人意愿之间的矛盾缩小到最低限度。

第二节　个人与国家的关系理论

一　对以往理论的批判

个人与国家之间的关系一直是自由主义所关心的问题。在霍布豪斯之

---

① ［英］L. T. 霍布豪斯：《自由主义》，朱曾汶译，商务印书馆 2005 年版，第 35 页。

② 同上书，第 74 页。

③ 同上。

前，关于个人与国家之间关系的理论大体来说主要有两派。一派是传统（古典）自由主义，坚持个人主义至上。认为自由是个人的基本权利，任何个人或组织都无权干涉，他们反对任何形式的国家干预，在经济活动领域也要求实行放任自由政策。尽管 19 世纪后期英国的社会现实中已经越来越多地出现了国家对社会的立法和干预现象，传统自由主义也只把这些看作是由于"社会主义"的侵入而造成的，因此普遍对这样的社会现实采取敌视的态度。有关个人与国家之间关系的另一派理论是国家至上主义。形而上学的国家论（理想主义、唯心主义），它主要以黑格尔与博赞克特为代表。这种理论建立在一种唯心的绝对精神之上，认为现实就是绝对精神各项运动的外化。国家本身就是目的，他们将干预主义提升至一种国家至上主义。

总的来说，在个人与国家的关系上，霍布豪斯采取比较辩证的态度，既反对实行自由放任主义，也反对唯心主义者的国家至上主义。

（一）对传统自由主义的批判

霍布豪斯认为传统自由主义关于个人与国家之间的关系存在如下的几个问题：

第一，传统自由主义不能照顾到理性不能自主者。传统自由主义认为每个人都有理性自我导引的能力，也即每个人都能通过理性自主地为自己选择最好的发展。霍布豪斯说，对于正常的具有理性功能的人来说确实这样，但对于白痴、弱智者、低能者或酒鬼，这样的理论就不适用了。

第二，传统自由主义不能很好地照顾到儿童。"自由契约并不解决无助的儿童的问题。它听任儿童被雇主为了自身利益加以'剥削'，个人对儿童的健康和幸福的任何关怀只是一个个人行善的问题，而并非是自由制度必要运行所争取到的权利"。①

第三，传统自由主义不能很好地照顾到条件不对等者之间的平等问题。他说："就契约而言，真正的自由要求缔约双方之间大体上平等。如果一方处于优越地位，他就能够强制规定条件。如果另一方处于软弱地位，他就只好接受不利的条件"。所以，"经济上的损害倾向于使损害本身永存。一个阶级的地位越是被压得低，它在没有援助的情况下再度崛起

---

① ［英］L. T. 霍布豪斯：《自由主义》，朱曾汶译，商务印书馆 2005 年版，第 40 页。

的困难也越大"。① 而事实上，传统自由主义的契约自由是不可能在上述情况下实施的。

综上分析，霍布豪斯认为对于上述的这些人群，必须通过国家干预的手段来维护其权利。

（二）对唯心主义（形而上学）国家理论的批判

至于唯心主义的国家至上理论，霍布豪斯认为不仅在理论上存在问题，而且已经在实际上带来了巨大的影响或者说伤害。1914—1918 年的第一次世界大战，无疑对霍布豪斯产生了非常巨大的影响。在 1918 年出版的《形而上学的国家论》一书中，他对自黑格尔以来的形而上学的国家论进行了无情的批判。

首先，在理论上霍布豪斯认为形而上学的国家论主要有以下几个问题：

第一，形而上学的国家论会摧毁人们反抗的意志，会降低人们认知现实错误的能力。霍布豪斯认为理想是人们前进发展的动力，所有磨灭理想的学说都会激起人们对理想的渴望，"一切想把这个世界解释为我们无法改变的纯粹事实的企图，总会激起人类的希望、努力、对不公正的痛恨，对怜悯的'反感'，来与之对抗"。② 比如历史上曾经存在的机械主义的国家论，这种理论认为国家的产生是由机械力推动的原子的旋转引起的。这种理论会激起人们的理想，对自由、幸福追求的理想。但形而上学学说却披着理想主义的外衣，其本身就是把世界描述成为一个美好世界，并把不公正、错误和苦难都看作一个完美的典型所必需的成分。一旦人们赞同这样的观点，其反抗能力就会减弱，人们清醒的头脑就会被催眠，人们要改善生活和纠正错误的努力就会在消极的默认现状中化为泡影。因此这样的理论虽被看作是理想主义，实际上乃是理想的大敌，其诡秘和危险程度远甚于一种片面的任何否定理想主义的主张。

第二，唯心主义国家论模糊国家与社会的界限，将国家等同于社会。在《形而上学的国家论》中，霍布豪斯集中批判了理想主义的国家观，认为理想主义者将一般和个别相等同，认为个别就其本身来说是不实在

① ［英］L. T. 霍布豪斯：《自由主义》，朱曾汶译，商务印书馆 2005 年版，第 41 页。

② ［英］L. T. 霍布豪斯：《形而上学的国家论》，汪淑钧译，商务印书馆 2002 年版，第 12 页。

的，它是一般的一种表现，因而作为个别的某个人就没有真实的存在状态，只是某个一般的一种表现，而国家就是最高的一般，属于国家的某一个个人只是它的一个实例或一种表现，国家的意志才是真实的意志、一般的意志，个别的意志只是它的伴随情况或者表现。霍布豪斯认为这种观点不仅错误地将国家看作是人类最高级的组织，而且还毁掉了个人的自立精神，削弱了个性原则。而个人的自立精神和个性原则是自由的基础，所以霍布豪斯对这种观点持坚决反对态度，主张社会的发展应该建立在个性的自我指引力之上，唯有这样才能建立起一个真正的、基础深厚广阔的社会。

第三，唯心主义的国家论本末倒置，将国家视为目的，个人视为手段。形而上学国家论认为国家本身就是目的，而具体的个人只不过是手段，是绝对精神实现自我的手段。因此，该理论认为不应当根据个人的幸福来评价国家的幸福，而应当根据国家的善性来评价个人的幸福。

第四，唯心主义国家论湮灭个性和民主。霍布豪斯认为，黑格尔学派"自始至终都拼命反对发源于十八世纪法国、十六世纪荷兰和十七世纪英国的民主观念与人道主义。正是黑格尔的国家观念企图证明自由和法律是一致的，藉以削弱民主的原则。想用纪律观念削弱平等的原则；要使个人成为国家的一部分，以削弱个性的原则；把国家推崇为人类社会最高和最后的组织形式，以削弱人性的原则"。① 而博赞克特认为国家拥有反对个人的最终权利，个人的最高责任就是成为国家成员，个人是没有任何理由反对国家权利的。霍布豪斯指出，这种观点是根本违反人性的，是反人道主义的。它把个人湮没于国家之中，以推翻人格本身把国家奉为所有人类团体中的最高团体，以推翻人道主义的原则。

其次，在实践上，唯心主义国家观成为战争和法西斯国家的理论根源。他说："过去我们没有理会黑格尔对国家的颂扬，以为那只是一个形而上学的梦想家的狂言。这是个错误。他的整个想法是和欧洲的历史上最不幸的发展紧密交织在一起的"。② "现在实行把德意志军国主义想象为俾斯麦时代以前盛行的一种美好伤感的理想主义引起的反作用的产物。这是

---

① ［英］L. T. 霍布豪斯：《形而上学有国家论》，汪淑钧译，商务印书馆 2002 年版，第 17—18 页。

② 霍布豪斯这里所指的就是第一次世界大战。

非常错误的。"而"这种政治上的反动，是从黑格尔开始的"。①

（三）对功利主义理论的批判

功利主义是通过利己行为和利他行为来区分个人与国家之间的关系。对此霍布豪斯并不认同，他认为，这样一种区分是不妥当的。首先，"因为没有一种行为能够不直接或间接地影响其他行为"，②所以，我们根本就不存在一种单纯利己或利他的行为。其次"即使有这种行为，它们也不会不受到他人的关注"。"公共利益包括社会每个成员的利益，一个人受到的损害是大家共同关心的，即使对他人并没有造成任何明显的影响"。③一种行为总是存在利己与利他两方面的因素。所以，"我们已经拒绝用密尔关于利己行为和利他行为之间的区别来解决问题"。④

二　霍布豪斯关于个人与国家关系的理论

（一）个人与国家之间的关系

在个人与国家之间的关系上，霍布豪斯总的来说与传统自由主义有着大体上的一致性，这种一致性主要体现在他也认同传统自由主义把个人与国家之间的关系视为自由与强制之间的关系。但他与传统自由主义的区别主要是传统自由主义认为任何的国家都是强迫行为，都对个人自由形成威胁和侵犯。霍布豪斯认为国家的行为并不全部都对个人自由形成威胁和侵犯。他说，"有许多集体行为是不涉及强迫的"。"国家可能提供一些它认为是好的东西，而并不强迫任何人去利用这些东西。例如，国家可以设立医院，尽管任何一个付得起住院费的人仍旧可以自由地请他自己的医生和护士。国家可以推行而且确实正在推行一项大规模的教育制度，同时让每个人自由地开办私人学校或进私人学校就读。国家兴建公园和画廊，但并不强迫人进去游览参观。有市营电车服务，但并不禁止私人开了自备汽车在同一条街上行驶，如此等等"。⑤个人与国家之间的关系主要体现在以下两个方面：

---

① ［英］L. T. 霍布豪斯：《形而上学的国家论》，汪淑钧译，商务印书馆2002年版，第17页。

② ［英］L. T. 霍布豪斯：《自由主义》，朱曾汶译，商务印书馆2005年版，第72页。

③ 同上。

④ ［英］L. T. 霍布豪斯：《社会正义要素》，孔兆政译，吉林人民出版社2006年版，第54页。

⑤ ［英］L. T. 霍布豪斯：《自由主义》，朱曾汶译，商务印书馆2005年版，第71—72页。

第一，个人是目的，国家是手段。作为一个自由主义者，霍布豪斯立场坚定地把个人置于其理论的核心位置，在个人与国家的关系上，他也毫无疑问地把个人及其发展作为根本的目的。霍布豪斯强调，国家作为一种组织，其本身并不是目的，它只是达到某种目的的一个手段。根据前述国家的起源说，国家无非是人类利益合作的结果，因此国家也是达到个人利益的手段，也许这种利益会通过共同利益来实现。同时，国家是整体利益的代表，由于国家是由个人组成的，所以国家的整体利益只能存在于个人利益之中，国家和个人之间在根本利益上是一致的。

第二，个人和国家互为权责关系。格林以来理想主义在解释国家时都是从伦理角度出发的，他们认为国家与个人的关系是一种伦理关系，权利是来源于存在于社会关系中的道德秩序。霍布豪斯也接受了格林的这些观点。他认为"一定的权利就是一种得到同伴承认的个人要求，是个人的社会要求，而一定的义务则是相应于一定的社会要求而言的"。因此，权利和义务是相对的。同时，由于权利的拥有者可以是个人，也可以是团体，所以，不仅不能离开社会来谈论权利和责任，也不能离开国家来谈论权利和责任，国家与个人之间是一种互为权责的关系。"个人对国家的责任是为自己和自己的家庭勤奋工作。他不应该剥削他的幼年子女的劳动，而应该服从社会的要求，为他们的教育、健康、卫生和幸福尽心尽力。说话的责任是为个人提供维持文明的生活水准的手段，而单单让个人在市场的讨价还价中尽力挣到工资是不算尽到责任的"。①

霍布豪斯创造性地从国家与个人互为权责的观点出发，认为国家干预经济生活是应该的，也是必要的。他认为个人的自由和国家的干预可以同时共存，主张在这两者之间采取一种较为折中的方式来确定各自的范围。霍布豪斯认为，国家并不是简单地防止个人或组织对个人自由的侵害，而是要关心和促进实际自由，反对形式的自由。这样，国家和个人之间才能构成一种和谐的关系。

既然个人与国家是互为权责的关系，那么我就可以从国家对个人的权力和国家对个人的责任两个方面来看国家的行为。接着霍布豪斯就从这两方面对国家与个人之间的关系进行了分析。我们首先分析国家对个人的权力。

---

① ［英］L. T. 霍布豪斯：《自由主义》，朱曾汶译，商务印书馆 2005 年版，第 83 页。

（二）国家对个人的权力

霍布豪斯认为国家对个人的权力就是国家可以通过法律对个人形成强迫。但是并不是所有的国家行为都是对个人的强迫行为，有些行为并不涉及强迫，上文已经述及，下面我们要考虑的是国家可以对个人实施哪些强迫行为。由于这是一个复杂的问题。霍布豪斯认为我们可以从几个角度进行考虑。

首先，考虑的是哪些行为国家无法进行强迫。

第一，国家不能强迫个性的形成。霍布豪斯认为，"个性不是从外部塑造而是从内部成长的，外部秩序的功能不是创造个性，而是为个性提供最合适的成长条件"。"企图用强迫手段来形成个性无异是把它扼杀在摇篮里。"所以，"如果我们不强迫一个人去争取他自己的利益，这并不是因为我们不关心他的利益，而是因为无法用强迫手段来促进这种利益。困难在于利益本身的性质，利益在其个人方面取决于感觉的自然流动，这种流动不是受外部限制而是受理性自制的约束和指引"。①

第二，国家不能强迫道德的形成。关于"是否可能用议会的法令使人为善这个问题"，霍布豪斯的回答是："道德是不可能强迫的，因为道德是一个自由人的行为或性格，但是创造一些道德能在其下发展的条件却是可能的，在这些条件中，一个并非最不重要的条件是不受他人强迫"。②

第三，国家不能强迫精神的达成。霍布豪斯认为，"精神是不能用暴力使其就范的。反之，精神也不能依靠暴力获得胜利。精神可能需要社会的表达。它可能建立一个联合组织，例如一个教会，来实现一些共同的目标，并维持所有志趣相投的人的共同生活。但是这个联合组织必须是自由的，因为从精神上说，一切不是取决于做了一件什么事，而是取决于做这件事的意愿。因此，强迫的价值之所以有限，不是因为它限制了社会目的，而是因为它限制了个人生活条件。没有一种暴力能强迫生长。任何一种依靠感情的一致，依靠对意义的理解，依靠共同的愿望的有社会价值的事情，都必须体现自由"。③

其次，是国家强迫的价值和范围是什么。霍布豪斯认为"强迫只有在

---

① ［英］L. T. 霍布豪斯：《自由主义》，朱曾汶译，商务印书馆 2005 年版，第 72 页。

② 同上书，第 72—73 页。

③ 同上书，第 73 页。

外部的一致是有价值的情况下才是有价值的，在一个人的不一致破坏其他人的目的的情况下尤其有价值"。① 强迫是"受强迫本身无法达到其目的所限制"，② 而实行限制的目的就是想使行为获得自由。所以，"我们不仅可以阻止一个人去妨害另一个人……我们也可以阻止他去妨害集体的意愿；逢到必须用一致性来实现集体意愿所持的目的时，我们就非这样做不可"。③ 所以，从根本上而言，"强迫的目的是为内在发展和幸福创造最有利的外部条件，只要这些条件依靠联合行动和一致遵守"。④

（三）国家的责任

假如我们把看问题的角度调整到考虑国家能为个人做什么，那么我们就涉及了国家的责任问题。国家对个人的责任有什么？霍布豪斯对国家责任的分析，是建立在他对国家状态的认识基础上的。在《劳工运动》中，霍布豪斯较为清楚地陈述了他所认识的社会，他认为英国当时已经进入到"工业社会"阶段。工业的发展尽管已经使英国成为世界上最富裕的国家，但是阶级贫富差距非常大，广大的劳动工人根本无法享受到合理的物质生活。所以他认为，"我们也可以正当地把国家看作是人类维护和提高生活的许多种联合中的一种，这是一个总的原则"。⑤ 此外，当他认为国家是实现个人自由的手段，评定一个国家就是要看它为它的成员做了什么，对社会的发展起何作用。所以国家要在社会发展中发挥积极作用。

为此，霍布豪斯将国家的职能归结为以下两点：第一，国家负有保护个人生命和财产安全的责任；第二，国家需要为个人能力的发挥创造一个良好的环境；第三，建立良好的社会保障制度，兴办个人无法承担的对社会福利有益的公共机构。以下我们来逐一详述其理由及具体策略。

首先，在政治领域：第一，国家负有保护个人的生命和财产安全的责任。这是国家最基本的责任。霍布豪斯虽然并不赞同传统自由主义对国家起源的契约学说，而认为国家是利益联合的产物，但在国家产生以后的目的上却与传统自由主义的观点是一致的。即成立国家的目的就是为了利益的维护，为了免遭暴力和混乱的侵袭。因此，在社会的诸种联合中，国家

---

① ［英］L. T. 霍布豪斯：《自由主义》，朱曾汶译，商务印书馆 2005 年版，第 73 页。

② 同上。

③ 同上。

④ 同上书，第 75 页。

⑤ 同上书，第 67 页。

拥有唯一能够合法使用暴力的权利，"国家是一种强制的联合行事。国家的法律后面是有武力的"。① 国家不但要对外担负起抵抗侵略的职责，对内也要成为各种组织之间的仲裁人，其任务是主持公道，防止滥用高压力量。国家可以使用暴力，使用强迫行为，以便能够更好、更有效地抵御外来侵略和镇压国内反叛。他说："国家就是用这个方法来维护言论自由、人身和财产安全、真正的契约自由、集合和结社权利，最后也维护国家自身实现共同目的，不受个别成员反抗阻挠的权力"。② 对于个人来说，他们将自己的生命和财产的保护权交给了国家，他们就有责任服从国家，遵守国家的法律，以获得国家的"保护"。相反，国家如果不能履行自己的职责，让人民遭受侵略和蹂躏，或者蒙受国内各种势力的混乱和压制，那么人民就有权利不服从国家的统治，甚至可以推翻它的统治。

第二，国家有责任维护个人的劳动权利或工作权利。一来，自由的一个最基本的特征就是能自主，而自主的最基本的条件就是可以自我决定，这种自我决定是建立在有自我谋生、自我发展的机会上的。一个人如果要有自我谋生的基本机会，就应当由政府来保障。霍布豪斯认为"工作权利"和"基本生活工资"权利和人身权利或财产权利一样，是人的基本权利。"它们是一个良好的社会秩序不可或缺的条件"。③ 他还说，在一个社会里，一个能力正常的老实人如果无法靠有用的劳动来养活自己，这个人就是受组织不良之害。那么肯定是这个社会制度出了毛病，这个经济机器有了故障。二来，劳动权利和工作权利还是一个公正能否得以实现的问题。霍布豪斯认为，劳动和工作作为一种权利，其实现还关系到公正的实现问题。他说，当一个人会失去劳动或工作的机会，是由于他所在的行业的生产过剩或者是新的、更便宜的生产技术的引进所引起的，那么这就会对他产生不公正。因为在控制市场方面，这个劳动者是最没有发言权的，上述原因引起的劳动机会的失去，不是劳动者的过错。因为他并不指导或管理工业，他对这样的发展趋势并没有事先的预见能力，他在职责上并不对工业的兴衰负责，但他却必须为此付出代价。有人认为给这样的人以劳

---

① ［英］L. T. 霍布豪斯：《社会进化与政治学说》，廖凯声译，商务印书馆 1935 年版，第 206 页。

② ［英］L. T. 霍布豪斯：《自由主义》，朱曾汶译，商务印书馆 2005 年版，第 74 页。

③ 同上书，第 80 页。

动和工作的机会乃是一种慈善。霍布豪斯认为，根据上述的分析，这种劳动者对劳动权利和工作权利的要求并不是慈善，而是公正。当然要满足每个人的这种要求是困难到了极点，甚至还要进行非常深远的经济体制改革。而且很多实践也已经证明，要想出办法来满足这个对公正的要求是多么困难，但依然无法改变它作为一种权利的立场以及作为一种权利来满足的权利。所以，如果一个国家是由于经济组织的不良而使人失业或者获得过低的工资，我们应当把这个看作是社会公正的耻辱，也是社会慈善的耻辱。

第三，国家有责任为个人能力的发挥创造一个良好的环境。国家的义务不是为公民提供食物吃、给他们房子住或者衣服穿，而是创造这样一些经济条件，使身心没有缺陷的正常人能通过有用的劳动使他自己和他的家庭有食物吃，有房子住和有衣服穿。国家的职责是为头脑和个性创造能据以发展的条件，是为公民创造条件，使他们能够依靠本身的努力获得充分公民效率所需要的一切。那么如果国家为个人做他应该自己来做的事情，这会不会鼓励社会惰性，对个人的性格、主动精神和进取心是否会产生消极影响？他认为，对此我们应当转变在这个问题上的传统观念。一者，这是事关公正的问题。在一切方面，国家正在积极帮助各穷苦阶级，而决不是只帮助穷人，前述已经表明国家在这个问题上不是谋求慈善而是谋求公正。而公正正是我们应当竭力追求的。二者，这并不会对个人的主动精神和进取心产生消极影响。因为在这里并没有忽视个人责任问题。因为权利与义务是相对称的。只要给足够酬报的工作机会，一个人就有权挣钱谋生。他就有权利和义务充分利用他的机会，"如果失败了，他会正当地受到惩罚，被当作一个贫民看待，在极端情况下，甚至被当作一个罪犯对待"。① 这样就不会对他的主动精神和进取心产生消极影响。三者，实践也已经证实我们必须加强国家的责任。在自由贸易早期，人们确实希望通过自由竞争来提高效率，从而不断增加廉价食物的供应和扩大自由贸易，再加上工人的勤俭节约，从而使个人不仅能自立，还能有余钱以备失业和患病以及老年应急之用。我们看到，19 世纪，英国的生活水平确实不断提高，社会进步也确实是真实和显著的，工资总体来说也提高了，生活费用也降低了，居住和卫生条件也改善了，甚至死亡率也大大降低。但是普

---

① ［英］L. T. 霍布豪斯：《自由主义》，朱曾汶译，商务印书馆 2005 年版，第 83 页。

通个人想按照个人竞争路线获得彻底的、终身的经济独立，其前景依然十分暗淡。工资的增加和财富的总增长完全不相称。普通体力劳动者并不能达到充分独立的目的，他们并不能为自己和家人解决生活中的一切危机。这说明工业竞争制度显然不能满足体现在"基本生活工资"之内的道德要求。它不能使联合王国大部分人们都能过一种健康和独立的生活，而这些生活是一个公民与生俱来的权利。所以，历史的经验表面，自由放任的政策并不能达到公民自立的目标，必须通过增加国家责任，通过国家干预来达到目的。国家可以通过其强制手段为个人发展创造有利条件。四者，霍布豪斯认为，国家不是为"少数人"的利益服务，甚至也不是为"许多人"的利益服务，而是要为"所有人"的利益服务。

　　其次，在经济领域。霍布豪斯从理论的和实践的两个维度进行了分析。第一，从理论的角度来看，个人主义能与社会主义协调一致地工作。传统自由主义所倡导的自由竞争制度与财产的私人所有制的结合最终会导致垄断。"只要一样供应有限的对人们有价值的东西落入私人之手，垄断价值就会自然增长"。"在这种情况下，竞争就失败了"。那么物主的"经济收益"是"从他人的需要中榨取的一种剩余"。[1] 而且物主还可以依据财产权的权利而排除他人的使用，使财产充分增值，从而最终提高其获利，进而"使社会蒙受重大损失"。[2] 因此，自由竞争的垄断结果既会破坏自由主义所追求的以及自由竞争制度所要进行的基础——自由和平等，同时又会侵犯社会权利。

　　那么，如何能够肃清垄断因素，让社会回归自由和平等呢？霍布豪斯认为，"这个目标只有通过国家吸收垄断价值的一切因素才能实现"。[3] 他认为，当时英国的垄断主要有三类[4]：第一类是土地垄断。例如，城市房租，主张土地国有化的人认为这种价值不是地主创造的。它是社会创造的。它一部分应归功于国家因人口增加和城市生活兴起而获得的总的发展，一部分应归功于该地区的发展，也有一部分应归功于把纳税人的钱直接用于卫生和其他改善设施，使人们能在该地区居住、工业能在该地区兴

----

① ［英］L. T. 霍布豪斯：《自由主义》，朱曾汶译，商务印书馆2005年版，第47页。

② 同上。

③ 同上。

④ 同上书，第47—48页。

旺发达。社会直接地和间接地创造了地皮价值。地主获得了这种价值，并在获得的同时，能够向任何一个愿意付高额租金以求在这块地上居住和兴办工业的人开价。主张土地国有化的人纯粹从个人观点看待财产权利，他们认为这种局面不公正，认为唯一的解决办法是把垄断价值归还给创造这种价值的社会。因此，他们赞成对地皮价值征收最高数额的税。第二类垄断产生于不适用竞争的工业——例如煤气和水的供应、电车服务以及在某些情况下的铁路服务。在这些方面，竞争即使不是绝对不可能，也是浪费的；另外，按照严格个人主义的路线，如果这些工业被允许落入私人手中，老板就能够榨取比竞争性工业的正常利润更高的收入。他们将会依靠牺牲消费者的利益从垄断获得好处。纠正办法是公共管制或公有制。公有制是更完全、更有效的办法，也是城市社会主义的办法。第三类垄断是国家创造的垄断，例如出售被执照制度限制的酒类。按照竞争观念，用这种方法创造的价值不应落入私人手中，如果垄断是按照社会立场维持的，对有执照场所征收的税就应当这样安排，使垄断价值回归社会。

第二，从实践的角度来看，现实的经验中也有社会主义与个人主义合作很好的例子存在。其一，1909 年的大预算案背后就有社会主义和个人主义意见联合力量的支持。其二，在工业领域中，竞争者最终可能逐个变成托拉斯或其他联合，从而造成私人利益与公共利益对立。这样也就只有把这种联合收归国有，才不会形成公共利益与私人利益之间的对立。比如英国的铁路也正在迅速向联合制发展，其直接结果是垄断，其肯定结局则是国有化。

所以，霍布豪斯认为，我们应当根据财富的不同性质对其所有权问题进行适当地归属。对农业而言，他认为要取消土地私有制，把土地收归国有。国家通过租赁的形式将土地租给农民经营，农民向国家交纳税金。对工业而言，国家实行一种混合的经济管理体制，即一种由私营、国营、市营、合营等形式相结合的、多层次的经济管理模式。而到底应当采取哪种经营方式，则要依据产业的不同性质分类而定。[1] 第一类，涉及大众日常生活紧要的必需品，宜采用市营形式，主要有：面包、煤炭、牛奶的分配和生产；第二类，涉及能源类的重大工程，这类产品虽为必需品，但不为大众紧要，同时在社会中却有重要地位，这种产品的生产或分配则宜由国

---

① ［英］L. T. 霍布豪斯：《社会正义要素》，孔兆政译，吉林人民出版社 2006 年版，第142—146 页。

家直接经营；第三类，日常消费品，他们与消费者极为密切，如制衣、制皂、烟、酒、糖、茶等，可采取生产者和消费者联合经营的方式。

最后，在社会领域。霍布豪斯认为国家要通过社会立法，负责兴办公共事务，发展社会福利事业。他说，在"健全的经济结构上"应当建立"公平的社会福利制度"，"而健全的含义就是以诚实的方式为社会的所有成员提供享受美好和充实生活的必要物质条件"。①"最坚决的自由主义者也不仅终于接受，而且还积极促进扩大政府对工业领域的控制以及在教育方面，甚至抚养儿童方面、工人住宅方面、老残病弱照顾方面、提供正常就业手段等方面实行集体责任"。② 在社会领域的这些观点，使霍布豪斯成为福利思想和福利政策的先驱。学者丁建定甚至认为"在与社会福利相关的几乎所有方面，霍布豪斯都提出了自己的主张"。③ 关于其福利思想的具体内容，前文的分析有多处论及，因而此处的分析只做总结式的介绍，不再做具体的分析。

第一，关于儿童保护。霍布豪斯认为"儿童必须受到保护，经验表明他们必须受到法律的保护"。④ 我们应该关心儿童的肉体、精神和道德的发展。他说："我坚决主张，国家是高一级父母这一总概念既真正是社会主义的，也真正是自由主义的"。⑤ 霍布豪斯关于国家对儿童的责任，在前述第五章"家庭自由"小节里已有详尽论述，此处不再赘述。

第二，关于妇女保护。霍布豪斯认为妇女需要做的更为重要的事情是更好地抚养自己的孩子，让其能够幸福健康地成长，而不是外出挣钱增加家庭收入。对此，他说："如果我们真正相信我们就母亲的义务和责任所说的一切，我们就应当承认，幼童的母亲留在家里照料她的孩子，要比她出去做打杂工，听任孩子在街上无人看管或交给邻居马马虎虎看管，对社会贡献更大，更值得金钱酬报。我们认识这个论点的力量以后，就会改变对这个事例中公家援助性质的看法，我们不再认为强迫母亲出去做打杂工是可取的，也不再认为她拿公家的钱是丢脸"。⑥ 所以，为了保证妇女这

---

① L. T. Hobhouse, *The Labour Movement*, New York: The Macmillan Copany, 1912, p. 14.

② ［英］L. T. 霍布豪斯：《自由主义》，朱曾汶译，商务印书馆 2005 年版，第 16 页。

③ 丁建定：《社会福利思想》（第 2 版），华中科技大学出版社 2012 年版，第 109 页。

④ ［英］L. T. 霍布豪斯：《自由主义》，朱曾汶译，商务印书馆 2005 年版，第 40 页。

⑤ 同上书，第 18 页。

⑥ 同上书，第 91 页。

项权益的实现，需要保证有一个工作，并通过其劳动能够获得足够的工资来供养他的家庭，这又使他提出了另一项福利措施——最低工资制度。霍布豪斯关于妇女保护的更为基础性的观点，在前述第五章"家庭自由"小节里也已有详尽论述，此处也不再赘述。

第三，关于最低（基本）工资制度。霍布豪斯认为，一个成年人依据其劳动所获得的工作应当能让其足够供养一个普的家庭，同时他还能为有可能发生的一切风险做好准备。工资不仅应该能够支付家庭的吃穿等日常的生活用度，而且还能提供自己及家人的教育费用，能够对付疾病、意外事故和失业风险等问题的产生。同时他还能够有一份剩余用于养老。上述费用的满足，霍布豪斯认为当是一个工人应当获得的基本生活工资。这种基本生活工资应当由政府的法律加以规定，形成"最低工资制度"。

第四，关于贫困与济贫。霍布豪斯认为如果有人过着贫穷的生活，这些人就是不自由的，这个社会就是不和谐的，因此，社会应当采取措施消灭贫穷。而消灭贫穷，不应当采用传统自由主义者所坚持的仅仅依靠个人自己的努力，而是应当在个人努力的基础上，国家利用其社会财富介入其中，对贫穷者进行救济，也就是说一个和谐的社会一定需要政府的救济。救济的方法主要有三个[1]：第一是为一切人提供一个可以据以脚踏实地工作的基础；第二个是国家举办社会保险；第三个是用济贫法制度对寡妇、孤儿以及单身母亲进行救济。

由于霍布豪斯倡导上述的福利措施，在当时的思想界引发了很多疑虑。很多人认为，这样做无疑会使国家成为一个"大规模的国家慈善组织"，[2] 而这就必然会产生通常的慈善所带来的结果。第一，由于国家的福利为个人的发展奠定了基础，这样就势必会使其失去个人发展所必须的能力来源——积极主动的精神，"它必然会使能量的源泉干涸"。[3] 对此，霍布豪斯认为国家正在做的事情，还有如果设想中的一系列改革全部实现后国家将会做的事情，是绝对满足不了正常人的需要的。他还得花大气力挣钱谋生。但是他将会有一个基础，一个根底，在这个根底上可以建立起真正的充足。他将会有更大的安全，更光明的前途，更充分的自信，相信

① 丁建定：《社会福利思想》（第 2 版），华中科技大学出版社 2012 年版，第 110 页。
② ［英］L. T. 霍布豪斯：《自由主义》，朱曾汶译，商务印书馆 2005 年版，第 92 页。
③ 同上书，第 92 页。

自己能立于不败之地。生活的经验表明：希望是比恐惧更胜一筹的刺激剂，自信是比惶惶不安更胜一筹的心理环境。人们需要一个更稳定的环境来培养那种正常健康生活的自制和干劲。当个人责任的合法范围适当划定时，只要个人肩上的担子不是沉重得非常人所能忍受时，个人责任就能更明确地规定，并能更有力地予以强调。① 第二，由于国家代替个人为其准备好了发展所需的很多条件，这样做是一种代替，这种代替会"破坏个人的独立自主的精神"。② 对此，霍布豪斯认为，首先，"谋求私人慈善援助确实会有这种后果，因为它是一个人依靠另一个人的恩惠。但是，一种能被人当作合法权利的援助就不一定会有这种后果"。③ 其次，"慈善之所以降低独立努力的价值，是因为它的对象是失败者。它是对不幸的补偿，很容易转化为对怠惰的鼓励"。④ 而我们济贫的对象不是失败者，而是能力不具备者和能力较弱者，因此这有本质性的区别。这种区别是不会造成相应的后果的。再次，当贫困救济成为一种国家的责任、个人的权利时，问题的性质就发生了变化。"权利这样东西是由成功者和失败者同样享受的。它不是在赛跑中让弱者先跑几步，强者慢跑几步，而是在和命运的赛跑中，强弱双方都要跑同样距离"。⑤ 这种看起来像慈善的济贫，就不是慈善了，而是公正或者正义了。因此，这样做，不仅不会削弱个人的独立自主精神，而且还会增加社会公正。

三　对国家权力的约束与制约

霍布豪斯虽然积极主张国家干预理论，但他并没有忘记对国家权力的限制。国家权力并非是任意的，而是与实现社会的和谐紧密地联系在一起的。虽然在积极自由观念的支撑下，霍布豪斯要求国家应发挥积极的干预，但他并没有忘记其自由观内容的核心——人的自由发展。除了为国家披上一层道德的外衣，他还从国家制度层面上对国家干预进行了约束，从而实现国家干预与个人自由的和谐，这也构成了他的自由社会主义理想制度，并从政治制度、经济制度以及国际环境等方面进行了阐述。

---

① ［英］L. T. 霍布豪斯：《自由主义》，朱曾汶译，商务印书馆 2005 年版，第 92—93 页。

② 同上书，第 92 页。

③ 同上书，第 93 页。

④ 同上。

⑤ 同上。

　　首先，在政治制度上，霍布豪斯认为自由社会主义的政治制度既是民主的又是自由的。他反对马克思主义的社会主义和费边社的社会主义，认为它们在本质上是反对自由的。霍布豪斯认为，民主反映的是多数人的永久意志，民主制不仅是共同体中的多数做出决定，而且是多数对少数、对其他共同体成员的尊重，如果多数人无视他们对其他人的责任，把自己的私利置于所有其他人之上，民主便荡然无存。民主并非仅是一个多数政府，它应当是最理想地代表整个共同体的政府，为此而委派给多数人的法定权力不过是一种机械的手段。多数人拥有的权力是受整个社会成员委托的，他们行使权力促进自己的善，同时也促进其他人的善。为了维护和加强民主就必须反对帝国主义、反对垄断，因为二者完全无视民主制度，扼杀民主和自由，政府专横无度，民众权力被践踏。他认为民主必须遵循多数决定的规则，多数决定的规则是一种必要的恶，只要存在一种真正的共同体意识，这种方法便是可行的。在没有进行民主投票之前，个体完全是自由的，可以施加他所能施加的任何影响。但如果决议一经通过，决议就有约束力，他必须服从于多数通过的法律，任何人不得违背。

　　为了更好地发挥民主制度的作用，霍布豪斯认为必须为公民提供更多的行使政治权利的机会，即扩大公民的权利。霍布豪斯呼吁实行广泛的成人选举权，扩大民主，他认为民主成功的重要尺度是公民参政程度的高低。但是，现代国家在发展公民的这种政治参与上存在着很多的问题。由于普通公民对复杂曲折的政治程序不甚了解，所以对国家重大政治问题漠不关心，意识不到自己对国家实际政治过程所起的作用。但是他们对日常生活以及发生在他们周围的事情是感兴趣的，因此在培养公民的参政意识上，应该将他们和中介组织结合起来，通过中介组织来引导他们参政。对于运用什么样的中介组织，霍布豪斯比较赞同柯尔、霍布森和罗素等人提出的基尔特制度。他认为这种制度在经济上未必会那么理想，因为这一制度不仅不能消除经济制度的各种弊端，而且能导致垄断。但在政治方面，这种以行会组成的基尔特组织却是一种理想的"中介"组织。因为同行业的人们往往会出于共同的利益而对相关的政治问题产生兴趣。若使基尔特组织成为一种政治组织，成为公民参与政治活动的参政单位，它比其他糅杂混合的国家政治单位，能有更好的效果。所以在这点上，若基尔特能适当地改造，便有可能发挥重要的政府功能。从而既能够调动民众的参政热情，又能够发挥政府的职能。

其次，在经济制度上，霍布豪斯认为，他的经济制度体现了自由、正义、平等的原则。其内容包括在农业方面、工业方面，前文已有论述。霍布豪斯对当时比较严重的社会问题，从法律层面上进行了规范。他认为，不论哪一种经营形式的企业，凡涉及工人的工资、工作时间、劳动条件、健康保险等方面的问题，均应受到国家的控制。国家应该运用立法的手段对各行业进行规定，以保护工人的劳动权利和劳动环境。为了保护这些法律的实施，国家必须实行强有力的政策。

最后，在国际社会中，霍布豪斯认为，在国际社会中只要存在外部的威胁，其自由社会主义就无法实施，因此必须有一个良好的国际环境。他认为他的社会和谐理论也同样适用于国际社会，各个国家之间可以建立起一种和谐的社会关系。这不仅是社会和谐发展的内在要求，也是实现自由社会主义国家的要求。为了实现社会的和谐，霍布豪斯认为应该废除国家主权观念，建立一个统一的国际联盟，作为唯一的主权者，掌有最高的权力，实现社会的和谐。

在多元主义国家观的指导下，霍布豪斯指出，国家只是社会众多组织中的一个，它作为一种强制性的工具主要用来为共同善提供条件，国家中仍然存在相对独立的团体，如工会、生产合作社、消费者协会、生产者协会、雇主协会等，它们作为国家控制的一种补充而存在。

第七章

霍布豪斯政治思想的趋向：
社会自由主义

经过前几章的分析，我们似乎可以看出霍布豪斯对自由主义与社会主义的调和的目的是非常明确的，愿望也是非常强烈的。他对社会、财产、国家、自由的看法都与传统的自由主义产生了巨大的差异，这些差异无疑又或多或少地受到了集体主义和社会主义的影响。同时我们也发现，霍布豪斯也并不讳言他对社会主义思想的好感。在《民主与反动》一书中，他还专门在最后开辟一章题为"自由主义和社会主义"的内容，讨论他对自由主义和社会主义的看法。这样，霍布豪斯的思想最终是趋向社会主义还是自由主义就成为学界的一个焦点。

霍布豪斯认为自由主义与社会主义是"人道主义的两个分支"，它们"都在不同方面处理社会正义问题"。"自由主义是为了解放，而且是对传统的争取自由斗争的人们的继承，他们认为法律、政府或社会已经摧毁了人们的发展，压迫独创性，良心已经被烧焦。自由主义为了争取人们自由发展的春天而反对压迫"。"社会主义者或者是集体主义者，是为了社会的团结一致性。他们强调相互的责任，强者对弱者的义务。他们的口号是合作和组织"。① 所以"这两种理想作为理想是不冲突的，而是互补的"。②

那么我们应当如何对两种理论进行区分呢？霍布豪斯认为我们要"考量"它们"在有序的社会中进行和谐工作的能力"。而当我们对它们进行考察时，我们会发现"两种信条都容易被滥用、歪曲"，而被歪曲的理论"自然就容易形成冲突"。自由主义的原则"容易被曲解成'令人讨厌的商业竞争的信条'"，这些信条认为相互帮助是对"不负责任的和没有效率的人的

① L. T. Hobhouse, *The Labour Movement*, New York: The MacMillan Company, 1912, p. 228.

② Ibid., p. 229.

保护"，他们"压抑怜悯和仁慈之心，把自我谋利看作是核心的责任"，他们的"美德是由成功来衡量的，衡量成功的标准就是赚钱的能力"。① 而集体主义也易于被进行相关的曲解，比如在英国这种曲解就是比较严重的。英国的社会主义通常被看作是掩盖了自由和民主，一切都成了社会机器的一部分。而这个社会机器是由所谓的"专家"掌控的，社会就是"一架由单一的中心牵线操纵的完美的机器，所有的男人和女人既是'专家'或者傀儡"，在这里效率取代一切，"人道、自由、公正都从旗帜上抹去了"，"所有社会主义的人性的东西就都消失了"。"所有社会主义领袖在面对贫穷和监狱所激发的理想"，比如"在竞赛中对失败者的关心，阶级暴政中对弱者的保护，对商业唯物主义的革命"等等，"都像梦一样消失了"。② 这样看来，这些自由主义和社会主义的信条确实是相互冲突的。但霍布豪斯提醒我们，他认为这不是真正的社会主义，"真正的社会主义是自称建立在自由主义所取得的政治胜利基础上的……以支持而不是破坏自由主义的主导理念"。③ 所以从这一角度看来，自由主义与社会主义并不冲突。

但确实也有人认为，"社会主义攻击财产权，而自由主义是保护财产权的"。④ 所以，它们之间必然是冲突的。霍布豪斯认为我们应当对集体主义的财产观念进行深入的分析，从而可以理解真正的社会主义。他认为更真实的集体主义的财产观念是这样的："财产权并非私人所有者的绝对权利，国家受其命令保护它。相反，国家也为其权利辩护……正是国家维护了其所有的权利。进一步而言，正是在国家及其法律的庇护之下，人们才积累了财富，而那些法律真正是关于财富积累方法的法律。有许多财富积累的方法都仅仅是依靠社会的增长——城市中土地价格的增长就是一个很好的例子。另一条财富的路子依靠政府的控制和特权，比如卖汽油的准许制度，天然气、水和有轨电车的市政控制等。集体主义坚持这些财富的资源某种程度都是由社会创造的，应尽可能由社会掌握"。⑤ 由此，我们可以看到，集体主义只是更多地要人们看到财富的社会因素，而这点恰恰是自由主义考虑不到的。同时，霍布豪斯认为这也是自由主义要向集体主

① L. T. Hobhouse, *The Labour Movement*, New York: The MacMillan Company, 1912, p. 229.

② Ibid., p. 230.

③ Ibid., pp. 230 – 231.

④ Ibid., p. 231.

⑤ Ibid., p. 232 – 233.

义学习的地方。而上述集体主义坚持的社会立法和国家干预，自由主义者早就赞同了。虽然这是老自由主义所反对的，但在目前的自由主义这里已经没有问题了。所以自由主义与社会主义的第一个分歧，社会立法与国家干预已经不存在了。另一个还存在分歧的问题就是要对劳动所得的财产和遗产以及投机所得的财产作出区分，并且要对它们进行征税。如果进一步分析，我们就可以看到集体主义强调的只是"劳动者应公正地享有劳动所得"，[①] 集体主义反对不劳而获，比如遗产的继承和投机取巧获得的财富。所以集体主义认为应当对遗产进行征税。但在这一点上，集体主义与自由主义其实是一致的。从上述的分析，也可以看到集体主义不仅并未与自由主义形成冲突，而且更是为自由主义补充了自由的社会因素。

更重要的一点是，霍布豪斯认为我们要清楚自由主义与集体主义之所以并不冲突，是因为不管集体主义有着怎样的认识，至少它们并没有革命的目的。而在社会主义发展之初，它们的主张可不是这样的。在"自由主义与社会主义"一章中，霍布豪斯阐述了他对德国社会民主党 1891 年的埃尔福特纲领[②]的认识。首先，他把埃尔福特纲领作为对"财产攻击"（attack on property）[③] 的起源，并且认为这个纲领是"当之无愧的革命原则"，它也是十分"广泛和影响深远的"。[④] 他说，这个纲领如果"脱离那些体现它的实际措施，就很难理解它的真正意义"。[⑤] "纲领第二部分所列举的十项具体要求或许是也或许不是具有可操作性的"，但其中有七条即使不是全部自由主义者都赞同的，也"肯定"是既与老一代自由主义者，又与那些被假定为带有社会主义色彩的自由主义者"密切地联系着"的。[⑥] 第十条关于税收的建议一部分已在 1894 年英国政府预算中实现，一

---

① L. T. Hobhouse, *The Labour Movement*, New York: The MacMillan Company, 1912, p. 233.

② 埃尔福特纲领是德国社会民主党于 1891 年 10 月在德国埃尔福特大会期间通过的一项纲领文件。此项纲领宣称资本主义即将灭亡、生产资料的社会主义所有制是必要的。该党寻求通过合法的政治参与而不是革命活动来达到这些目的。考茨基认为资本主义的本质决定了它必然灭亡，而社会主义者当下最迫切的任务是提高劳动者的生活水平而不是革命，这是不可避免的。主要起草人为爱德华·伯恩施坦、奥古斯特·倍倍尔、卡尔·考茨基。

③ L. T. Hobhouse, *The Labour Movement*, New York: The MacMillan Company, 1912, p. 235.

④ Ibid. , p. 236.

⑤ Ibid. , p. 238.

⑥ Ibid. .

部分也是英国自由主义者赞同的，一部分也是保护自由贸易的；而另外有五条关于工业立法的要求则是"与我们在英国熟悉的要求非常相似的"。① 他说，其实双方为了维护大众政府的健康统治，都是通过强制或政治组织，来反对不断增长的财富的力量。所以，仅就社会主义的"具有实在形态"的内容而言，它是与"自由主义的进步的天然路线"一致的。现在的英国还并没有出现德国社会民主党所坚持的社会主义，对财富大家还是普遍享有的，而阶级也出现了混合。"我们的工业体系并不存在马克思主义所认为的达到尖锐的阶级分化的因素"，"我们的危险在于，随着股份制企业的不断发展，企业所有者对财富的要求会不断增多"，② 因此我们要对他们的权利进行限制。所以，我们"应当通过真诚的互相理解的努力，使一种真正的、具有公共精神的自由主义与一种合乎理性的集体主义之间的分歧消逝"。③

从上述的分析中，我们可以看到，在霍布豪斯的思想里经常把社会主义等同于集体主义，或者他所理解的社会主义是基于集体主义的社会主义。在多次为社会主义辩护时，他并不是直接用社会主义进行辩护的。而是当别人攻击社会主义时，他以他认为的集体主义的实质来进行辩护。他对这种社会主义是有好感的，而且他对德国社会民主党的埃尔福特纲领也是比较欣赏的。但是否就可以据此认为霍布豪斯是赞同社会主义或者他就是一个社会主义者呢？我们认为一个社会制度的关键就是财产的所有权问题。既然霍布豪斯不赞同社会民主党对财产权的革命性，同时他赞同集体主义也是认为他们没有对财产权进行革命，那么霍布豪斯当然是不赞同社会主义的。在根子里他还是一个自由主义者。他虽然也经常使用"自由社会主义"一词，我们并不能据此判定他是一个社会主义者。他只是想吸收社会主义中的人道主义和互助精神来改造传统自由主义的某些弊端，并不想完全以社会主义取代自由主义。在这个问题上，笔者比较赞同学者殷叙彝的分析和判断。④

尽管如此，霍布豪斯对社会主义还是颇感兴趣也是颇为关注的，而且

---

① L. T. Hobhouse, *The Labour Movement*, New York: The Macmillan Company, 1912, p. 239.

② Ibid., pp. 239 – 240.

③ Ibid., p. 239.

④ 详细分析请参见殷叙彝《"自由社会主义"和"社会自由主义"——论霍布豪斯的新自由主义》，《当代世界与社会主义》2005 年第 3 期。

他还对社会主义颇有研究。他认为，一时间，"社会主义这个名词有许多含义，可能既有一种反自由的社会主义，也有一种自由的社会主义"。① 在这诸多思潮中，他认为有两种名义上的社会主义，我们必须加以研究。它们分别被称为"机械社会主义"和"官僚社会主义"，这两种社会主义是"与自由主义毫不相干的"。②

首先，霍布豪斯对"机械社会主义"提出了批评。他认为，这种社会主义主要存在四个缺点③：第一，"立足于对历史的错误解释，把社会生活和社会发展现象归于经济因素的单独作用"，而"合理的社会学的起点是把社会看作一个各部分都在其中相互作用的整体"。④ 第二，"奠基于一种错误的经济分析，把一切价值归因于劳动，否定、混淆或歪曲企业的独特指导功能、使用资本所不可避免的报偿、大自然的生产能力以及各种错综复杂的社会力量（这些力量由于确定供需动向实际上决定商品交换的价格）"。⑤ 第三，"在政治上，假定一种以实际上并不存在的明确的阶级差别为基础的阶级战争。现代社会绝对没有作出明确和简单的划分，而是显示出各种利益愈益复杂地交错混杂在一起"。⑥ 第四，为未来构想出一种"由政府控制工业的制度"。⑦ 霍布豪斯认为，首先，这种构想出来的制度本身就是乌托邦；其次，通过构想乌托邦来整个地代替现有的制度，从而解决问题，这种方法是不可取的。

接着，霍布豪斯对"官僚社会主义"也提出了批评。他认为，这种社会主义主要存在三个缺点⑧：第一，"自由和竞争混为一谈而轻视自由理想，进而对整个人类也表示轻视"。第二，它以精英集团操纵人民，而这种统治实质是一种控制。第三，它蔑视群众的力量，践踏民主。而且"名义上的民主领袖是些无知之徒"，"统治的技艺在于使人们做你希望做的事而自己并不知道在做些什么，在于带领他们走而不向他们说明走向哪

---

① ［英］L. T. 霍布豪斯：《自由主义》，朱曾汶译，商务印书馆 2005 年版，第 83 页。

② 同上书，第 85 页。

③ 同上书，第 85—86 页。

④ 同上书，第 85 页。

⑤ 同上。

⑥ 同上。

⑦ 同上书，第 86 页。

⑧ 同上书，第 86—87 页。

里，等他们最后察觉了要想返回却为时已晚"。"这样构思的社会主义在本质上是同民主或自由毫不相干的"。

从上面的分析中，我们不难看出，霍布豪斯所反对的"机械社会主义"实际上是指马克思主义，而他所反对的"官僚社会主义"实际上是指费边社会主义。"马克思主义的历史唯物观以及对私有财产权的否定，费边社会主义的精英统治倾向，在霍布豪斯看来都是将掌权者视为超人，将芸芸众生作为工具并以此实现抽象人类理想的危险的社会主义。霍布豪斯敏锐地觉察到这两种社会主义可能带来的弊端：就是都会导致计划控制下的社会，人民过着一种被别人安排和管理的生活"。①

---

① 王同彤：《L. T. 霍布豪斯自由主义思想研究》，硕士学位论文，华东师范大学，2008 年，第 42 页。

第八章

霍布豪斯政治思想的评价

第一节　霍布豪斯政治思想的理论贡献及局限性

总的来说，霍布豪斯的政治思想在思想史上的作用是承前启后。对此，史蒂芬·克里尼（Stefan Collini）的描述我认为是非常准确的。他说，霍布豪斯在 1910—1911 年之间写的《自由主义》，是"新自由主义政治理论的权威宣言，也是 20 世纪对自由主义的最佳宣言"。① 具体表现在以下几个方面。

一　霍布豪斯政治思想的理论贡献

1. 梳理了自由主义的发展脉络

在其代表作《自由主义》一书中，霍布豪斯通过历史地分析了自由主义的发展脉络，对各个时期的自由主义思想进行了创造性的批判。他认为自由主义是作为对权力主义的一种批判而出现的，因此最初是以一种破坏性和革命性的力量出现的。但我们的工作不应当仅限于破坏，而是要使破坏性的工作与重建性的工作同时进行，而且随着时间的推移和历史的发展，越来越需要重建性的工作。而他也是基于这一考虑来梳理和重建自由主义的。由此，他梳理了自由主义从自然秩序到功利主义以及到自由放任主义发展的历程。这一过程的发展虽极大地解放了个人，但同时也没有使有序的社会秩序得以重构，这是霍布豪斯对自由主义发展历史的基本判断。霍布豪斯在《自由主义》一书中对自由主义的梳理虽然非常的简洁，但可以看作是 20 世纪最棒的一本自由主义论著，无论是对当时的学术界

---

① Stefan Collini, *Liberlaism and Sociology*: *L. T. Hbbhouse and Political Argument in England 1880 – 1914*, Cambridge University Press，1979，p. 121.

还是对今天我们研究自由主义都具有非常大的参考价值，可以说，他对自由主义的很多观点是具有长期性甚至有些是永久性的意义的。

2. 丰富了自由的内涵，拓展了自由的范围

在政治自由与社会自由的基础上丰富了自由的内涵，扩展了自由的范围，是霍布豪斯对传统自由主义的超越，也是他对自由主义的一项重要的贡献。他总结提出了自由主义诸要素，这些要素丰富了自由的内涵，拓展了自由的范围。他在继承和保留自由主义的传统主张的同时，又赋予这些传统的自由以新的内涵，这些内容主要包括公民自由、政治自由、经济自由等；同时，他又根据所处的历史现实，对现实进行了深入的思考和提炼，提出了新的自由，这些内容主要包括财政自由、民族自由、种族自由、国际自由、社会自由等，这些自由涉及个人、家庭和国家等各方面，使自由主义思想又前进了一大步。

3. 吸纳社会主义学说

将社会主义思想吸纳进来用以补充自由主义的内涵，证明霍布豪斯并不是一个固执的闭关自守者。在某种程度上这也使其理论表现出了一定的开放性。霍布豪斯主要吸取了社会主义中的互助合作的思想，用以弥补传统自由主义孤立强调自由带来的不足。同样，当"霍布豪斯等人努力从社会主义吸取养分的时候，他们的思想也不可能不对社会主义运动产生影响"。①

4. 采用多学科的研究方式，将政治问题作为一个整体的问题来研究

从霍布豪斯理论的整个构架来看，我们可以看到霍布豪斯对政治问题的研究是建立在其社会学研究的基础上，其目标趋向是伦理学，同时也结合心理学的研究结果，重视心理以及思想的发展对政治思想及政治行为产生的影响。因此我们看到霍布豪斯综合了社会学、政治学、心理学、历史学等理论从各个角度对他的学说进行阐述。这样做的一个好处是使我们对一个问题研究的全面性成为可能，也使我们对一个问题的研究的可能性成为可能。现代社会随着分工的不断细化，在知识界产生的影响也是巨大的，那就是不断细分的知识体系让我们对世界完整性的理解变得越来越困难。也许，我们是应该回到那个自然科学与人文社会科学可以相互借鉴的

---

① 殷叙彝：《"自由社会主义"和"社会自由主义"——论霍布豪斯的新自由主义》，《当代世界与社会主义》2005 年第 3 期。

时候了。事实上，这种多学科的研究方式就是新自由主义的研究方式，新自由主义将科学的方法和伦理道德相结合，他们用以综合研究的学科"第一是功利主义的传统，第二是观察社会现象的科学，第三则是生物学"①。由此，霍布豪斯也成为新自由主义研究方式的主要代表之一。

二　霍布豪斯政治思想的局限性

1. 阶级局限性

作为一个现实的思想家，针对当时的社会现实，霍布豪斯勇于对传统的老自由主义发出挑战，作出修正，无疑是值得肯定的。他的一生，始终站在人类幸福的立场，关注工人阶级、妇女、儿童等弱势群体，追求自由、民主、平等与正义，试图创造一个积极有序、安定和谐的社会，从而保证其社会成员能充分地发展自己的才能和个性，促进社会全体的进步。他通过其和谐理论为其国家干预理论以及福利国家理论奠定最根本的理论基础，但最终没有触及个人主义的核心，这当然是当时的历史环境使然。他试图调和集体主义和个人主义，调和个人和社会、个人和国家的关系的努力，给我们留下了一个历史问题：在不触动资本主义所有制并且否认阶级斗争的条件下是否能实现霍布豪斯所企求的"社会和谐"？②

而作为资产阶级思想家，霍布豪斯的所思所想不可避免地带有维护本阶级利益及其统治地位的痕迹，无法根本超越时代对他的限制。正如马克思在评论密尔时指出的："1848 年的大陆革命也在英国产生了反应。那些还要求有科学地位、不愿单纯充当统治阶级的诡辩家和献媚者的人，力图使资本的政治经济学同这时已不容忽视的无产阶级的要求调和起来。于是，以约翰·斯图亚特·密尔为最著名代表的毫无生气的混合主义产生了"。③ 这种评价同样适用于霍布豪斯，他这时无疑还是在走密尔的老路。虽然从理论根基上重新对自由主义进行了奠基，但总的来说，霍布豪斯还是倾向于自由主义的，也就是他试图通过对理论基础的修正来达到理论大厦的改良，从而通过现实措施的改进来促进和维护资本主义制度的发展。

---

① Michael Freeden, *The New Liberalism: an Ideology of Social Reform*, Oxford: Clarendon Press, 1978, p. 256.

② 殷叙彝：《"自由社会主义"和"社会自由主义"——论霍布豪斯的新自由主义》，《当代世界与社会主义》2005 年第 3 期。

③ 马克思、恩格斯：《马克思恩格斯选集》（第 2 卷），人民出版社 1995 年版，第 107 页。

所以，我们看到霍布豪斯的"和谐"思想从根本上说是软弱的、犹豫的，而这一点也使他的政治蓝图或社会蓝图始终不清晰。

2. 以道德学说体系作为思想基础

霍布豪斯整个理论的基础是建立在其以权利、义务为主体的道德学说体系基础上的，这样的基础是脆弱和软弱的。历史唯物主义表明，社会发展有其客观基础与客观规律，其运作的基本规律就是社会存在决定社会意识，经济基础决定上层建筑，作为客观存在的社会存在和经济基础才是社会发展的基础。国家作为社会历史发展的产物，也是社会经济发展到一定阶段的产物。因此，社会和谐目标的达成的根本在于社会存在的改善。国家与个人之间存在着永远的张力，在现代国家治理实践中，国家整合政治权力，对社会、政治、经济生活进行干预，侵犯公民权利的现象屡见不鲜。对此，霍布豪斯把希望寄托于统治者良心上的觉醒，企求他们尊重良心的权利，只能是一种奢望。

3. 忽视了国家的阶级性特征

霍布豪斯认为国家是"人民的联合"，是联合的结果。他没有考虑到的是，国家作为阶级斗争的产物，其产生是阶级矛盾不可调和的产物，其存在有两个基本的前提，即阶级和阶级斗争，这也就使其理论缺乏客观性特征。当然，霍布豪斯从工具理性的角度寻求了一个国家理论假设，是因为他认为只要对自由主义进行改良，资本主义国家就能化解矛盾，实现社会和谐。

第二节　霍布豪斯政治思想的实践贡献：福利国家

一　为自由党的社会改革奠定理论基础

1906 年 1 月，自由党取得了英国有史以来选举的最大胜利，它在国会选举中取得了 401 个席位，成为新一届执政党。上台后，在工人阶级、社会舆论和雇主集团的压力之下，同时也为了争取社会各界的支持，英国自由党内阁实行了一系列的社会改革，这些社会改革的理论基础就是以霍布豪斯为代表的新自由主义。新自由主义针对国内社会问题提出的一系列的改革措施也得到了当时英国国内社会主义者、工联主义者和一些中产阶级人士的支持，为自由党实行社会改革提供了理论基础。

在新自由主义的熏陶下，新一代的自由党人成长起来，主要代表人物有阿斯奎斯、劳合·乔治和温斯顿·丘吉尔等。因此，英国自由党内阁的政策，特别是 1906—1914 年实行的政策也被称作"新自由主义"。在财政大臣劳合·乔治的推动下，先后颁布了一系列的社会改革方案。其中包括：《教育法》（1906 年和 1907 年）、《养老金法案》、《儿童法》、《煤矿管理法》（1908 年）、《劳工介绍所法》（1909 年）、《国民保险法》、《煤矿法》（1911 年）、《煤矿最低工资法》（1912 年）。同时自由党还针对儿童营养、老年贫困、失业和医疗等问题采取了一系列的措施，这些措施对英国的发展产生了重要的影响。自由党政府的各界内阁都针对社会问题的各个方面提出了不同的改革措施。下面我们就对英国自由党进行的一系列的改革措施做一个简单的叙述。①

1906 年卡姆培尔·班勒作为商务局局长，率领进行了一系列的改革来解决社会问题，它们涉及教育、工会、饮酒、选举复票权和土地问题等 5 个议案。1906 年的教育法案，规定所有以地方税款维持经费的学校皆为国立学校，宗教教育的内容必须限于不属于任何教会派别的宗教问题，若干所在城市人口在 5000 以上，而学生的 4/5 属于一个教会的学校——大都是天主教学校——可以例外。1906 年的工会诉讼法案（Trades Dispute Bill），规定工会所有民事诉讼概行豁免。如此，工会罢工便可免于破产。此法案还规定工会罢工的纠察制度为合法。1906 年的选举复票权法案（Plural Voting Bill），规定许多拥有财产的人在选举时投票不能超过两次。1907 年的苏格兰土地法案（Scottish Land Bill），规定保护佃农，不允许不公平退佃。

同时，英国上议院的贵族们也实行了很多改革方案。1908 年他们通过了温斯顿·丘吉尔的工资评审会法案（Wages Board Bill）、失业工人法案（Unemployment Workman's Bill）和工人交流法案（Labour Exchange Bill）。丘吉尔 1908 年 4 月接任卡姆培尔·班勒门商务局局长的位置，他自命为新自由主义分子，也把自己所实行的一些措施看作是"新"自由主义一部分。工资评审会法案规定设立由雇主和雇员各派同等人数组成的工资评审会，以评定约 50 万流汗工业工人——裁缝工人、花边工人、链

---

① ［美］戴维·罗伯兹：《英国史：1688 年至今》，鲁光桓译，中山大学出版社 1990 年版，第 347—354 页。

子工人和纸盒工人的最低工资。失业工人法案规定地方权力机构组织救济委员会雇佣失业工人。工人交流法案规定设置180个工人交流站，以便失业工人找工作。虽然工资评审会法案收效甚微，但是工人交流法案却收效很大。

丘吉尔对"新"自由主义的思想贯彻的最大贡献就是实行了《养老金法案》（Old Age Pension Bill）。关于这个法案的具体内容，将在下面详细论述。

为了实行这些救济法案，财政大臣劳合·乔治提出了新的税收方案。他把收税的目光投向了富有者，尤其是全部是由于土地的缘故而获得财富收入的人。他提出所谓"人民的预算"，规定100镑以上的财富，征收1%—5%遗产继承税；500镑以上收入，征收4%—20%的累进所得税（凡收入在500镑以下的家庭，得扣算儿童给养）。同时，他还征收了三种惊人的土地税。一种是为数20%的土地增值税，所有土地只要增值都要征收（在土地出售时计算）；一种是为数10%的出租土地增值税；另一种是未经充分开发运用的地价税，按年课征，包括地下资源，如矿产的价值之内。

二　为英国福利国家的发展奠定了理论基础，开辟了福利国家的先河

以霍布豪斯为代表的新自由主义的社会保障思想同时也为英国现代社会保障制度的建立奠定了理论基础。新自由主义的社会保障理论，成为20世纪初英国自由党进行社会改革、建立现代社会保障制度的主要理论基础。戴维·罗伯兹认为是自由党带头开创了福利国家，[①] 并且"自由党在1906年至1911年之间把英国弄成了一个比较民主，并且对人民的福利比以往任何时期更为关注的国家"。[②] 1908年4月，班纳曼因病辞世，阿斯奎斯任首相，劳合·乔治改任财政大臣，丘吉尔任贸易大臣。内阁的改组使英国激进派的力量大大增强，他们实行了广泛的以社会福利为基础的改革。自由党的社会福利方案主要针对三个方面。

---

① ［美］戴维·罗伯兹：《英国史：1688年至今》，鲁光桓译，中山大学出版社1990年版，第353页。

② 同上书，第354页。

一是养老金制度。① 养老金制度最主要是通过《养老金法案》实施的。养老金法案主要是由阿斯奎斯一手促成的，1908 年 4 月，他接任首相，法案由接任他的劳合·乔治向议会宣读。1908 年 8 月 1 日，议会正式批准这一法案。从此，英国一项新型的社会保障措施——免费养老制度正式诞生。该法案明确地规定了养老金制度的普遍性和免费性原则。

法令在第一条就规定，任何人只要符合该法所规定的条件，就可以领取养老金，支付养老所需要的一切费用均来自于议会批准的拨款，同时，为使该法正常有效地运行，各养老金管理机构的一切开支经财政部批准也都由议会拨款负担。

关于养老金的数额、发放方式以及领取人的权利，法令作了具体的规定：养老金的发放必须按照法令所规定的比例发放。年收入不超过 21 英镑或者每周 5 先令；年收入在 21 英镑至 23 英镑 12 先令 6 便士之间者每周 4 先令；年收入为 23 英镑 12 先令 6 便士与 26 英镑 5 先令之间者每周 3 先令；年收入在 26 英镑 5 先令与 28 英镑 17 先令 6 便士之间者每周 2 先令；年收入在 28 英镑 17 先令 6 便士与 31 英镑 10 先令之间者每周 1 先令，每对符合条件的夫妇每周 10 先令。

此外，法令还对申请和领取养老金的条件、没有资格领取养老金的情况、养老金申领人的财产计算、养老金的管理及实施和申请人在财产申报以及领取养老金时的欺骗行为等都作出了明确的规定。

1908 年的养老金法案虽然还存在着许多缺点和不足，但是该法案的颁布和实施在英国社会福利制度的发展和演进过程中有着重要的影响和作用。它是英国历史上第一个由国家承担费用并组织实施的养老金法案，它不同于济贫法制度下带有歧视性的、近乎惩罚性的救济措施，充分体现了国家对老年贫民的责任。它是与英国所建立的济贫法制度有着根本性不同的社会福利制度，是英国现代社会福利保障制度的开端。有学者估计，由于实施养老金，1906 年到 1913 年，70 岁以上老年人的贫困比例实际下降了 74.8%，同期接受院外救济的 70 岁以上老人则下降了 94.9%。②

① 丁建定：《从济贫到社会保险：英国现代社会保障制度的建立（1870—1914）》，中国社会科学出版社 2000 年版，第 187—193 页。

② 陈祖洲：《通向自由之路：英国自由主义发展史研究》，南京大学出版社 2012 年版，第 279—280 页。

　　二是失业保险制度。1905 年颁发的《失业工人法》，使英国对国家承担工人失业问题的责任第一次在 20 世纪通过法律表现出来。《失业工人法》的目的是通过普及已经存在的劳动介绍所制度来缓解工人的失业问题。所以它对在伦敦地区以内和伦敦地区以外的劳动介绍所的建立有详细的规定。尽管到了 1907 年，《失业工人法》被证明效果并不明显，但是这个法案在英国的历史上，尤其是在社会保障制度的历史上还是有重要的意义，从而也受到西方学术界的高度评价。首先它第一个通过国家立法形式确认了英国政府对解决失业问题的责任，是英国解决失业问题的第一个重要法令。西方研究英国社会保障制度的学者给予这部法令的评价是，"这是对失业者的一种全新的责任"，或者认为"这是一项具有历史意义的法令，它是一项承认国家对其失业的居民应承担责任的立法，从这一意义上讲，它又是那些最终缔造了英国福利国家的一系列立法中的第一部"。法令一颁布，《劳工领袖》杂志就指出："该法承认国家应对失业者承担责任是十分重要的"。[①]

　　由于《失业工人法》未能有效解决工人失业问题，自由党对这个法令又进行了进一步的改革。这个问题主要受到了丘吉尔和贝弗里奇的支持，尤其是丘吉尔认为，应当通过双向推进劳动介绍所制度和失业保险制度，这两种制度互相补充、互相支持，这两种制度必须配套实施。所以在丘吉尔的一手推动下，1909 年 10 月英国首先颁发了《劳动介绍所法》。该法规定，贸易部可以在它认为合适的地方设立劳动介绍所，或者对那些由其他机构及个人能建立的劳动介绍所提供帮助；介绍所可以使用其认为合适的方式收集有关劳动力供需信息，为失业者提供工作信息。法令颁布后，英国各地纷纷建立劳动介绍所，为失业者介绍工作。到 1910 年 2 月，英国已建立并开放的劳动介绍所达 61 个，1911 年 2 月为 175 个，1914 年增加到 423 个。在劳动介绍所登记的申请人 1910 年为 140 万人，1914 年为 200 万人。劳动介绍所也确实为劳动力资源的调配起到了一定的作用，1913—1914 年间，每年都有 100 多万职业空缺通过劳动介绍所的工作而

---

　　① 丁建定：《从济贫到社会保险：英国现代社会保障制度的建立（1870—1914）》，中国社会科学出版社 2000 年版，第 209 页。

填补起来。①

　　与《失业工人法》相配套的是《失业保险法》。《失业保险法》是1911年12月颁布的，是作为《国民保险法》的第二部分被批准实施的。该法案基本体现了丘吉尔和贝弗里奇等人的主张。法案对失业保险的适用范围、申请资格、缴费标准、津贴标准以及管理事宜都做了明确的规定。1911年以后，失业保险制度很快就在规定的行业内建立了起来，到1914年，整个英国参加失业保险的人数已经达到了2325598人，失业保险基金在1912—1913年为200万英镑，发放失业津贴21万英镑，1013—1914年两者分别上升到240万英镑和53万英镑。②

　　三是健康保险制度。对国民健康的福利的主要措施是1911年通过的《健康保险法》，这一法案主要是由劳合·乔治促成的。这一法案的目的是为低收入者提供医疗补助，主要是通过现金补助。其补助的对象包括了几乎所有的年龄在16—70岁之间的，累计年收入不超过160英镑的体力或者脑力劳动者。保险费按不同比例由雇主、职工和国家分担。健康保险的津贴包括医疗津贴、疗养津贴、疾病津贴、伤残津贴、产妇津贴以及其他津贴。③法令实施后，超过1000万的居民参保，国民的死亡率逐渐降低。④

　　上述由自由党采取的一系列改革措施，使英国完成了从传统的济贫法制度向现代社会保障制度的转变，开创了福利政策的先河。而其所建立的国家责任原则、社会保险原则和分别救济原则，也成为以后英国社会保障制度进一步发展的基础。同时也为英国今后的福利政策奠定了基本的框架，这些制度中主要的济贫制度、教育制度、养老金制度、失业保险制度和健康保险制度构成了英国福利政策的基本框架。以后的英国无论是自由党执政，还是工党执政，首先都把社会福利作为一个非常重要的政治考虑内容，其次在社会福利的框架方面也基本没有太大的突破。以后的福利政策无非是对上述这些内容的补充和完善。

---

　　①　陈祖洲：《通向自由之路：英国自由主义发展史研究》，南京大学出版社2012年版，第281页。

　　②　同上书，第282页。

　　③　同上书，第283页。

　　④　阎照祥：《英国史》，人民出版社2004年版，第342页。

三　对英国社会的发展产生了重要的影响

以霍布豪斯为代表的新自由主义对英国社会的影响，主要是通过英国社会保障事业的发展而产生的。社会保障制度的发展对英国社会的各方面发展都起着积极的作用，下面我们将从社会、经济变化和政治发展等三个方面展示新自由主义对英国的发展产生的影响。

首先，在社会生活方面，社会保障制度的建立和发展，为英国人建立起了从摇篮到坟墓的社会保障网。它不仅使社会上老弱病残者的实际生活得到保障，而且也使在职人员的实际生活也具有一定的安全感和稳定感，从而比较有效地避免了绝对贫困的加剧，为英国民众提供了比较有效的生活保障，促进了英国社会生活水平的提高，比较有效地缓解了社会问题的压力，推动了英国社会整体的发展，维护了社会的基本稳定。

但是它并没有有效地根除社会问题。20 世纪初英国社会保障制度的建立和发展，基本上消除了绝对贫困问题，但它并没有消除贫困问题，贫困问题始终存在，有时也在加剧，而失业问题、养老问题以及贫富不均与两极分化问题也没有得到根本改变。

其次，在经济发展方面，由于社会保障制度通过国家立法对社会财富进行了重新分配，能比较有效地解决在生产力发展与社会经济发展过程中的社会问题，为社会的经济发展提供了一个较为稳定的社会环境，无疑在一定程度上是与英国工业社会的生产力状况发展相适应的，有助于英国社会经济的平稳发展。

最后，英国社会保障制度的发展影响着英国政党政治的生态，有利于社会政治的稳定。英国政治的突出特点就是政党政治。第一，英国社会保障制度的产生其实就是英国自由党、保守党和工党在相互角逐、竞争中为了争取民众的支持而提出的执政策略。针对问题频出的社会现实，对社会问题的态度往往决定了民众对政党的支持态度，从而也成为决定政党命运的重要因素。第二，英国自由党正是因为积极主张建立社会保障制度才得以击败长期执政的保守党，取得执政党的宝座。1906 年自由党执政后不得不履行其诺言，英国的社会保障制度也由此建立了起来。第三，社会保障不仅成为各政党执政的一项极为重要的内容，而且也成为各政党能否上台执政以及能否保持执政党地位的重要因素。20 世纪初，工党由于在社会福利事业上的犹豫地位失去了长期执政的地位，自由党乘机打出社会改革和尽快建立社会保障制度的旗帜，从而战胜了保守党，成为执政党。两次大战之间，自由党由于没能对严重失业问题提出有效的解决方案，严重影响了其政治优势，也成为它被工党击败的一个非常重要的原因。第二次世界大战后，工党由于在社会保障制度方面向民众作出了种种许诺，从而使它能打败自由党成为执政党。

第三节　霍布豪斯政治思想的时代比较及其当代启示

一　霍布豪斯政治思想的时代比较

从前文的分析，我们已经知道自由主义不是某个人或某些个人，而是一个较为庞大的学术圈子的产物。其代表人物也非常多，主要有格林、霍布豪斯、霍布森、塞缪尔（Herbert Samuel）、霍兰（H. Scott Holland）、马斯特曼（C. F. G. Masterman）、霍尔丹（R. B. Haldane）和朗特里（Seebohm Rowntree）等等。[①] 因此，众多的思想家都从各自的学科出发，构建不同的理论框架，并根据各自关心的问题，提出不同的解决方案。他们的理论和方案形成了当时英国一道靓丽的风景线。考察他们之间的一些异同，有助于我们更好地认识和评价霍布豪斯的思想，同时也可以让我们对复杂的社会现实问题有更多思考的路径。由于当时的思想家众多，我们选择较有代表性的格林、鲍桑葵和霍布森进行比较。新自由主义者的理论框架的共同特征是围绕着自由问题、个人与社会问题、集体问题和国家问题进行理论构造，同时在此基础上提出各自的社会问题的解决方案。

1. 格林

格林认为人在社会生活中是一种追求共同善的道德存在，而他的自我实现或者说自由只有在社会中才能获得。由此，自由不是仅仅免于约束或强迫，不是仅仅按我们的喜好去行事，而不管这些喜好是什么。因为仅仅没有外在干涉并不能够确保所有人都是自由的，它可能带来的后果就是很多人是不自由的，有些人以牺牲其他人的自由获得自由。仅仅排除强迫，仅仅使一个人能够做他想做的事情，这本身对真正的自由毫无贡献。所

---

① 陈祖洲：《通向自由之路：英国自由主义发展史研究》，南京大学出版社 2012 年版，第245 页。

以，自由乃是积极的社会主体拥有的自我完善和实现共同善的能力。他写道："自由是一种做或享有某些值得做或享有的事物的积极的力量或能力，是一种我们可以与其他人共同做或享有的东西"。① 也就是说，"当我们用一个社会在自由方面的发展来衡量它的进步时，我们是以增进社会的善的那些能力的不断发展和越来越多的运用来进行衡量的，并且我们相信每个社会成员都被赋予了社会的善。简而言之，是用作为整体的公民体系拥有较大的能力，以最大限度地、最好地完善自己这一标准来衡量"。② 格林第一个提出以积极自由代替消极自由，此后霍布豪斯和鲍桑葵都主动吸收"积极自由"的概念并加以发扬。

格林认为国家的基础是追求共同善的意志，国家是维护权利的机构，为个人提供道德化的必要条件。所以，个人应该尊重国家，遵守法律，使自己同社会的共同意志统一起来。当个人不能做到时，国家为了个人自由和社会共同福利，可以对个人进行干预，但是这些干预必须遵循一定的原则，不能干涉个人的独立。

基于上述原则的遵循，格林认为国家可以为促进个人的道德水平的提高和社会共同善的实现发挥积极的作用，它应该帮助个人排除那些阻碍他自我实现的障碍，以便每个人都可以被赋予自我实现和促进社会共同福利所必须的能力。

为了扫清实现共同善道路上的障碍，格林认为，国家在当时应当采取三个措施。

（1）建立强迫教育制度。格林认为教育的疏忽会阻碍个人能力的发展，为了那些教育被忽视的人能够有效地行使其权利，必须排除这种阻碍。当时的英国在教育领域尤其是初等教育领域存在着很多的问题，尤其是很多穷人家长只顾眼前利益而不把他们的子女送入学校学习，进而阻碍了个人的发展。格林认为国家应该通过税收和地方的财产税，建立公共资金，进而发展全国免费的初等教育体系，并要求所有的父母应当把子女送到学校接受义务教育。

（2）推行禁酒令。酗酒是当时英国存在的一个较为普遍的问题。格

---

① Thomas Hill Green, "Lecture on Liberal Legislation and Freedom of Contract", in Works, Vol. 3, 1888, p. 371.

② Ibid..

林认为出售烈酒和酗酒，都是一种不道德的或者是"罪恶"行为。因为一个人如果不加节制地酗酒的话，将会对他人的财富、健康和能力形成伤害。对家庭而言，如果一家之长存在酗酒行为，往往会造成家庭的贫困和道德的退化。而对酒类贸易而言，它将把沉重的负担加注到公众身上。它不仅会造成犯罪和赤贫，破坏人们生活中的平等，而且还会阻碍人们道德的发展。所以，国家必须通过严格的立法，推行禁酒令，限制酒类的生产和销售。

（3）限制私有制。格林认为，私有财产是实现个人自由、个性发展、追求道德的手段，对人类社会而言是必不可少的。但是私有财产存在两种不同的形式，一种是以资本形式存在的私有财产，另一种是以土地形式存在的私有财产。以资本形式存在的财产，会带来资本的增值，并且不会带来他人的资本的减少，所以是直接服务于社会之善的。而以土地形式出现的私有财产，因为土地数量有限，并且土地是现代社会建立的基础。因此，一人土地的占有必然带来其他人土地的减少，同时也会导致土地私有制。而土地私有制对现代社会而言，造成社会的两大后果。一者，大量无地农民涌入城市，造成了一个贫困的无产阶级；二者，土地私有制造成土地掌握在一小部分人手中，进而妨碍了工业资本的发展，并且还造成社会贫富悬殊。所以，必须对土地私有制进行限制。

2. 鲍桑葵

自由的消极概念和积极概念同样构成了鲍桑葵自由观的核心内容之一。对于消极自由他是这样认为的，"凡是增强个性和维护自我的表现乍一看都是与他人敌对的，而自由，即个性的条件，也就变成了消极的概念，似乎在社会统一体的每个成员周围都要保留最大的空间，以免受一切侵犯"。[1] 消极自由是每个人使自己处于正常状态的条件或者说消极自由的本质在于要求让自我处于正常的状态。[2] 同时，消极自由的另外一层含义是免除奴役与强制，这也是自由的最初意义和基本意义。同时，消极自由是以个体的差异为基础的，奠基于个体差别之上的消极自由必须有某种制度的保障，这种制度就是法律制度。因此，消极自由主要表现为法律自由。积极自由是一种采取行动的自由，主要表现为政治自由。积极自由是

---

① ［英］鲍桑葵：《关于国家的哲学理论》，江淑钧译，商务印书馆 1995 年版，第 142 页。
② 同上书，第 144、150 页。

自由的实体，消极自由是自由的形式。

关于国家，鲍桑葵认为主要有两个方面。一方面，国家是政治社会意义上的国家，国家是公共组织，或相当于"共和国"；另一方面，国家是强力组织，是一个可以合法使用暴力的组织。所以，国家是社会成为整体、走向和谐的源泉，是文明社会中不可缺少的因素，是至高无上的共同体，是完整的道德的捍卫者。国家的目的就是使人进入完美的境界。国家为了实现这一目的，必须发挥其控制和强制的作用，进而拆除一切的阻碍物。因此，国家的目的和作用主要体现在以下几个方面：

（1）调整和维护公共利益。鲍桑葵认为现代国家中存在不同的特殊利益系统，这些特殊的利益系统会自然地产生出各方面的共同利益。对于出现这种的共同利益，国家有权利和责任加以保护。比如国家可以通过兴建必要的公共工程和检查环境卫生等工作，也可以查处向公众出售日用品等欺骗行为。但国家干预有一个基本的原则，就是要维护社会有机体的地位和平衡，而不至于破坏国家与个人之间的平衡。同时他也认为国家无法干预人的精神生活。因此，鲍桑葵也反对国家干预深入到家庭生活领域，因为这样会把公民自己的组织压缩掉，从而降低了公民对总体意志的贡献。

（2）维护权利体系。国家的另一个很重要的工作就是要维护包括社会权利和个人权利在内的权利体系。社会权利包括政治的、经济的、日常生活的；个人权利主要是指一个人在社会中的一个职位。主要有三方面的特质：首先，权利是一种可实施的要求；其次，权利是一种责任；最后，权利与义务相对应，权利提出要求，而义务则是应尽的责任。

（3）惩罚。鲍桑葵认为，人具有动物本性，因而有实际意志和真实意志之分。人们在社会生活中无论是否出于个人主观意愿，偶尔都会产生不顺从、消极抵抗，更严重的甚至会冒犯国家的至高权威。如果这种行为不得到及时有效的制止，将危及整个社会权利体系的秩序和稳定。在此种情况发生时，鲍桑葵认为，国家唯有采用惩罚。虽然这种方法是一种消极的维护权利体系的措施。所谓惩罚就是国家通过物质手段，把目的强加于个人意志之上以达到促进目的的实现。惩罚的目的很明确，就是为了防止个人侵犯社会的权利体系。惩罚并不是人们通常理解的"报复"，从深层次来说，惩罚其实是真实意志对实际意志的修正。例如对不负责任的家长来说，国家通过惩罚强迫他们把孩子送进学校接受国民教育，这实际上是国家代表家长本身的"真实意志"来修正其错误的"实际意志"。①

3. 霍布森

在霍布森看来，功利主义把人看做是自私的，这是不可信的。进而在功利主义的视野下，民主政治是作为自我保护的机制而存在的，它只确保了个人的生命、自由和财产权利，这样作为公民的权利依然是微弱的。而且在公共领域中，公民是消极的；在私人领域里，公民则是积极的。这种个人主义民主观只是对消极的个人和消极的国家进行了平衡。他认为，必须对自由重新进行认识。自由不仅仅包括功利主义思想家所提出的消极自由，真正的自由除了不受别人的干预以外，还应当是积极参与社会生活，在社会生活中实现个性的完善。而且这种自由应当是最重要的自由。

霍布森认为国家是"社会的工具"，是特殊的"人类联合的形式"，是"社会能够行动的工具"，"社会自我管理的工具"和"社会生活的工具"。② 因此，在霍布森看来，国家的价值主要在于其工具性价值。国家的功能在于促进和实现社会的共同福利；为个人的幸福和发展提供机会；积极地指导社会健康发展。

为此，国家需要代表社会进行干预。它所使用的方法主要有三种：对工业的管制；对工业的经营；征税。第一种方法指使用公共机构的全部立法权力来监控经营工业的条件，包括工资、工作时间和其他劳动条件以及对失业、疾病和老年的照顾。这些立法主要是加强工会的谈判条件，因此仍不能算是社会主义的。第二和第三种措施可以看成是社会主义的。

第二种措施"国家对工业的经营"是指国家或地方占有并管理某些工业。霍布森在这里使用了"国家社会主义"一词，认为"完全的国家社会主义措施"即企业的社会化或国有化，通常只能应用于那些如果留在私人手中就会产生垄断或造成严重危险和混乱的企业。即使在这种情况下，也要看国家或城市是否有能力比私营企业更加经济地或更加有效地经营。霍布森认为，国家的有效经营可以通过对行业的剩余利润的调控和分享来更好地保证社会利益，也就是使财富为更加广泛的人们享有和更加符合人道。它可以以两种方式做到这一点。第一，排除私人收入中不劳而获

---

① 徐大同总主编：《西方政治思想史》第四卷，天津人民出版社 2005 年版，第 416 页。

② J. A. Hobson, *Crisis of Liberlaism*: *New Issue of Demoncracy*, 1909; ed. And with an introduction bu Peter Clake, Brighton, 1974, p. 3.

的和过量的，因此会造成浪费的成分，用于为社会服务；加强工业系统的活力，扩大能得到满足的需求的总量。第二，实行与工业日益增加的复杂性相称的中央指导，减少由于个人和集团利益之间的冲突而造成的浪费，从而以最小的人力成本产生最大的效用。

二　霍布豪斯政治思想的当代启示

1. 加强社会保障，发展社会福利，是缓解社会冲突的应急机制

19 世纪末的英国，在经过放任自由主义激发社会生产力的同时极大地增加了社会财富，然而放任自由主义或者说自由竞争的资本主义几乎把所有的关注点放到了生产环节的激发上。但资本主义是一个具有系统性的体系，它既包括生产环节，也包括分配环节，而传统的自由主义恰恰忽视了分配的问题。因此，结果导致的是生产力极大提高，物质产品极大丰富，而分配严重不均，进而导致社会矛盾极度恶化。从系统论的角度来讲，生产环节和分配环节是一个相互循环、相互促进的过程。生产环节生产出大量的产品，只有在分配环节中予以消化，价值增值部分才能实现。而在当时的资本主义社会体系中，生产环节所产生的物质产品的所有者在整个社会体系中是处于少数的位置，只有把少数所有者所生产出来的物质产品能被大多数的生产者所消化，整个经济体系才能得以正常、持续地运行。资本主义私有制或者自有资本主义无法解决生产者的购买能力问题，这一问题只有通过政府的强力措施来解决。

另一方面，生产者的利益如果得不到保障，那么资本主义的生产环节将直接受到威胁，进而整个资本主义经济体系将遭受危机。因此，必须通过各种措施保障生产者的基本利益，维持社会生活的基本平衡，进而整个生活的经济体系才不至于奔溃。

因此，政府必须通过一定的措施。尤其是要加强社会保障，通过实行相应的福利措施，提升和保障广大弱势群体的基本利益，才能：第一，缓和阶层心理冲突；第二，保障生产环节地顺利进行；第三，缓和社会冲突。

2. 解释现实，超越现实需要基础理论的创新与改革

19 世纪末 20 世纪初的英国，给人以最深的印象便是：与庞杂的社会冲突相一致的是各种不同的思想、理论竞相展现，形成了一道靓丽的理论彩虹。正是广大思想家对社会现实的深入关怀和呕心沥血的谋划，让那个

时代的英国有了更多走出危机的选择机会。同时，这些思想家和理论家的一大特色就是都是从本学说的基础理论着手。比如，霍布豪斯从政治哲学视角出发，对其奠基的权利、义务理论进行改造，进而建构其理论大厦，提出其解决方案；鲍桑葵则依循黑格尔的路径，从政治哲学中的和谐与一致的问题出发，试图分析和解决"政治义务悖论"的问题；而霍布森则从经济学的角度来认识政治问题，为透视复杂而冲突的现实问题提供了一条有效的路径。

19 世纪晚期，工业革命和城市化并没有为英国社会带来和谐与稳定，反而是诸多社会问题一齐展现，主要有失业问题、老年问题、贫困问题、拥挤问题、卫生问题等等。新自由主义者针对严酷的现实问题，对维多利亚中期的自由放任的思维传统进行了根本性的重建。他们重新认识了国家、社会和个人之间的关系，形成了新的国家观和社会观，并在此基础上重构了理论框架，这些理论框架为现实问题的解决提供了新的思路，进而也提供了必要的针对当时的社会形成的具有直接挑战性的贫困、失业和疾病等问题的解决办法。

上述分析也表明，面对复杂的现实，我们首先需要的是在基础理论上加以改造，进而对现实有清晰的解释，从而才可能有解决的办法。因此，越是复杂的现实，越需要基础理论的创新。当前的中国虽然在本质性的矛盾方面不同于 19 世纪晚期的英国，但在社会状态方面具有较大的相似性。因此，解决中国当前的问题，当然非常需要应急性的解决办法的提出，但同样非常需要针对现实的具有穿透性的基础理论的创新。虽然理论的任务不只是解释世界，更重要的是要改造世界。但当我们连解释世界的任务都无法解决时，谈何改造世界呢？

3. 国家在解决社会冲突和缓和社会矛盾中具有主导性的作用

19 世纪晚期的新自由主义者对传统的自由放任的自主主义进行改造的一个最重要的特征，就是对国家在整个社会的角色重新进行了定位。在传统的放任自由主义者心目中，国家是"守夜人"的角色，管得最少的政府才是最好的政府，国家应当是"消极国家"或"警察国家"。新自由主义者认为，新时期产生的失业、贫困以及住房困难等问题属于公共问题，自由放任状态下，雇主因为利益的考虑，他们不会主动去关心和解决这些公共问题。这样个人发展的基础条件就得不到保障。而国家作为调节公共利益的社会组织，应当担负起调节社会资源，为个人发展创造基础条件。除了国家以外，没有任何其他组织能够担负起这一责任。

同时，在调节社会矛盾和缓和社会冲突的过程中，国家应当发挥积极的、主导的作用。国家对社会的干涉是必要的，以为"拆除"阻碍人的能力发展的"障碍物"具有首要的和基础的价值。当国家积极作为的时候，就能为个人自由和公共利益的发展创造条件、扫清障碍。

附　录

霍布豪斯主要著作一览

《劳工运动》（*Labour Movement*，1893）

《认识论——对逻辑和形而上学的思考》（*Theory of Knowledge：A Contribution to Some Problems of Logic and Metaphysics*，1896）

《进化中的心灵》（*Mind in Evolution*，1901）

《民主与反动》（*Democracy and Reaction*，1905）

《进化中的道德》（*Morals in Evolution：A Study in Comparative Ethics*，1906）

《自由主义》（*Liberalism*，1911）

《社会进化与政治学说》（*Social Evolution and Political Theory*，1911）

《发展与目的》（*Development and Purpose*，1913）

《个人的社会文化与社会制度》（*The Material Culture and Social Institutions of the Simpler Peoples*，1915）

《形而上学的国家论》（*The Metaphysical Theory of the State：a riticism*，1918）

《合乎理性之善》（*The Rational Good：A Study in the Logic of Practice*，1921）

《社会正义要素》（*The Elements of Social Justice*，1922）

《社会发展：其本质与条件》（*Social Development：its Nature and Conditions*，1924）

参考文献

一 专著

（一）中文

1. 《马克思恩格斯选集》，人民出版社 1972 年版。

2. 李强：《自由主义》，吉林出版集团有限公司 2007 年版。

3. 陈祖洲：《通向自由之路：英国自由主义发展史研究》，南京大学出版社 2012 年版。

4. 丁建定：《社会福利思想》（第 2 版），华中科技大学出版社 2009 年版。

5. 顾肃：《自由主义基本理念》，中央编译出版社 2003 年版。

6. 徐大同总主编：《西方政治思想史》，天津人民出版社 2005 年版。

7. 黄伟合：《英国近代自由主义研究——从洛克、边沁到密尔》，北京大学出版社 2005 年版。

8. 江宜桦：《自由民主的理路》，新星出版社 2006 年版。

9. 浦兴祖、洪涛主编：《西方政治学说史》，复旦大学出版社 1999 年版。

10. 石元康：《当代西方自由主义理论》，上海三联书店 2000 年版。

11. 吴春华主编：《当代西方自由主义》，中国社会科学出版社 2004 年版。

12. 徐向东：《自由主义、社会契约与政治辩护》，北京大学出版社 2005 年版。

13. 袁柏顺：《寻求权威与自由的平衡》，湖南人民出版社 2006 年版。

14. 刘军宁等：《自由与社群·公共论丛》，生活·读书·新知三联书店 1998 年版。

15. 达巍等译：《消极自由有什么错》，文化艺术出版社 2001 年版。

16. 阎照祥：《英国政治制度史》，人民出版社 1999 年版。

17. 何兆武、陈启能：《西方近代社会思潮史》，山东教育出版社 2001 年版。

18. 顾肃：《西方政治法律思想史》，中国人民大学出版社 2005 年版。

19. 徐大同：《20 世纪西方政治思潮》，天津人民出版社 1991 年版。

20. 王养冲：《西方近代社会学思想的演进》，华东师范大学出版社 1996 年版。

21. 王觉非：《近代英国史》，南京大学出版社 1997 年版。

22. 欣斯利：《新编剑桥世界近代史》（第十一卷），中国社会科学院世界历史研究所组译，中国社会科学出版社 1999 年版。

23. 达巍等：《消极自由有什么错》，文化艺术出版社 2001 年版。

24. 李宏图：《从"权力"走向"权利"——西欧近代自由主义思潮研究》，上海人民出版社 2007 年版。

25. 高岱：《英国政党政治的新起点：第一次世界大战与英国自由党的没落》，北京大学出版社 2005 年版。

26. 钱乘旦、许洁明：《英国通史》，上海社会科学院出版社 2002 年版。

27. 丁建定、杨凤娟：《英国社会保障制度的发展》，中国劳动社会保障出版社 2004 年版。

28. 丁建定：《从济贫到社会保险：英国现代社会保障制度的建立（1870—1914）》，中国社会科学出版社 2000 年版。

29. 王彩波主编：《西方政治思想史——从柏拉图到约翰·密尔》，中国社会科学出版社 2004 年版。

30. 牛笑风：《自由主义的英国源流——自由的制度空间和文化氛围》，吉林大学出版社 2008 年版。

31. 李义中：《从托利主义到自由主义——格拉斯顿宗教、政治观的演进》，中国社会科学出版社 2005 年版。

32. 马啸原：《西方政治思想史纲》，高等教育出版社 1997 年版。

33. 刘玉安、楚成亚、杨丽华：《西方政治思想通史》，山东大学出版社 2003 年版。

34. 文晓飞导读：《自由主义导读》，天津人民出版社 2010 年版。

35. 阎照祥：《英国史》，人民出版社 2003 年版。

36. 贾春增：《外国社会学史》，中国人民大学出版社 2008 年版。

37. 于海著：《西方社会思想史》，复旦大学出版社 2010 年版。

38. 王连伟著：《密尔政治思想研究》，黑龙江大学出版社 2007 年版。

39. 阎照祥著：《英国政治思想史》，人民出版社 2010 年版。

40. 阎照祥著：《英国贵族史》，人民出版社 2000 年版。

（二）译著

1. ［英］L. T. 霍布豪斯：《自由主义》，朱曾汶译，商务印书馆 2005 年版。

2. ［英］L. T. 霍布豪斯：《社会正义要素》，孔兆政译，吉林人民出版社 2006 年版。

3. ［英］L. T. 霍布豪斯：《形而上学的国家论》，汪淑均译，商务印书馆 2002 年版。

4. ［英］L. T. 霍布豪斯：《自由主义及其他著作》，中国政法大学出版社 2003 年版。

5. ［英］拉斯基：《思想的阐释》，张振成等译，贵州人民出版社 2001 年版。

6. ［英］昆廷·斯金纳：《自由主义之前的自由》，李宏图译，上海三联书店 2003 年版。

7. ［美］麦金太尔：《伦理学简史》，龚群译，商务印书馆 2004 年版。

8. ［英］阿巴拉斯特：《西方自由主义的兴衰》，曹海军译，吉林人民出版社 2004 年版。

9. ［英］约翰·格雷：《自由主义》，曹海军等译，吉林人民出版社 2005 年版。

10. ［法］皮埃尔·莫内：《自由主义思想文化史》，曹海军译，吉林人民出版社 2004 年版。

11. ［法］邦雅曼·贡斯当：《古代人的自由与现代人的自由》，阎克文、刘满贵译，上海世纪出版集团 2005 年版。

12. ［美］萨拜因：《政治学说史》，盛葵阳、崔妙因译，商务印书馆 1986 年版。

13. ［美］约翰·杜威等：《自由主义》，欧阳梦云等译，世界知识出版社 2007 年版。

14. ［美］约翰·罗尔斯：《政治自由主义》，万俊人译，译林出版社 2000 年版。

15. ［美］约翰·麦考米克：《施米特。对自由主义的批判》，徐志跃译，华夏出版社 2005 年版。

16. ［美］弗雷德里克·沃特金斯：《西方政治传统——近代自由主义之

发展》，李丰斌译，新星出版社 2006 年版。

17. ［美］列奥·施特劳斯、约瑟夫·克罗波西主编：《政治哲学史》
（上、下），李天然等译，河北人民出版社 1998 年版。

18. ［美］迈克尔·J. 桑德尔：《自由主义与正义的局限》，万俊人等译，
译林出版社 2001 年版。

19. ［美］威廉·A. 盖尔敦斯：《自由多元主义——政治理论与实践中的
价值多元主义》，咚德志、庞金友译，江苏人民出版社 2005 年版。

20. ［美］希拉里·普特南：《事实与价值二分法的崩溃》，英奇译，东方
出版社 2006 年版。

21. ［美］伊曼努尔·华勒斯坦：《自由主义的终结》，郝名玮、张凡译，
社会科学文献出版社 2002 年版。

22. ［意］萨尔沃·马斯泰罗内：《欧洲民主史——从孟德斯鸠到凯尔
森》，黄华光译，社会科学文献出版社 1990 年版。

23. ［意］萨尔沃·马斯泰罗内：《欧洲政治思想史——从 15 世纪到 20
世纪》，黄华光译，社会科学文献出版社 1992 年版。

24. ［英］阿克顿：《自由史论》，胡传胜等译，译林出版社 2001 年版。

25. ［英］安东尼·阿巴拉斯特：《西方自由主义的兴衰》，曹海军等译，
吉林人民出版社 2004 年版。

26. ［英］赫伯特·斯宾塞：《社会静力学》，张雄武译，商务印书馆 1990
年版。

27. ［英］昆廷·斯金纳：《近代政治思想的基础》（上、下），奚瑞森、
亚方译，商务印书馆 2002 年版。

28. ［英］理查德·贝拉米：《重新思考自由主义》，王萍、傅广生、周春
鹏译，江苏人民出版社 2005 年版。

29. ［法］卢梭：《社会契约论》，何兆武译，商务印书馆 2005 年版。

30. ［英］洛克：《政府论》（上、下），瞿菊农、叶启芳译，商务印书馆
2004 年版。

31. ［英］亚当·斯威夫特：《政治哲学导论》，萧韶译，江苏人民出版社
2006 年版。

32. ［英］约翰·格雷：《自由主义的两张面孔》，顾爱彬、李瑞华译，江
苏人民出版社 2005 年版。

33. ［英］约翰·密尔：《论自由》，许宝骙译，商务印书馆 2006 年版。

34. ［美］弗雷德里克·沃特金斯：《西方政治传统：近代自由主义之发展》，李丰斌译，新星出版社 2006 年版。

35. ［意］德·拉吉罗：《欧洲自由主义史》，杨军等译，吉林人民出版社 2001 年版。

36. ［意］萨尔沃·马斯泰罗内：《欧洲政治思想史——从十五世纪到二十世纪》，社会科学文献出版社 1992 年版。

37. ［英］鲍桑葵：《关于国家的哲学理论》，汪淑钧译，商务印书馆 1995 年版。

38. ［美］斯塔夫里阿诺斯：《全球通史——1500 年以后的世界》，吴象婴等译，上海社会科学院出版社 1995 年版。

39. ［英］欧内斯特·巴克：《英国政治思想：从赫伯特·斯宾塞到现代》，黄维新、胡待岗等译，商务印书馆 1987 年版。

40. ［英］肯尼思·O. 摩根：《牛津英国通史》，王觉非等译，商务印书馆 1993 年版。

41. ［美］戴维·罗伯兹：《英国史：1688 年至今》，鲁光桓译，中山大学出版社 1990 年版。

42. ［英］考特：《简明英国经济史》，方廷钰等译，商务印书馆 1992 年版。

43. ［意］卡洛·M. 奇波拉主编：《欧洲经济史》（第 3 卷），商务印书馆 1989 年版。

44. ［美］S. E. 佛罗斯特：《西方教育的历史和哲学基础》，华东师范大学出版社 2003 年版。

（三）英文

1. L. T. Hobhouse, *Social Evolution and Political Theory*, New York：The Columbia University Press, 1911.

2. L. T. Hobhouse, *The Rational Good*, London：George Allen & Unwin Ltd. , 1921.

3. L. T. Hobhouse, *Demoncracy and Reaction*, London：T. Fisher. Unwin, 1904.

4. L. T. Hobhouse, *The Labour Movement*, New York：The Macmillan Company, 1912.

5. L. T. Hobhouse, *The World in Conflict*, London：T. Fisher. Unwin, 1915.

6. L. T. Hobhouse, *The Elements of Social Justice*, London: George Allen and Unwin, 1922.

7. L. T. Hobhouse, *Morals in Evolution*: *a study in comparative ethics*, 5th edition, Henry Holt And Company, New York, 1925.

8. Michael Freeden, *The New Liberalism*: *an Ideology of Social Reform*, Oxford: Clarendon Press, 1978.

9. Stefan Collini, *Liberalism and Sociology*: *L. T. Hobhouse and Political Argument in England*, *1880 – 1914*, London: Cambridge University Press, 1979.

10. J. A. Hobson and Morris Ginsberg, *L. T. Hobhouse*: *His Life and Work*, London: Routledge/Thoemmes Press, 1993.

11. John Angus Nicholson, "Some aspects of the philosophy of L. T. Hobhouse: logic and social theory", University of Illinois, 1928.

12. John E. Owen, "L. T. Hobhouse, Sociologist", Ohio State University Press, 1975.

13. John Wayne Seaman, Toronto, Ont. University, "L. T. Hobhouse and the Development of Liberal-democratic Theory", University of Toronto., 1976.

14. Jack Hayward, Brian Barry, Archie Brown, "Political Ideas in Modern Britain: In and after the Twentieth Century", Oxford University Press, 1978.

15. George Lurcy Bernstein, "Liberalism and Liberal Politics in Edwardian England", Allen & Unwin, 1986.

16. James Meadowcroft, "Conceptualizing the state: innovation and dispute in British political thought, 1880 – 1914", Clarendon Press, 1995.

17. Stefan-Georg Schnorr, "Liberalismus zwischen 19. und 20. Jahrhundert: Reformulierung liberaler politischer Theorie in Deutschland und England am Beispiel von Friedrich Naumann und Leonard T. Hobhouse" Nomos, 1990.

18. Hugh Carter, *The Social Theories of L. T. Hobhouse*, Oxford: Oxford University Press, 1927.

二　期刊论文

（一）中文

1. 钭利珍：《和谐社会视野下的权利和义务——霍布豪斯论权利、义务》，

《浙江学刊》2008 年第 6 期。

2. 钭利珍：《冲突现实中的和谐理想——霍布豪斯的社会和谐思想研究》，《浙江学刊》2010 年第 1 期。

3. 殷叙彝著：《"自由社会主义"和"社会自由主义"——论霍布豪斯的新自由主义》，《当代世界与社会主义》2005 年第 3 期。

4. 万其刚：《霍布豪斯的自由主义理论评介》，《中外法学》1998 年第 5 期。

5. 张允起：《萧公权的"自由社会主义观"——从密尔到霍布豪斯》，《二十一世纪》网络版，2003 年 11 月，总第 20 期。

6. 翟俊于：《Hobhouse 的国家观》，《学林》第 1 卷第 1 期，北京学林杂志社 1921 年 9 月。

7. 王凤鸣：《英国工党的"新思维"——托尼·布莱尔思想述评》，《当代世界社会主义问题》1997 年第 2 期。

8. 李小科：《澄清被混用的"新自由主义"》，《复旦大学学报》2006 年第 1 期。

9. 黄新华：《西方现代自由主义的国家观评说》，《东南学术》1995 年第 1 期。

10. 解海南：《新自由主义学说初探》，《政治学研究》1987 年第 6 期。

11. 李立锋等：《西方新自由主义政治思潮析评》，《内蒙古社会科学》1998 年第 6 期。

12. 陈贵珍：《英国工业革命产生的社会问题及应对措施》，《泰州职业技术学院学报》2010 年第 2 期。

13. 李艳艳、闫振宇：《霍布豪斯的和谐思想解析》，《管理观察》2010 年第 2 期。

14. 靳广安：《自由意味着平等——霍布豪斯自由思想述评》，《南都学坛》2011 年第 3 期。

15. 王能昌：《论和谐社会的利益表达与分配机制——以霍布豪斯的社会和谐理论为视角》，《南昌大学学报》（人文社会科学版）2010 年第 5 期。

16. 尹慧爽：《霍布豪斯的自由观探析》，《中国商界（下半月）》2009 年第 6 期。

17. 陈婷：《霍布豪斯的"和谐"思想》，《湖北行政学院学报》2008 年增刊 S1。

19. 张杰:《论霍布豪斯的平等思想》,《华章》2007 年第 10 期。

20. 钱乘旦:《英国工业革命中的人文灾难及其解决》,《中国与世界观察》,2007 年 1 月。

（二）英文

1. Morris Ginsberg, "The Contribution of Professor Hobhouse to Philosophy and Sociology", *Economia*, No. 27.（Nov., 1929）.

2. Peter Weiler, "The New Liberalism of L. T. Hobhouse", *Victorian Studies*, 16: 2（Dec. 1972）.

3. C. M. Griffin, "L. T. Hobhouseand the Idea of Harmony", *Journal of the History of Ideas*, Vol. 35, No. 4.（Oct. − Dec., 1974）.

4. S. Alexander, "L. T. Hobhouse: His Life and Work", *Economia*, No. 33（Aug., 1931）.

5. Morris Ginsberg, "The Contribution of Pofessor Hobhouse to Philosophy and Sociology", Economica, No. 27.（Nov., 1929）.

6. John W. Seaman, "L. T. Hobhouse and the Theory of 'Social Liberalism'", *Canadian Journal of Political Science*（1978）, 11.

7. D. Weinstein, "Between utilitarianism and perfectionism: L. T. Hobhouse Utilitarianism and the New Liberalism"（No. 83, 2007）.

三　硕士、博士论文

（一）博士论文

1. 邓振军:《共同善中的自由:托马斯·希尔·格林的自由民主思想研究》,华东师范大学,2007 年 5 月。

2. 黄连伟:《自由与公共道德——密尔政治思想研究》,华东师范大学,2006 年。

（二）硕士论文

1. 林琴秋:《霍布豪斯的自由主义思想述评》,华东师范大学,2008 年。

2. 李艳艳:《论霍布豪斯的新自由主义思想》,吉林大学,2007 年。

3. 王同彤:《L. T. 霍布豪斯的自由主义思想研究》,华东师范大学,2008 年。

4. 曹兴平:《浅析霍布豪斯的社会和谐思想》,天津师范大学,2008 年。

5. 田润：《伯纳德·鲍桑葵的公意理论研究》，华东师范大学，2006 年。

四　网络资源

（一）中文网站

1. 中国百科网，http：//www. chinabaike. com/article/316/jiaoyu/2008/2008 01071126051. htm.

2. 庄俊举：《“共同善”的思想》，人民网，2007 年 5 月 13 日，http：// theory. people. com. cn/GB/49157/49164/4909751. html.

3. 霍布豪斯，百度百科网，http：//baike. baidu. com/view/145756. htm.

4. 殷叙彝：《霍布豪斯的社会和谐思想》，《学习时报》2006 年 10 月 24 日，http：//www. china. com. cn/xxsb/txt/2006 – 10/24/content_ 7270499. htm.

5. 肖雪慧：《求索中的紧张——读霍布豪斯的〈自由主义〉》，剑虹评论网，http：//www. comment – cn. net/politics/politicalidea/2006/0216/article_ 31. htm。

（二）英文网站

1. http：//www. spartacus. schoolnet. co. uk/Jhobhouse. htm.

2. http：//www. newworldencyclopedia. org/entry/Leonard_ Trelawny_ Hobhouse.

3. http：//en. wikipedia. org/wiki/Leonard_ Trelawny_ Hobhouse.

4. http：//www. liberalhistory. org. uk/item_ single. php？ item_ id = 28&item = biography.

5. http：//www. psa. ac. uk/2012/UploadedPaperPDFs/519_ 182. pdf.